泉州乡村记忆

中共泉州市委党史和地方志研究室　编

方志出版社
Publishing House of Local Records

图书在版编目（CIP）数据

泉州乡村记忆 / 中共泉州市委党史和地方志研究室编. — 北京：方志出版社，2024.10. — ISBN 978-7-5144-6259-3

Ⅰ. G127.573

中国国家版本馆 CIP 数据核字第 20240UV351 号

责任编辑：张　健
责任校对：张玉霞
责任印制：梅中英
出 版 者：方志出版社
地　　址：北京市朝阳区潘家园东里 9 号（国家方志馆 4 层）
邮　　编：100021
网　　址：http://www.zgfzcb.cn
发　　行：方志出版社图书营销中心（010-67110500）
印　　刷：泉州市欣鑫正立彩印有限公司
开　　本：787 毫米 ×1092 毫米　1/16
印　　张：24
字　　数：444 千字
版　　次：2024 年 10 月第 1 版
印　　次：2024 年 10 月第 1 次印刷
定　　价：198.00 元

《泉州乡村记忆》编纂委员会

主　任： 周顺安

副主任： 叶芬蓉　胡新尚

编　委： （以姓氏笔画为序）

王祖德　吕杰伟　刘志家　许文婕　许诗旭　许琼蓉
杜天生　李美泽　陈小燕　陈欣欣　陈雪娥　范志华
洪春婷　黄振金

《泉州乡村记忆》编辑室

主　编： 陈雪娥

副主编： 刘志家

编　辑： 何佳媚　吴秀芝　郑泽虹　连建平　吴达峰　吴文守
王馨萍　江芳玲　洪逢春　林雪铌　吴茹萍　邱煜塬
谢小玲　占莉莉　陈丽萍

前言

在时光的深海里，浪潮前赴后继，荡涤着砂砾，也闪烁着金石。许多浮浅的记忆日渐模糊直至了无痕迹。而那些根植于土地上，流淌在血液里，溶化在生命中，伴随着灵魂而歌而咏的人文脉络、乡村符号，在一个个工匠的眼眸里鲜活，在一个个动人的故事里流传。在时光的濡染下，渐渐生成了我们的集体性标签，铸成了这一方水土的筋骨与灵魂。

记忆，如盘根错节的绳索，千丝万缕，联结起过去、现在和未来；文化，如向阳而生的苗木，吮吸雨露清风，向四面八方伸展出枝叶，辐射、传递、吸纳，进而枝繁叶茂，开花结果，生生不息，无声地渗入我们的细胞里，发育成专属这片土壤的胚芽，携带这方水土的气韵和文脉，铺展成具有明显泉州地域色彩的乡村画卷。

这徐徐展开的画卷里，有细细密密的指尖繁华：惟妙惟肖的木偶，细腻传神的刻花，清新明朗的剪纸；有享之不尽的舌尖舞蹈：软糯香甜的英都麻糍，古老朴拙的窨豆豉，冰爽鲜美的土笋冻，芳香馥郁的铁观音……有温润如玉的德化陶瓷，有凝重华贵的漆画，有“移动的花园”蟳埔女簪花围，有诙谐有趣的闽南俗语，有缠绵悱恻的古韵雅乐，有灵活威武的刣狮表演，有万人空巷的妈祖巡香，有灯火璀璨的英都拔拔灯，有人神共欢的炸佛民俗，有激情昂扬的龙舟大赛，有出神入化的永春白鹤拳，有声威赫赫的南少林武术……这些异彩纷呈的技艺、习俗，在一个个默默坚守的传承人心里，在一个个扎根于民间的传习所里，在一代代人生生不息的接力中，构成纵横捭阖，盘根错节的闽南文化体系。它们宛如枝繁叶茂的榕树，宛如奔流不息的江河，滋养了这一片山海相依的土地，形成了一方人文，熔铸成我们的生命底色和性格特质。

人类的衍变发展，经历了漫长的混沌荒蛮时期。在几千年的农耕历程中，我们的祖先面对生存的挑战，战胜恶劣的环境，与天地、万物同生息，孕育出灿若星河的农耕文明。这些文明的成果，推动着社会历史的发展和进步。而社会历史的发展，也为文化的繁荣兴盛奠定了更加坚实的基础。两者水乳交融，相辅相成，不可或缺。在新时代、新农村的发展战略中，产业兴旺、生态环境保护与培植健康向上的文化，弘扬优秀传统文化，建设和谐社会并驾齐驱。习近平总书记多次就全面推进乡村振兴发表重要论述，他一再强调："乡村振兴，既要塑形，也要铸魂。"铸魂，就是要深入挖掘、继承、创新优秀传统乡土文化，让活态的乡土文化传下去，把保护传承和开发利用有机结合起来。

乡村振兴，文化铸魂。乡村文化的传承者，携带着文明的硕果，怀揣着沉甸甸的热爱与使命，走在探索与传播的路上。这一路，并不热闹，是常要忍受寂寞与冷清的。有时无人喝彩，无人陪伴，甚至有阻力，有坎坷。在他们前行的路上，需要有人助力，有人同行，更需要鲜花与掌声。我们有责任走到那一个个乡村文化坚守者身边，走进他们的内心世界、情感空间，与他们一起，身体力行地去体验，去探访，去发现，去守护，去记录，甚至去抢救、弘扬，让乡村文化焕发出勃勃生机，氤氲在我们周围，像阳光一样照亮我们；像清泉一样，源源不断地注入我们的身心，滋养我们的生命、灵魂。

使命感、责任感是动力，而行动才是最好的诠释。为巩固拓展"乡村记忆文化"项目建设成果，助力乡村振兴，泉州市委党史和地方志研究室联动县（市、区）、乡（镇、街道）、村（社区），通过实地考察、多方调研，深入挖掘，整理出各地具有地域特色、文化特色、产业特色、民俗特色的乡村记忆文化资源，并经过审核筛选、综合评定，评选出在传承保护、创新发展乡村文化方面具有代表性和推动作用的"乡村记忆"传承人、传习所、传统民俗，同时征集整理相关的图文资料。2023 年，市委史志室从全市 12 个县（市、区）、100 多个乡（镇、街道）、300 多个村（社区）上报的 400 多个项目中评选出全市首批"乡村记忆"传承人 51 名、传习所 44 个、传统民俗

29项，形成“乡村记忆”系列，并选录部分精心编纂成图文并茂的《泉州乡村记忆》一书，以进一步弘扬宣传优秀传统乡土文化，助力乡土文化传播和发展。该书按照乡村记忆“传承人”“传习所”“传统民俗”3个主题，以简洁的文字，配以精美图片，真实、生动地再现了承载乡村记忆的传承人和传习所，对流传千百年的传统技艺、传统民俗等优秀传统乡土文化的保护传承和创新发展，让悠久的乡村记忆文化在新时代展现出魅力和风采，为乡村振兴提供精神文化滋养。

像蝴蝶舞动着色彩斑斓的翅膀，像阳光照拂着山川大地的梦想，这些多姿多彩的文化、艺术、技艺、风俗、信仰在编撰者的手中和心里，以流畅、翔实的文字和生动、活泼的图片呈现出来，并融入情感和见解，使之有血有肉，丰满立体起来，从而使“泉州乡村记忆”有了准确的定义、清晰的脉络、丰富的内涵和不断衍生的外延，构成泉州乡村记忆较为完整的体系。我们相信，《泉州乡村记忆》的编纂出版，对于留存乡村记忆，助力乡村人才培养，增进优秀传统乡土文化认同，加强优秀传统乡土文化的保护传承和交流互鉴，促进乡村文化旅游和对外招商，助推乡村振兴具有重要意义。也希望读者方家在阅读过程中，唤醒血脉深处的文化记忆、乡土情怀，增强文化认同和根源意识，让更多的人忆得起乡村、记得住乡愁、留得住乡情。

鉴于编者水平有限，书中恐有错漏及不当之处，敬请批评指正。

编者

2024年10月

目录

传承人

传习所

传统民俗

传承人

集物建馆　续写传奇

——鲤城侨批文化传承人陈如榕

传承人名片

陈如榕，闽南画派画家，福建省美术家协会会员，泉州市华侨历史学会理事，常年致力于王宫社区侨史资料梳理、侨村乡愁记录、侨批文化宣传等。他筹建泉州王宫陈氏华侨历史博物馆，编辑出版多部相关书籍，为泉州华侨文化研究作出贡献。

思念侨父　集物解忧

陈如榕出生于20世纪40年代，当时正值王宫先人大规模下南洋的“黄金时代”，其父陈显壮便是其中一员。路远船票贵，父亲一去数十年，留下相依为命的妻儿，以及年复一年的思念。

和父亲长久的分离，让陈如榕格外“恋旧”。自幼年起，他便开始收藏旧物，记录旧事，以此寄托对亲人的思念。从幼年习画、入伍当兵到退役从商，陈如榕默默挖掘家族旧事，关注王宫社区多年的变迁，他的藏品收遍旧光阴，道不尽乡情。

下南洋是王宫先人的传统，他们背井离乡，远下南洋谋生，凭借“爱拼敢赢”的精神，打拼出一番天下，涌现出陈守仁、王世碑等杰出代表。他们不忘桑梓，反哺家乡，留下王顺兴信局、陈氏华侨历史博物馆等古建筑，孕育出浓郁的乡土文化。

建馆研史　弘扬文化

陈如榕长期致力于王宫社区历史的挖掘与整理。2001年，他策划并筹建了由陈守仁家族成员出资成立的全国首家华侨私人博物馆——“泉州王宫陈氏华侨历史博物馆”。博物馆内，一件件珍贵展品诉说着陈守仁等王宫先贤在海外奋斗的艰辛与辉煌，也见证了他们反哺

王宫陈氏华侨历史博物馆

家乡的深厚情谊。从策划、展品选择、布展、制作到讲解，陈如榕都亲力亲为，反复斟酌。为让观众更直观地感受和了解展馆所讲述的故事，他反复修改布展脚本；为丰富展品，他四处搜集旧照与旧物。此外，陈如榕还继续策划筹建“孙中山纪念馆”“一带一路风情馆”“王宫历史文化展示馆”三个社区纪念馆，以重现真实历史。同时，他还编辑出版《江南人文摭谭》《仁者寿·慈善家拿督陈守仁博士纪念册》《泉州王宫陈氏华侨历史博物馆特刊》等书，让更多人了解王宫故事，弘扬侨批文化。

挖掘历史　讲好故事

从陈如榕四楼书房的窗户可看到王顺兴信局的全貌。这里后来成为“王宫会客厅”，常有专家、学者与他在此探讨、研究侨史，这也促使他对华侨史进行更深入的研究。

王顺兴信局是泉州最早、规模最大的侨批局，被誉为闽南侨批信局诞生发展的历史标本。其创始人王世碑，19 岁便登上去往菲律宾的大帆船，成了船工，因为时常为乡亲传递信款而挣得酬劳，后来索性辞去船工一职，成为职业“水客”，以代客传送信款为业。由于王世碑的“水客”生意越做越大，便有了王顺兴信局，这是泉州第一家在海外设局收汇的侨批局。陈如榕的爷爷，也曾在此做过“批脚”，负责奔走送信。

令人痛心的是，这座百年信局多次失窃。2007 年 12 月，陈如榕和几位邮政界人士共同呼吁各界重视王顺兴信局的历史价值，引发强烈关注，陈如榕趁势进一步宣传信局历史。他四处奔走，搜集与信局有关的侨批实物和经营实物，有从信局经营者后裔处找来的资产阄书、经营约章；有在华侨后裔家中收集的印有“王顺兴”字样的汇票、侨批封、约章、信局邮戳等，为研究海丝文化、华侨文化提供丰富资料。在他的不懈努力下，百年信局已渐复光彩。

如今，年逾古稀的陈如榕，精神依旧矍铄，他的眼中闪烁着对过往岁月的深情与对未来的坚定。他深知，每一份侨批背后，都承载着海外华侨对故土的深切眷恋与其不懈奋斗的辉煌历程，它们不仅是信物和金钱的传递媒介，更是连接过去与现在、沟通家乡与异国的文化纽带。梳整侨史资料、记录侨村乡愁、宣传侨批文化，陈如榕坚信，通过他的努力，能让更多人了解王宫历史，让王宫的故事得以延续。

（鲤城区委党史和地方志研究室供稿，陈如榕供图）

王宫社区历史文化展示馆展示的侨批和部分实物

匠心不易　方得不凡

——鲤城江加走木偶头雕刻技艺传承人江碧峰、江东林父子

传承人名片

江碧峰，“木偶头雕刻（江加走木偶头雕刻）”国家级代表性传承人，中国民间文化杰出传承人，福建省工艺美术大师；江东林，“木偶头雕刻（江加走木偶头雕刻）”泉州市级代表性传承人。江碧峰、江东林继承祖业后，悉心钻研木偶头雕刻技法，博采精华开拓创新，促使江家木偶头雕刻艺术大放异彩，延续荣光。

人生转折　匠心之始

江碧峰，1951 年出生于江加走木偶头雕刻世家。

1957 年，江碧峰的父亲江朝铉到泉州工艺美术厂工作，并组建了木偶头雕刻小组，陆续带了数批徒弟。然而，由于木偶头制作工序复杂，需极大耐心和兴趣才能坚持，绝大多数学徒学了数月

江加走木偶头作品（含冰摄）

后因无法坚持相继转行。为此，江朝铉在充分征询江碧峰意见后，决定带他入行。14岁时，江碧峰正式进入泉州工艺美术厂跟随父亲学习雕木偶头。从此，雕刻几乎成了他生活的全部，他认真钻研，勤学苦练，每天至少8小时在工作台上，木偶头一经他手，必活灵活现。

江碧峰在木偶头雕刻造型、人物性格、彩绘神韵和发髻技艺等方面承继了江加走的独特艺术风格。他长期雕刻彩绘木偶头，供演出、展览和收藏，其作品刀法洗练，技艺精湛，精美绝伦，博得海内外收藏家和艺术家的推崇和喜爱，多次荣获国家、省、市级奖项。他个人也先后被评为福建省民间艺术家、省工艺美术名人、省民间文化杰出传承人、中国民间文化杰出传承人等。更是在2018年，被评为“木偶头雕刻（江加走木偶头雕刻）”国家级代表性传承人。

文化名片　荣耀世家

泉州木偶头雕刻源自木偶神像雕刻，形象逼真，刻工精巧，性格突出，脸谱结构严谨，粉彩鲜明，独具民族特色和地方特色。其中，尤以江加走木偶头雕刻的“活”木偶头最为著名。

江加走，20世纪中叶的雕刻艺术大师，其自幼随父学习木偶雕刻与粉彩技艺，习得50多种木偶头像的雕刻方法以及“平髻”的梳发方式。在长达70多年的艺术生涯中，他不断汲取前辈技艺，发展出木偶头285种，包括生、旦、净、末、丑各行当及各种神怪、动物形象等，作品多达一万多件，促进木偶戏的进一步发展，对后世木偶雕刻产生深远影响，因而被誉为“木偶之父”，所

江碧峰木偶头作品

江东林木偶头作品

真传。他悉心钻研，全面掌握了江氏木偶头雕刻技艺并加以创新。其作品人物性格鲜明，形象栩栩如生，发髻严谨精致，既有江加走木偶头雕刻的独特风格，又有鲜明的地方特色，曾参加北京中国传统工艺美术精品大展、福建省争艳杯大赛、深圳国际博览会、莆田海峡工艺品博览会等，均获奖项，受到海内外艺术家的好评，并多次接受相关新闻媒体采访报道。为扩大木偶头雕刻艺术的影响力，江东林创作、整理、收集江加走木偶头实物和图片文字资料供市民学习研究，2006—2009 年先后传艺 2 人。此外，江东林还多次到学校、泉州非遗馆开展非遗公益体验活动。后来，他又到华侨大学进修英语，希望以后有机会向外国人推广泉州的木偶头雕刻艺术。

雕刻的木偶头也被称为“加走头”“花园头”，是中国民间艺术瑰宝，被视为国宝珍藏。1972 年，周恩来总理曾把一件江加走木偶头作为国礼赠送给日本首相田中角荣。2008 年，“木偶头雕刻（江加走木偶头雕刻）”被列入首批国家级非物质文化遗产名录扩展项目名录。

江加走雕刻艺术传承时间长达一个世纪，至今已有五代传人。第一代是开创者江金榜，第二代是被誉为“木偶之父”的江加走，第三代是江朝铉，第四代是江碧峰，第五代是江东林。

百年光阴　潜心传承

作为江加走木偶头雕刻第四代传人，江碧峰肩负着传承木偶头雕刻手艺的责任。鉴于资金与时间限制，江碧峰采用单传形式，即子承父业方式。在对其子江东林的培育中，他重视多渠道培养与技艺的均衡培育。

江东林自 1996 年起，随祖父江朝铉及父亲江碧峰学习木偶头雕刻，得到

历经百年光阴，在江家五代人和泉州其他木偶头雕刻匠人的共同努力下，泉州“木偶头雕刻（江加走木偶头雕刻）”技艺得到不断传承和发展。五代江家人也在几十年的潜心修习中，为雕刻文化注入鲜明的泉州色彩。

（鲤城区委党史和地方志研究室供稿、供图）

手艺精进　蝶蜂飞舞

——丰泽蟳埔簪花围传承人王勇跃

传承人名片

王勇跃，“蟳埔女习俗”泉州市级代表性传承人、丰泽区蟳埔女民俗文化推广使者，泉州市珠宝协会副会长，30 多年来致力于蟳埔文化的传承与发展。他将蟳埔民俗文化融入金银饰品之中，让金蝶银蜂飞舞在蟳埔女的“头顶花园”上。

拜名师　习佳技

1987 年，15 岁的王勇跃为谋生计，只身一人到石狮跟随一位姓董的师傅学习金银首饰加工。董师傅一家是远近闻名的首饰匠人，从清嘉庆年间（1796—1821 年）就开始经营银铺生意，几代人传承金银首饰加工技术，手艺高超，技艺精良。

学徒生活很是艰辛，但也是这番磨砺，让王勇跃练就手艺人的细心、耐心与精心。王勇跃主要负责熔金块，熔金块的时候他用嘴控制着专门工具铜吹管，把金块吹熔成一滩金水，随后立刻放在松香木上锤揲。通过反复熔金、锤

王勇跃正在制作蟳埔女首饰（王勇跃供图）

摞，直到锤揲出各种形状和纹饰，锤揲到饰件间的缝隙挤压在一起。由于一天10多个小时都在跟煤油灯打交道，收工时，他的整个鼻子都被油灯熏黑了。学艺两年，王勇跃牢记师傅教导，把手艺练得炉火纯青。

作为土生土长的蟳埔人，王勇跃深知，蟳埔渔村世代都过着靠海吃饭的生活，几百年来没有出过能加工金银首饰的本土手工艺人，村民想做首饰都要起早摸黑走十多公里路到城里的加工店，非常不方便。于是，他立志要学成手艺为乡亲们服务。学习了近一年的金银首饰加工基本技术后，王勇跃开始揣摩蟳埔女的民俗金银首饰，研究传统民俗首饰的加工技巧。他也曾与董师傅探讨“簪花围”金饰，董师傅对金饰上的工艺赞叹不已，表示如此复杂的工艺自己并不会制作。与董师傅的交流，更加坚定王勇跃用所学加工技巧打造传统民俗首饰的决心，他决定要把这一份专属蟳埔之美在自己手中突破创新。

深考究　寻根基

蟳埔女的金银首饰有着深厚的民俗文化内涵，根据不同的年龄、辈分，从耳环到各式金银发簪佩戴都有讲究。比如耳环，蟳埔女幼时佩戴随意大小的圆圈耳环，成年出嫁时要换成蟳埔特色的“丁香耳钩”。耳钩的头部像一朵盛

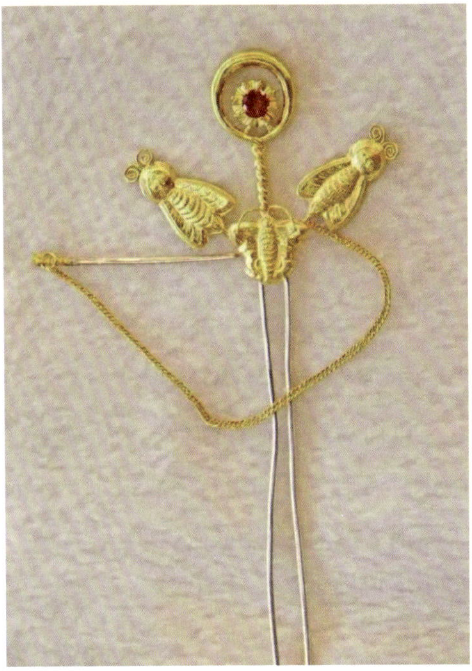

蜜蜂簪（来源于“海丝泉州文旅之声”公众号）

开的素馨花，下面弯曲部分像蚊帐钩，戴在耳朵上就像挂了一对灯笼，灯笼的“灯”和添丁进财的“丁”在闽南语中发音相同，有美好寓意，意为女儿嫁过去能为夫家添丁进财。老年蟳埔女佩戴的是蟳埔人俗称的“老妈丁香耳钩”耳饰，得按古时传承的习俗，挑个黄道吉日，由家中的长孙帮奶奶换上这对具有蟳埔民俗特色的“老妈丁香耳钩”，非常有仪式感。蟳埔女“头顶花园”的金簪样式有几十种，包括龙凤呈祥、蜂蝶齐舞、花开富贵、年年有余等，纹饰精美，寓意吉祥，每一件金饰都有它的故事。

除此之外，每一个蟳埔家庭中代代相传的玳瑁金梳子，更是一种陪伴每一个蟳埔女一生的金饰。母亲从小给女儿

用祖传的玳瑁梳子梳头。女儿长大要出嫁时，母亲就把玳瑁梳子镶嵌上黄金作为她的嫁妆。玳瑁金梳子陪伴见证了蟳埔女的一生，等她百年以后又会留传给下一代，传承意义深远。

善创新　承内涵

以前的蟳埔女首饰基本为银鎏金，制作时需把黄金和水银熔成银水，匠人手沾银水，涂抹在饰品上，再用煤炉烘干。一件20多克的银鎏金耳钩至少得抹10多遍银水。20世纪90年代后，随着经济发展，蟳埔女首饰慢慢演变为用黄金制作，工具从煤油灯改进为喷枪，银水也可以电镀了，但与此同时，传统手工工艺也逐渐失传。

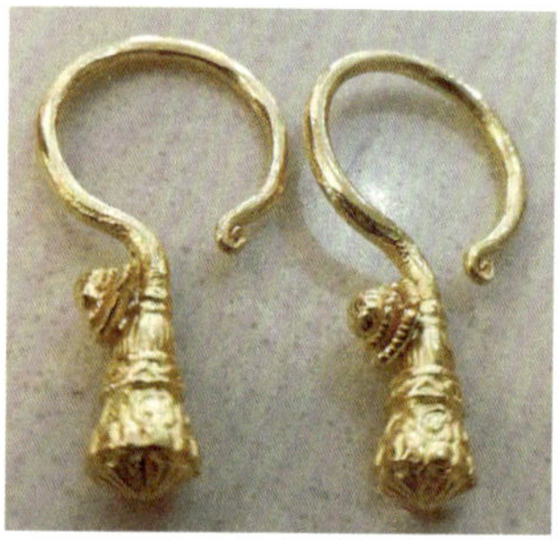
老奶奶戴的丁香耳钩（来源于泉州网）

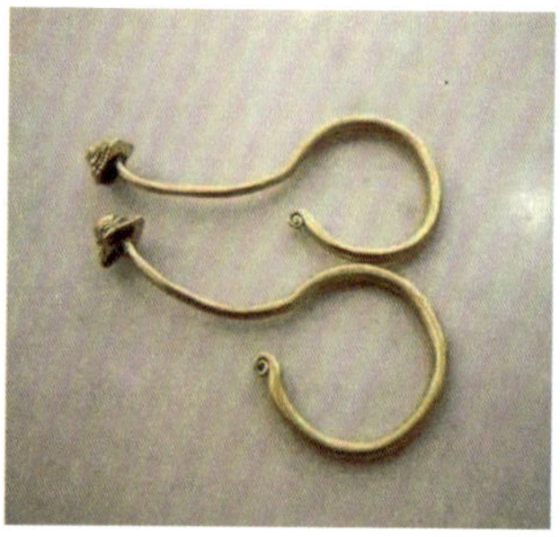
蟳埔女结婚时佩戴的丁香耳钩（来源于“海丝泉州文旅之声”公众号）

如今，王勇跃依然秉承传统手工艺制作手法制作金饰，从熔化、锤打、压片、拉线、掐丝、焊接、打磨、精雕细刻到成品，要经过几十道繁复工序，费力耗时，非常不容易，所以他打造的每件金饰都是精品。

在金店橱窗里，王勇跃辟出一角，展示30多年他淘来的上百件蟳埔女“簪花围”传统首饰，这些首饰每件都有近百年历史，也给他自学带来灵感。其中有一支蟳埔太奶奶辈分才有资格佩戴的贡锤针，镶嵌翡翠底座的是盛开的莲花。古法技艺中的“蒸”在半个世纪前就已经失传，用现代的工艺完全做不出来这样的莲花底座，对此，王勇跃深以为憾。在延续传承传统工艺的基础上，王勇跃也在不断创新。现代的年轻人觉得锆石等宝石更能体现身份，王勇跃就将其点缀在钗仔针花饰中，深受年轻一代蟳埔女的喜爱。随着泉州旅游业的发展，王勇跃的作品更是广受全国游客喜爱。

对于非遗而言，保护和传承是一个不变的课题，作为泉州市非遗传承人，蟳埔民俗文化推广使者，王勇跃认为自己有责任和义务做好蟳埔民俗文化的保护传承工作，近年来他着力培养了两代传承人。在王勇跃看来，未来，只要思想走向和价值观取舍不变，那么，传承最重要的因素是人，只有人的传承，才能让非遗“活”化。

（丰泽区委党史和地方志研究室供稿）

承古出新　雅韵悠长

——泉州道教音乐传承人赖传义

传承人名片

赖传义，道号云清，“道教音乐（泉州）”福建省级代表性传承人，精通道教斋醮科仪、音乐舞蹈，擅长道教打击乐。赖传义珍藏多部道教音乐古籍，常年致力于道教音乐教材整理与技艺传授，培养众多学员，其道教音乐融合地方特色，影响深远。

鼓韵传承

赖传义，1965 年出生于泉州市洛江区罗溪镇柏山村的道教世家，从小受道教文化熏陶。自从接下父辈手中的传承棒后，他刻苦学习，经过几十年对道教文化的深入学习、研究、磨炼、体悟，能够较全面掌握道教斋醮科仪、道教音乐和舞蹈技艺，演奏《步虚》《三皈依》《三稽首》《大道情》等 80 多首道曲，尤其擅长大鼓、小鼓等道教打击乐器的演奏。

鼓是道教音乐中重要的乐器之一，泉州道教音乐的鼓比较独特，是洛江罗溪特有的一种用于民俗活动的竹钉鼓。赖传义在多年的实践中，将一部分吹奏乐器、弹拨乐器与打击乐器巧妙融合，使音乐更具感染力，令人陶醉。

道音流芳

泉州的道教音乐，又称法事音乐、道场音乐，大约始于南北朝时期（420—589 年）。其历史悠久，融合中原文化与地方文化，既保留传统道曲的韵律，又融入泉州地方特色。

据清乾隆《泉州府志》记载，早在秦汉之际，泉州就有隐士和方士，在其道教活动中，常有引、吟、咏、泣等形式的道教音乐。唐以后的道教音乐则以唱为主，并配有乐器伴奏。道学文化、斋醮科仪、道曲、舞蹈等对泉州社会产生重大影响，在泉州的岁时、婚事、生育、寿庆、丧事、营建和避邪等民俗的斋醮法事活动中广泛应用。南北朝时，大批晋人避乱南渡入闽，进一步传播先进的中原文化与道教音乐、舞蹈文化。梁朝时，有唐、宝、志、化、郎五公修隐于洛江罗溪白凤冒峰山、八尖山和惠安的灵鹭山，并在罗溪择众传播道教斋醮科仪、音乐舞蹈等道学教理活动。学道之风在罗溪一直经久不衰，涌现出一批得道大师，有白凤大道真人、八峰山庄文峰真人等，这些大师又将自己的心得择众传授，经过一代又一代的传承和演变，形成独特的泉州道教音乐，广泛传播于民间。

古籍守护

历史上，泉州道教音乐研究学者的著作多数已散失，也有部分被收录于道教经籍总汇《道藏》之中。在赖传义家中，收藏着丰富的道教音乐古籍，包括清代乾隆年间流传下来的道家科仪、曲簿等 400 多册。其中，有乾隆四十一年（1776 年）、乾隆四十八年 (1783 年）、乾隆五十二年（1787 年）、咸丰十年（1860 年）、同治十一年（1872 年）、光绪十三年 (1887 年）的科仪及曲簿。这些古书由赖家先祖代代相传至今，都已不同程度遭虫蛀，对部分书籍已经进行简单的修补。由于早前泉州道教音乐传播使用的是闽南语，赖传义还收藏了光绪己亥年（1900 年）版本的闽南语音韵字典《汇音妙悟》，以及 12 册明代至清初最为通行的字典《字汇》。

2015 年，赖传义在泉州广播电台 889 频道讲授泉州道教音乐（赖传义供图）

这些道教音乐古籍，记录了泉州道教音乐的传承与演变，是研究泉州道教音乐的重要资料，特别是仅存于赖传义手中的《大引头》乐谱，更是道教音乐的“活化石”，对研究泉州宗教艺术及民俗文化的发展和传播具有重要意义。

薪火相传

当前，传统道教音乐如苏州玄妙观道教音乐、武当山宫观道乐等已被列入国家级非物质文化遗产代表性项目名录，2017年，“道教音乐（泉州）”也被列入第五批福建省级非物质文化遗产代表性项目名录。

为传承道教音乐，弘扬传统文化，赖传义自1995年起便面向社会传授技艺。他将自己的经验心得整理成教材，将工乂谱、撩拍簿翻译成简谱，方便学员学习。他细心指导每一位学生，通过实践演奏，现场分析每位学员的优缺点，并针对每位学员自身特点归类传授。他的教学效果显著，培养了大批学员在各自区域从事道教音乐工作。赖传义多次在虹山帽峰宫举行道教音乐活动；组织举办道教音乐祝福活动，纪念抗日战争胜利70周年；接受泉州广播电视台新闻频道专访，通过各种活动，传播道教音乐。他还经常到新加坡、菲律宾、马来西亚、新西兰等地，与道众交流泉州道教音乐。正是因为对泉州道教音乐的深情守护与孜孜不倦，2018年，赖传义被评为“道教音乐（泉州）”福建省级代表性传承人。

（洛江区委党史和地方志研究室供稿）

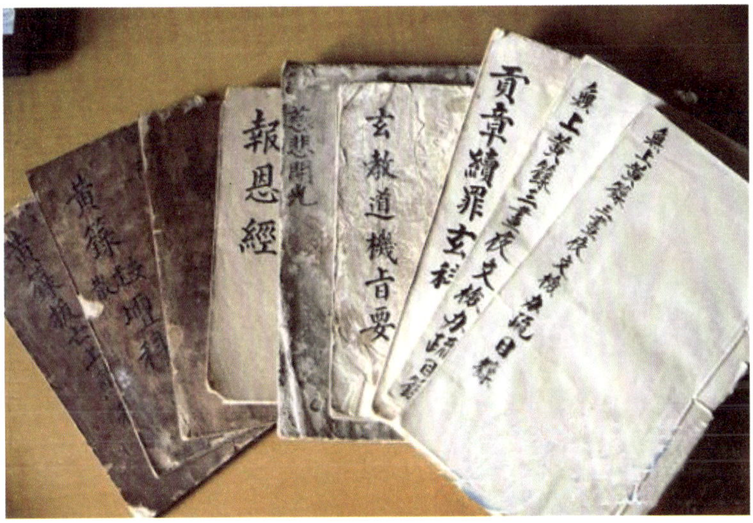

赖传义珍藏的道家科仪曲簿（来源于闽南网）

亦棒亦枪　活态传承

——洛江俞家棍传承人苏德来

传承人名片

苏德来，“俞家棍”福建省级代表性传承人，自幼习武，精通俞家棍法，屡获国内外武术赛事殊荣。苏德来不仅致力于俞家棍传承，培养众多徒弟，还积极推广俞家棍进校园，为中华武术文化传承贡献力量，让传统武术焕发新生机。

勤练不辍　荣耀赛场

苏德来，1960年出生于民族英雄俞大猷的故乡，自幼在英雄故事和武术文化的熏陶下成长。苏德来年轻时师从泉州五祖拳名家黄清江，学习南少林五祖拳械与俞家棍。当时他家境贫困，黄师父对于家庭困苦的学生，不收学费，义务教学。凭借恩师的慷慨施教与自身的不懈努力，苏德来在俞家棍上的功夫日渐精进。

经过30多年的勤学苦练，苏德来不仅精通俞家棍的基本步型、步法、基本棍法，更在深入研究中修正了“习步法”“总步目”和一些特殊技法的演练与运用，并领悟了《总诀歌》的技击精髓。同时，他大胆创新，创编适应现代的武术表演方式以及比赛的单练、对练套路。

苏德来习练俞家棍（苏德来供图）

自1990年起，苏德来在国内外各类武术赛事中屡获殊荣。在中国福建南少林国际武术比赛大奖赛、闽台南少林武术交流比赛、南少林华夏武术大赛等大赛中大放异彩，获得拳术、棍术金牌，并且连续四届荣获全国武术之乡武术比赛拳术、棍术一等奖等众多荣誉。2011年12月，俞家棍被列入第四批福建省级非物质文化遗产代表性项目名录。2014年，苏德来被命名为“俞家棍”福建省级代表性传承人。

苏德来指导徒弟习练俞家棍法（苏德来供图）

历史传承　创新不衰

俞家棍，源自明代英雄俞大猷，以太祖拳和荆楚剑技为基础提炼而成，属少林武术系列。俞大猷少年时弃文从武，跟从著名侠士李良钦学“荆楚长剑”；得赵宋宗室赵本学（时泉州著名军事家、武术家）以《易》衍兵、奇正之术等嫡传。后来，俞大猷结合几十年的抗倭实战经验，总结创造出一套适用于实战的俞家棍法，俞家棍在抗倭战争中发挥了重要作用。

俞家棍俗称单头棍，具有带棒兼枪的技法特色。主要由刺、敲、剃、劈、弹、拦、剪、揭、捧、挂、洗、压、挑、带、托、拔等三十六种棍法组成。俞家棍注重体用兼备，集健身、修身、实战于一体，其快速凶猛的技法，精辟绝伦的技击理论，受到历代武术界人士的尊崇，视为武术之经典。此外，俞家棍动作朴实、阴阳互动、刚柔兼备、灵活不滞，威武猛烈，具有较好的健身作用，为现代棍术的形成打下良好基础。

改革开放以来，随着对民族英雄俞大猷纪念活动的兴起，俞家棍也迎来新的发展机遇，苏德来作为传承人，不仅致力于技艺传授，更积极推广俞家棍，让更多人了解并喜爱这一传统武术。

悉心传授　育英无数

自从苏德来开始学习俞家棍，他就深知自己肩头背负着传承俞家棍术的重任。随着苏德来频繁参加国内外各类武术比赛并屡获奖项，他的影响力日益提

苏德来带领洛江区河市中心小学的孩子们习练俞家棍（来源于《泉州晚报》）

苏德来指导小学员操练棍法（来源于《泉州晚报》）

升，他的俞家棍也逐渐获得大众认可，经常有人来求学，对此，他都会耐心指点。

自1987年起，苏德来便广收门徒，悉心传授南少林五祖拳械、俞家棍，培养了5000多名徒弟，主要分布在泉州各地，还有一小部分为海外侨生。这些徒弟中，有200多人在国际、全国、省市武术比赛中荣获金奖。

除了培养徒弟外，苏德来还格外重视扩大俞家棍在青少年群体中的影响力，他积极推广俞家棍进校园活动，让更多的青少年了解并学习这一传统武术。俞家棍被列入省级非物质文化遗产代表性项目名录后，陆续走进洛江区各中小学和少年宫的课堂。2011年6月，泉州市洛江区河市中心小学开设俞家棍兴趣小组，苏德来受邀课外授艺。2015年，河市中心小学开设俞家棍课程，苏德来正式成为河市中心小学的武术老师。他利用上课、寒暑假、周末等时间带不同学校的孩子们学习俞家棍，还编排特色校本教材《俞家棍》。苏德来说："该课程不仅帮助孩子们强身健体，还能切实了解民族英雄故事，接受爱国主义熏陶。"

生命不息，传承不止。苏德来用自己的行动诠释了对俞家棍的热爱与坚持，在他的努力下，俞家棍这一传统武术正焕发出新的生机与活力，为中华武术文化的传承与发展贡献力量。

（洛江区委党史和地方志研究室供稿）

妆模作样　拿捏出彩

——洛江“妆糕人”制作技艺传承人张明铁

传承人名片

张明铁，“泉州妆糕人制作技艺”福建省级代表性传承人，常年致力于“妆糕人”制作、技艺传承。张明铁多次代表省、市、区非遗传承人，赴澳大利亚、菲律宾、印度尼西亚等国家进行文化交流，向全世界展示泉州特色文化。

坚守初心　技艺代代相传

出生于1958年的张明铁，成长在洛江区双阳镇前洋社区张厝村这个“糕人村”。早年，村里家家户户都做“妆糕人”，每逢传统节庆或农历七八月的“普渡”，张厝人便奔走于泉州城乡，售卖“妆糕人”。

张明铁在保加利亚为群众展示妆糕人制作艺术（来源于《中国文化报》）

张明铁的祖辈也以此为生，其父张丽水亦是“泉州妆糕人制作技艺”市级非遗代表性传承人。张明铁从16岁就跟着父亲挑担走街串巷。摆摊过程就是他学习妆糕人手艺的时候，基本靠自学，反复练习直至熟能生巧。1991年，他师从父亲，学习妆糕人制作技艺。在向父辈学习过程中，张明铁不断探索与创新，逐渐形成自己独特的风格。各种色彩的面团材料，在他手上经过一番搓、捏、团、挑、揉、压、按、擦、拨，几分钟后就幻化成一个个活脱脱的“妆糕人”。他的主要作品涵盖《西游记》《八仙过海》《三国演义》中的300多位人物形象，每一件都飘逸自然、栩栩如生，颇受好评。

探其历史，泉州“妆糕人”源于中原地区的“捏面人”，“捏面人”始于对天地神鬼的崇拜，是百姓在传统节庆期间祭祀神明的一种祭品，同时又是增添节庆欢乐气氛的一种传统手工艺制品。此类手艺在中国流传甚广。因各地情况不同，制作原料有小麦、大米等之分。在北方，“捏面人”用的是麦面，泉州早年麦面稀缺，“妆糕人”改用大米粉和糯米粉混搭。因此，在泉州、台湾等地，“妆糕人”又叫“米粿雕”“糯米尪仔”等，常见于节庆场面，为礼俗增添欢乐气氛。

技艺探索　市场艺术融合

在闽南地区，“妆糕人”作为民间吉庆活动中不可或缺的装饰品，承载着深厚的文化底蕴。张明铁平时擅妆关公、孙悟空、何仙姑、姜太公等古装人物，也不断琢磨市场需求和孩子们的喜好。南音、拍胸舞、惠安女等泉州本土传统文化元素的形象，以及小猪佩奇、海绵宝宝、皮卡丘等流行元素，都成了张明铁创作的重点。他的作品不仅深受本地民众喜爱，更在市场上赢得广泛赞誉。

近几年，以张明铁为代表的洛江“妆糕人”工匠们共同努力，在材料选择与技术工艺上进行大胆革新，使得新一代“妆糕人”在质感、外观、造型及保存期限上均有显著提升，从原先粗犷的手工制品蜕变为精致细腻、栩栩如生的艺术品，保存期更是从一个月大幅延长至数年之久，成为闽南地区独树一帜的文化瑰宝。

自2004年泉州市启动民族民间文化保护工程以来，“妆糕人”等民间艺术得到政府的高度重视与扶持，逐渐焕发新生。“泉州妆糕人制作技艺”分别于2007年3月、2007年8月被列入首批泉州市级和第二批省级非物质文化遗产代表性项目名录，进一步提升其文化价值与影响力。随着“泉州：宋元中国的世界海洋商贸中心”成功列入联合国教科文组织《世界遗产名录》，非遗文化的热潮席卷全国，也为张明铁及其“妆

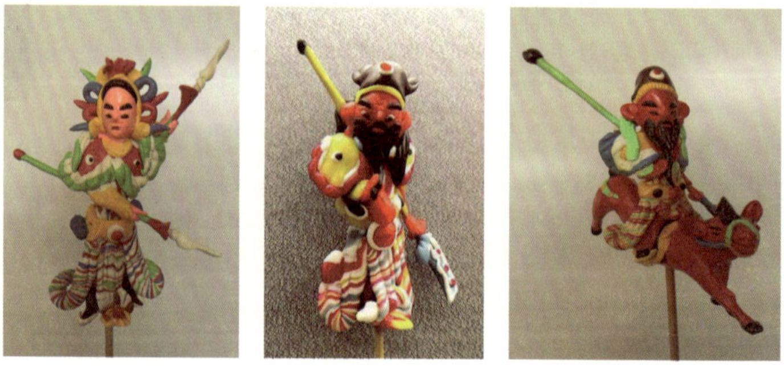

张明铁妆糕人作品（张明铁供图）

张明铁妆糕人作品（张明铁供图）

糕人”艺术带来前所未有的发展机遇。2011 年 6 月，张明铁获评“妆糕人制作技艺”泉州市级代表性传承人；2021 年 2 月，获评“泉州妆糕人制作技艺”福建省级代表性传承人。

传承弘扬　播撒爱的“种子”

有了非遗传承人的身份后，张明铁觉得自己也肩负了一份责任，那就是把“妆糕人”技艺传承弘扬下去。除了把手艺教给儿子、儿媳，他还创办“妆糕人”兴趣培训班，目前学生已经遍布泉州各地。有的学生在他的指导下，获得相关技能比赛的一等奖。位于洛江区的“妆糕人”传习所，是泉州市首批非遗传习所，也是张明铁传艺的重要基地，不断有爱好者加入。

为进一步扩大“妆糕人制作技艺”在青少年群体中的影响力，让更多青少年认识并喜爱“妆糕人”，近年来，张明铁走进闽南师范附小、双阳第二中心幼儿园、双阳中心幼儿园、罗溪青少年实践中心开课教学，每周一次。自 2015 年起，他每年都会应邀到洛江区中小学生综合实践基地给孩子们上“妆糕人”制作课。2017 年，洛江区文化馆举办的暑期公益培训班，也特邀张明铁现场指导“妆糕人”制作技艺。此外，张明铁还多次受邀远赴澳大利亚、菲律宾、印度尼西亚等国家进行文化交流，现场展示“妆糕人”制作技艺，将泉州的特色文化带到世界舞台。

手艺传承需要时间，更需要靠年轻一代。为此，张明铁将继续与泉州市几十所幼儿园、中小学合作，开展“妆糕人”制作技艺进校园活动，让更多孩子学会“妆糕人”，爱上“妆糕人”。

（洛江区委党史和地方志研究室供稿）

秉承古风　融入新韵

——泉州北管传承人庄炳文

传承人名片

庄炳文，“泉州北管”福建省级代表性传承人，自幼学艺，技艺精湛，获得诸多荣誉。庄炳文以传承北管为己任，通过开设培训班、创办艺术团等方式，走基层、进校园，同时不断创新，不遗余力推动北管文化的传承与发展。

童年启航　北管情缘

庄炳文出生在中国北管音乐文化之乡——泉港，自幼便与北管结缘，在家人的支持下，他9岁起师从国家级北管传承人庄能宗，开始学习北管的演唱与多种乐器演奏，展现出非凡天赋。10岁那年，他便已登台献艺，初露锋芒。

1981年，年仅13岁的庄炳文在福建省第二届“武夷之春”音乐会上大放异彩，荣获最高奖项，随后被选入惠安县高甲剧团，师从鼓乐大师张庭法。在剧团的日子里，庄炳文不仅勤学苦练各类乐器和北管唱腔，更勇于创新，将司鼓与其他乐器巧妙融合，开创独特的演奏形式。同时，他还创作了《六串》《判宗台》《昭君出塞》等多部经典曲目。1994年，凭借卓越的艺术成就与领导力，庄炳文被推选为剧团团长。

重振北管　不遗余力

泉州北管，相传源自明清时期江淮地区的民间音乐，历经时光流转，借由海上运输货商、南下盐兵、淮河决堤难民等，逐渐传播至福建泉港地区。在与当地民间音乐文化融合、渗透过程中，泉州北管不仅保留江淮民间音乐原有的明朗与幽雅，还巧妙地融入闽南音乐特有的柔婉与秀丽元素，成为充满地域特色的新乐种，享有“天子传音”之美

2020年2月，庄炳文（左二）到泉港第二中学闽南文化传承保护基地学校（泉州北管）为学生培训（陈志庆摄）

誉。其乐队由演唱组和演奏组组成，少则七八人，多则十几人。乐队沿用江南丝竹乐器，参用闽南音乐乐器，共有20多种，主奏乐器为京胡、笛子，特色乐器为月琴、三弦、双清、伬胡。抗战时期，北管在泉港（原惠北）地区的发展进入全盛阶段，最多时有50多个教习馆。后来，北管还随着华侨和港澳台同胞远渡重洋，东南亚等地先后成立“广东会馆”“福建会馆”等北管乐社。然而，进入20世纪90年代，随着生活方式的变化，北管音乐逐渐淡出人们的视线，只在少数年长者中流传。庄炳文看在眼里，急在心里。

2004年，庄炳文毅然回乡，决心重振北管音乐。他召集几位志同道合的民间艺人，共同开设北管培训班，免费为学员们传授技艺。尽管初期面临经济压力和参与人数不足的困境，但他依然坚持了下来。三年的坚持与努力，虽然培训班最终因故停办，但庄炳文对北管音乐的热爱与执着却从未改变。

2006年，泉港北管入选首批国家级非物质文化遗产代表性项目名录，为北管的传承与发展带来新的契机。庄炳文趁热打铁，创办锦祥北管艺术团。他带领团队走基层、进校园，持续开展公益演出。在他的不懈努力下，越来越多人开始认识北管、了解北管、喜欢北管。艺术团的规模也不断壮大，从最初的几人发展到近200名学员。随着锦祥北管艺术团影响力不断扩大，

2021 年 12 月 10 日，庄炳文（第二排中）在山腰街道北管传习所“我们的节日·春节”暨“文化进万家”志愿服务活动北管演出现场（陈志庆摄）

泉港各地的北管乐团和乐社也如雨后春笋般涌现出来。

创新引领　传承未来

2014 年 11 月，泉港区荣获“中国北管音乐文化之乡”的美誉，加速北管文化的传播与普及。在教育部门的鼎力支持下，北管音乐正式走进校园，成为课堂教育的一部分，庄炳文携手教师们，通过展示经典唱段、传授北管唱法及乐器演奏技巧，激发孩子们对北管音乐的兴趣与热爱，为北管文化传承播下希望的种子。2015 年，庄炳文创办公益性北管培训班，主动承担起庄重文实验小学等多所学校的北管教学任务，至 2023 年已惠及近千名学员。自 2019 年起，庄炳文还利用暑假，远赴晋江市东石镇金山小学，亲自授课并举办北管传承公益培训班，成功培养 30 余名新学员。

在传承北管音乐的同时，庄炳文深知创新的重要性。他不断钻研、大胆尝试，将北管音乐与鼓乐戏剧巧妙融合，创作出《六串》《昭君出塞》《梅花三弄》等一系列既保留传统韵味又融入现代元素的新曲目。这些作品频繁亮相各类舞台，为观众带来传统与时尚交织的视听享受，赢得广泛赞誉。特别是在疫情期间，庄炳文更是发挥艺术创造力，创作了北管新篇《防控疫情》、北管快板《疫情共防范》、北管歌谣《泉港人晟福气》、北管新唱《爱在泉港》等作品，为大家鼓足战疫信心。

坚守初心　砥砺前行

自投身于北管音乐传承事业以来，庄炳文以其卓越的组织能力、精湛的指挥技艺及作为司鼓主乐手的非凡表现，引领数百场北管演出，他将司鼓在乐队中的指挥核心与氛围营造功能发挥得炉火纯青，赢得现场观众赞誉。

在庄炳文 40 多年的艺术生涯中，亮点纷呈：2010 年，庄炳文在泉港区“情系海航”北管交流汇报音乐会上精彩献艺；2012 年，他作为北管节目的司鼓乐手，进京参加第四届北京传统音乐节；2016 年，庄炳文组建的北管音乐方队，亮相中央电视台猴年春节联欢晚会泉州分会场的民俗表演，将北管音乐的魅力展现给全国观众。2020 年 8 月 12 日，庄炳文担任团长的锦祥北管艺术团与台湾彰化北管通过在线直播进行交流，这一活动不仅加深海峡两岸文化的交流与理解，还得到《福建日报》等多家媒体的广泛报道。

2012 年 10 月，庄炳文（中）在中国音乐学院参加第四届北京传统音乐节“四方水土四方乐”区域专场音乐会上演奏（庄玉宗摄）

此外，庄炳文还积极培养后继人才，其学徒张雅美不仅在首部海峡两岸北管题材微电影《拾相思》中担纲主演，他本人也倾情出演北管乐师的角色，为影片增色添彩。

庄炳文的努力与贡献得到社会各界广泛认可，2016 年 8 月，他被认定为“泉州北管”泉州市级代表性传承人；2021 年 2 月，被认定为福建省级代表性传承人；同年 9 月，被认定为泉州市第四层次人才。面对荣誉，庄炳文感觉肩上的担子很重。但，再困难，他都会咬牙坚持，以传承北管为己任。“我们这一代人一定要让北管这棵‘老树’发出‘新芽’，茁壮成长；让它从小巷阡陌走向学校课堂和城市舞台，走出泉州，走出福建，走向更大的世界。”庄炳文如是说。

（泉港区委党史和地方志研究室供稿、供图）

吟唱乡音　兴振乡村

——泉港文管传承人陈祖基

传承人名片

陈祖基，惠华中学原副校长，泉港区政协第一、二届委员，“泉港文管”泉州市级代表性传承人。其自幼学艺，技艺精湛，创作与导演多部佳作，常年致力于传统音乐的传承与创新，积极参与乡村文化建设与“非遗”推广，用文管之音唱响乡村振兴新篇章。

习得技艺悦乡邻

陈祖基（右二）在文管演出现场

陈祖基参与莆仙戏活动是从成为童子剧团演员开始的。“鲤声剧团”声名鹊起后，他跟随剧团导演陈开扬潜心学艺，一路见证仙游地区莆仙戏、闽南音乐和泉港界山本地戏剧不断融合发展的过程，也逐渐成长为鲤声剧团的名演员。陈祖基学习演奏的同时还学习创作与导演，逐渐参与剧团的导演工作。1965 年至 1971 年，陈祖基牵头组建起一支大型文艺宣传队伍，还自编如《红灯记》《南海长城》《智取威虎山》等多个小剧目。这些剧目一经面世，就唱遍整个泉港。该时期内，文艺宣传队演出 300

多场次。1987年，他自编小剧《八仙庆六一》，代表南埔镇在惠安县工人俱乐部大舞台演出，荣获剧目演出三等奖，得到观众一致好评。

2019年5月，陈祖基（前排右二）带领文管乐团到玉湖中心小学宣传“非遗”文化

退休20年来，陈祖基对文管的热情从未随时间流逝而消退。他参与莆仙戏剧院、鲤声剧团、莆田一团、二团的演出至少1600场次，努力把文管雅音唱遍乡村。为推动传统音乐艺术与时俱进，陈祖基大胆突破，创作出系列反映现实生活、讴歌时代新风的作品。比如其作品《文管一曲颂泉港》，歌颂泉港美好新生活，极具地方特色，深受观众好评，为乡风文明建设作出贡献。

唱响美丽新乡村

泉港文管由莆仙戏音乐演化而来，唱腔与莆仙戏相近，是流行于泉港区界山和南埔、后龙等地，用泉港方言演唱的一种民间音乐。2007年3月，“泉港文管”被列入第一批泉州市级非物质文化遗产代表性项目名录。

文管唱腔柔美秀丽，结构是曲牌联套体，具有浓郁地方色彩和风味。其演奏方式可分两种，一种为纯器乐演奏，另一种则是以器乐为伴奏表演戏曲片段。在内容上，其曲牌很多，大多源自莆仙戏所传的“大题三百六，小题七百二”。在表演形式上，文管既模拟生活，又具舞蹈性。其伴奏乐器主要是鼓、锣、笛，演员的唱、念、做、打都根据锣鼓点的节拍进行。除此之外，文管演奏常搭配二胡、扬琴、笛子等传统乐器，以突出浓厚的地方音韵。陈祖基恰好擅长二胡拉奏，能以极具感染力的拉奏呈现文管这一民间音乐的独特魅力。

文管的前身可以追溯到界山鸠林村几位乡贤在20世纪40年代组建的“童子剧团”，后来成了“青年剧团”。20世纪60年代初，青年剧团和前来避难的仙游县“实验剧团”合并为“鲤声剧团”。正是“鲤声剧团”让陈祖基与文管结下不解之缘。

陈祖基时常带领文管乐团进行公益演出

凝聚共识传乡音

在以陈祖基为代表的文管爱好者的多方推动下，2020 年 8 月，泉港文管侨之韵乐社成立。从事数十载侨务工作的陈祖基利用自身海外关系众多的优势，以文管为媒介，联系海内外侨亲互动，传播中华传统文化。同时，陈祖基也踊跃参加政府举办的各项宣传活动，积极宣传泉港文管。

学校是宣传推广传承传统文化的重要阵地。在教育部门的支持下，陈祖基多次带领文管乐团到各中小学校开展传统音乐进校园活动。2019 年 5 月，陈祖基带着文管传统曲目《春草闯堂》选段走进惠华中学、玉湖中心小学宣传“非遗”文化；2023 年 5 月 18 日，陈祖基带领侨之韵乐社走进惠华中学开展主题为“传承非遗文化，共筑精神家园”的文管传承活动。他身体力行，为同学们介绍文管历史，传授演奏基本知识，在孩子们心中埋下传统文化的种子。

耄耋之年的陈祖基，依旧满怀热情地行走在文管技艺传承的征途上，他坚信，只要持续前行，文管之美终将响彻乡村，成为乡村振兴中不可或缺的文化强音。

（泉港区委党史和地方志研究室供稿，图片来源于“泉州市文化遗产保护促进会”公众号）

繁而不烦　刻意求新

——泉港漆刻画（乌推光）传承人庄超常

传承人名片

庄超常，泉州市工艺美术大师，自幼学艺，师从名家，潜心钻研漆艺50余年。他继承传统，不断创新，作品细腻生动，屡获国内外大奖。同时，他心系乡村，以刻刀记录乡村美好，传承文化精髓。

刻苦学艺　潜心钻研

出生于20世纪50年代的庄超常，自幼便对艺术怀有浓厚的兴趣。初中毕业后，拜入庄天明门下，踏上学习漆刻画的漫长征途。为精进技艺，他多次远赴福州、湖南等地，向郑修铃、郑崇尧、陈天漳等大师求教，虚心学习，不断吸收各家之长。

庄超常在创作漆刻画

漆刻画这门艺术，不仅考验着匠人的耐心与细心，更要求极高的艺术修养。庄超常深知其中艰辛，却从未有过丝毫懈怠。漆刻画费工费时，成本很高，50克的熟漆价格就要上百元，因此庄超常一般都买原生漆回来自己加工。他亲自挑选原生漆，经过烦琐的过滤、加工、晒煮过程，获取优质熟漆。有时还要面对生漆过敏的痛苦，但他不以为苦，始终迎难而上。

漆工艺，其根源可追溯至古老的髹漆技艺，是髹饰、绘画与雕刻三者精妙融合的艺术结晶。漆刻画作为这一工艺中的瑰宝，以写实风格著称，刀法圆润细腻，装饰图案丰富多彩，尤以花卉鸟禽、山水人物为经典，展现自然之美。

在创作过程中，漆刻画的作画步骤极为烦琐，考验着艺术家的耐心与技艺。与部分艺术家直接在板上刻画不同，庄超常坚持使用特制铅笔先行构图，确保每一线条、每一轮廓都精准无误后，才动刀雕刻。这也使得他的作品在细节处理上更为精细，构图更加严谨。漆刻画成形对环境条件有严格的要求，需维持在温度 20℃ ~ 30℃、湿度 70% ~ 85% 的理想范围内。面对缺乏先进调控设备的现实，庄超常凭借丰富经验和不懈努力，亲自动手，巧妙利用自然与人工手段，为作品营造出最适宜的创作环境。

庄超常漆刻画作品《月是故乡明》

在色彩运用上，庄超常更是追求极致，力求通过颜色的层次变化，赋予作品生命力和情感。如钛白粉虽白却略带微黄，因此在创作风景画时，他会巧妙地先在画面上铺设一层蛋壳，利用其独特的质感和色泽，呈现白色房屋的纯净与雅致，使整幅作品在色彩上达到和谐统一、层次分明的最佳效果。

不懈攀登　终有建树

在 50 多年艺术生涯中，庄超常不仅继承传统漆刻画精髓，更在此基础上不断创新与突破。他摒弃传统漆刻画中刻纸图案画的风格，转而追求刀法独特与风格新颖。他的作品，无论是花卉鸟禽、山水人物，还是乡村生活的点滴细节，都刻画得栩栩如生，充满浓郁生活气息和深厚文化底蕴。

庄超常的作品多次参加国内外各

庄超常漆刻画作品《盐场伏收季》

类展示和比赛，并屡获殊荣，艺术成就得到社会广泛认可和赞誉。2016年，其漆刻画工艺作品在第三届海峡两岸民间（涂岭）论坛暨台湾农副产品展销会中广受好评；2017年12月，作品《快乐幸福》入选第三届“海上丝绸之路国际艺术节·海丝（泉州）工艺美术精品博览会”；2017年，庄超常被评为首届泉港区“工艺名人”优秀奖；2019年3月，其作品《盐场伏收季》《春醉了/亭亭玉立》分别获第十七届全国工艺品博览会“中艺杯”优秀工艺美术作品评比金奖和银奖；2021年6月，作品《银滩晨曲》获第三届（泉港）工艺美术精品展优秀作品评比传统工艺奖；2021年10月，作品《盐场伏收季》《银滩晨曲》被泉州非物质文化遗产馆收藏；2021年12月，庄超常被评为“泉州市工艺美术大师”；2022年1月，作品《月是故乡明》获评第四届泉州市工艺美术创新设计“天工奖”大赛三等奖，等等。

值得一提的是，庄超常始终心系乡村，他的漆刻画作品充满了对乡村生活的热爱与赞美。他通过手中的刻刀，将乡村传统文化和乡村生活的美好瞬间定格在画布上，让后人得以领略那份淳朴与美好。

（泉港区委党史和地方志研究室供稿，庄超常供图）

有福之船 “船”递幸福

——泉港“水密隔舱”福船制造技艺传承人黄文同、黄武同

传承人名片

黄文同、黄武同，“水密隔舱福船制造技艺”泉港区级代表性传承人，两人出身造船世家，常年致力于“水密隔舱福船制造技艺”传承，同时融合传统技艺与现代技术，通过开展各种展览与活动，推动福船制作升级，弘扬海丝文化，让古老造船技艺焕发新生。

“土洋结合”的技艺升级

明清时期，峰尾黄氏造船世家以擅长制造福船而闻名于世。明永乐三年（1405年），时任郑和船队“忠武卫”的黄参向郑和力荐圭峰黄氏造船世家黄源修的传承人参与造船工程，并由黄源修负责船艺设计等主要工作。黄氏造船历史悠久，到黄文同兄弟时已传承11代。

黄文同、黄武同两兄弟成长于制船世家，在耳濡目染中接过父辈手里的古老技艺。十几岁时，他们开始跟着父兄叔伯一起工作，边工作边学习福船制作。随后，两人到邻近的后龙公社造船厂工作，后来去了厦门水产造船厂。他们在厦门水产造船厂主要生产拖网船，但造船厂内有一个游艇厂，黄氏兄弟在这里见到了许多不同的“洋物件”“洋方法”，他们很快将游艇厂里磨炼出的好手艺结合进泉港福船制作的老技艺里，实现“土洋结合”，让成品升级，更为精细。20世纪90年代，黄氏家族着手打造自己的造船厂，全方位提升自家技艺。

随着时代发展，木壳船无法逃脱被市场淘汰的宿命。失去生计的黄氏造船家族只得另寻出路，黄文同、黄武同两兄弟放不下祖传技艺，仍然从事造船相关工作，开始制作“紫菜船”（养殖户用于收割紫菜的船只），只在闲暇之余制作一些福船模型聊以慰藉。2015年5月，兄弟俩加入泉州福船古船模制作有

限公司，任技术总监。他们以精细严谨的选料做工，古色古香的船具配置，复刻独具“渔”文化特色、体现海丝泉港历史文化底蕴的“有福之船”。

2018—2019年，黄氏兄弟入驻峰尾镇的水密隔舱福船产业基地，开始专门从事古船模制作。在他们的指导规划下，船模制作标准流程逐步形成，越来越多精巧美观的古船模走进大众视野，被展览、收藏，成为泉港特色文化的一张名片。

“水密隔舱”的精巧考究

泉港区水密隔舱福船制造技艺起源于唐朝，发展于宋元，兴盛于明清，历经千年而传承至今，是泉港造船业发展和古代泉州海上丝绸之路繁荣兴盛的忠实见证。

泉港福船的制造复杂精密，工序繁多，从竖龙骨到整船定型，再到涂装粉饰，需数百名工人齐心协力。船型大致可划分为渔船、战船和商船三类，渔船以本地“小白钓”为典型，战船则以“郑和宝船”及“郑成功帅船”为代表，而商船“黑舶五青案”船型是“水密隔舱”福船系列中最为人熟知的船型之一。所谓水密隔舱，即船舱中被隔舱板分隔成彼此独立且互不透水的一个个舱区。每个舱区由隔舱板、船壳板、水底板、船甲板围成，构成一个个相对独立的空间。泉港制造的“水密隔舱福船”普遍采用传统的分格式水密隔舱结构，隔板下方靠近龙骨处左右各有“肚脐”两个，既可排水，又可堵舱防漏，精巧非常。因

1∶1复原的明代福船下水试航（来源于“泉港区融媒体中心”公众号）

黄文同水密隔舱福船作品“郑和宝船”（来源于“泉港区融媒体中心”公众号）

黄武同水密隔舱福船作品“郑成功帅船”（来源于“海丝泉州文旅之声”公众号）

其独特的设计，有水密隔舱的船只不仅具有较强的船舶抗沉性能，还提升了船只远航的安全性。

“有福之船”的绚烂华彩

作为泉州福船古船模制作有限公司技术总监，黄氏兄弟积极投身古船模制宣传第一线，协助公司举办古船模制作展、海洋科普图片展、“福船杯”全球闽南语歌手赛和各类救助低保人员、残疾人的公益性活动。2015年9月1日，在公司的推动下，黄氏兄弟策划了一场有意义的福船复原活动，十几位福船造船老技艺人历经六个多月，对照前人留下来的图纸，在泉港区峰尾镇大埭溪旁1∶1复原建造长达30米、深2.15米的明代福船，并举行隆重的“拔落令”仪式。

与此同时，黄氏兄弟不断精进工艺，参与指导、制作的古船模成功参加泉州市旅游文化产品博览会、泉州旅游商品设计创作大赛、第三届国际文博会（深圳）、海峡两岸文博会、厦门商交会、丽水世博会、平潭海洋休闲运动博览会、第十二届海峡旅游博览会、第十二届中国（莆田）海峡工艺品博览会、第九届福建省工艺美术“争艳杯”比赛、第二届21世纪海上丝绸之路博览会暨第二十一届海峡两岸经贸交易会、南京中国工艺美术博览会展等。

一次次的奔波，一场场的展览，古老的造船技艺拂却尘埃，在更广阔的舞台上又一次绽放出穿越时空的华彩。

（泉港区委党史和地方志研究室供稿）

面面俱到　栩栩如生

——石狮面人（妆糕人）制作技艺传承人李家乐

传承人名片

李家乐，十几岁随外祖父学习面人制作技艺，三十多年来，不断提高自身制作技艺，取得较高艺术成就。其经常组织并参与民俗活动，多方展示及传授面人制作技艺。2021 年，被认定为“面人（妆糕人）”石狮市级代表性传承人。

习得祖辈技艺

面塑是一项古老的民间艺术，面塑艺人往往随手取形，辅以简单工具，几经揉搓捏压，千姿百态的艺术形象便可脱手而出。

李家乐和他的面人作品（来源于中国石狮网）

李家乐的面塑技艺，主要是得到外公施养添的真传。施养添生于民国六年（1917 年），因家族祖辈从事做面蒸包行业，从小就学习制作面人及烹饪。1975 年出生的李家乐，从小跟着外公生活，经常看到外公用面团做成各

李家乐正在制作面人（来源于中国石狮网）

种神话人物、虎豹狮象、龙凤龟鳖、花鸟虫鱼等祭祀供品，非常喜欢，到十几岁时，开始跟着外公学习这门手艺。和面配方，添加的材料、比例，各种物件的结构造型、颜色搭配以及捏制技巧等，外公一概倾囊相授，毫无保留。

2014 年，李家乐经朋友推荐，前往上海向一位老手艺人“取经”。在老艺人手把手教导下，掌握了更为专业的面塑技艺。首先在原料使用上，由原来简单的面粉、甘油，改为面粉、糯米粉加上颜料、石蜡、蜂蜜等材料；其次是在技艺上，学会头像雕刻、身体比例处理、着装配饰等面塑技巧，还掌握了防裂、防霉处理工序。

铸就艺术精品

李家乐擅长捏制古典人物，尤其是《水浒传》《三国演义》里的人物。捏人物最难的就是头部，用行话说叫“开脸”，需要用面团反复捏、搓、揉、掀，再用不同工具点、切、刻、划、挑。脸开好后，就按照 1 ：7 的比例做身体部分。从护腰、腰带到发须、发饰，都需将面皮擀薄到接近半透明，一层层“穿”上去，再用工具调整出细节、纹路。

面塑技艺的特殊之处在于，作品表

面看不到接缝，都隐藏于内侧，需要耐心地一点点按压贴实抚平。捏制一个关公人物像，李家乐一般需要三四天时间。有时候一个看似简单的形象，李家乐要反反复复捏上几十次甚至几百次，直到捏出满意的效果才算完成，其间废掉的面团不计其数。如今，李家乐也会根据客户需要“定制”一些人物像，作品无不神采奕奕、栩栩如生。

三十多年来，李家乐不断提升自身制作技艺，取得较高艺术成就。2010 年，面人（妆糕人）被列入石狮市级非物质文化遗产代表性项目名录。2021 年，李家乐被认定为“面人（妆糕人）”石狮市级非物质文化遗产代表性传承人。

铺就传承之路

李家乐始终认为，作为面塑传承人，有责任有义务弘扬中华优秀传统文化。他经常去石狮贝林等幼儿园展示面人制作技艺，让孩子近距离感受“非遗面人”艺术的博大精深，感受劳作之美、体验之乐，受到不少市民和中、小学生以及幼儿园小朋友的认同和喜爱。

2021 年 6 月，李家乐在石狮市文化馆的“非遗”月公益活动中，展示面人制作技艺，被石狮电视台“风情石狮”栏目组制作成专题片《面人，面如心生》播出。

（石狮市委党史和地方志研究室供稿）

李家乐的面人作品（来源于“石狮市文化馆”公众号）

乐在“谜”途 引人入“谜”

——石狮（蚶江）灯谜传承人纪培明

传承人名片

纪培明，中国民间文艺家协会会员、中国民间文艺家协会中华灯谜学术委员会常委、福建省民协灯谜学术委员会原常委、“石狮灯谜”石狮市级代表性传承人，常年不遗余力、身体力行做好灯谜传承和中华谜艺传播工作，推动石狮灯谜文化发展。

结缘灯谜 深耕“谜乡”沃土

自幼年起，纪培明便与灯谜结下不解之缘。他出生在被誉为“中国灯谜艺术之乡”的石狮，受父亲纪乃良的启蒙，开始接触并学习灯谜。在父亲的悉心辅导下，纪培明逐渐展现出对灯谜的浓厚兴趣与天赋。为进一步提升自己的灯谜技艺，纪培明先后师从林祖武、苏温才、薛祖评等知名灯谜大师，深入探索灯谜艺术的精髓与奥秘。在这些大师的指点下，他的灯谜技艺日益精进，逐渐在灯谜界崭露头角。

纪培明（右二）通过群众谜会，向猜众讲授灯谜知识

艺术源于生活。几十年来，纪培明始终扎根于石狮这片灯谜艺术的沃土之中，他深入田野村庄、社区企业，体验生活，汲取灵感，创作出1万多条构思

2004 年 7 月，纪培明带领石狮市青少年学生灯谜代表队参加新加坡首届国际学生灯谜观摩赛

巧妙、意境深远且富有时代感和创新性的灯谜精品。其中，800 多条被刊登在各级谜刊、谜书、报纸、期刊和网站上，700 多条被选为比赛用谜，1000 多条被《中华国粹》网站谜库收录。他的各类作品多次在“学习强国”学习平台、《人民日报（网络版）》、《福建日报（网络版）》等媒体平台刊发，并多次荣获“华清杯”、中华灯谜文化节、福建省灯谜艺术节、中央电视台《中国谜语大会》等赛事的佳谜奖。尤为瞩目的是，他先后 3 次荣获中华灯谜最高奖——中华灯谜“金虎奖”，并被评为“中华灯谜‘金虎奖’优秀制谜手”。

除了灯谜创作，纪培明还积极参与各类灯谜活动。他带领团队参加中国（深圳）灯谜文化节、中华灯谜文化节、福建省灯谜艺术节、中央电视台《中国谜语大会》（第一、二季）、崇武海峡两岸灯谜大会以及多届全国网络灯谜现场谜会等几十场次大型谜会，并荣获团体冠军、佳谜奖、评析奖、论文奖等 30 多个奖项，充分展现其灯谜实力和团队领导力。

此外，纪培明还积极参与灯谜理论研究与评论工作。他长期担任《石狮日报》“灯谜赏析”专栏的撰稿人，发表 100 多篇灯谜评析文章。其中，《关于加强校园灯谜文化建设的思考》一文被刊登在中央文明委《未成年人思想道德建设案例》一书中，为校园灯谜文化建设提供宝贵的参考和借鉴；《石狮市“电信杯”思想道德建设灯谜竞赛主持词》一文也被新浪网等几十家主流网站收藏作为范本，广受好评；《东方风来满园春谜海正是扬帆时——新时代中华校园灯谜活动回眸及思考》一文荣获第八届中华灯谜文化节论文一等奖，为灯谜艺术的理论研究和实践探索作出贡献。

推广灯谜　繁荣“谜乡”文化

石狮灯谜历史悠久，早在唐宋时期就有灯谜活动，清嘉庆十四年（1809年）编修的《锦黄家谱二房长》中，就详细记载了康熙至乾隆年间，铺锦（今石狮市宝盖镇铺锦村）的黄钟晃在灯谜领域的卓越才能和深厚造诣。

随着时间推移，石狮灯谜活动逐渐发展壮大。相传，清光绪八年（1882年），林桂舟、林少怀、吴金炎等八人在蚶江成立“谈虎楼”谜社。至此，石狮灯谜薪火相传。石狮建市以来，灯谜文化更是得到了前所未有的重视和发展，在全国率先实现县域内所有镇（街道）灯谜组织全覆盖的壮举。

在石狮，灯谜已经成为了一种全民性的文化活动。每年，各镇（街道）、村（社区）都会举办数百场灯谜活动，吸引大量市民群众积极参与。无论是在酒楼茶肆、街头巷尾，还是在田间地头、海边码头，人们都以灯谜为乐，灯谜已经成为石狮人生活中不可或缺的一部分。

纪培明深知灯谜在民间文化中的重要影响力，因此多年来积极投身于各类灯谜活动的策划与组织之中，致力于将灯谜这一传统文化瑰宝发扬光大。他参与并成功举办第27届石狮市纪念“全国土地日”大型灯谜群众展猜、第18

2001年5月1日，纪培明在狮城影剧院主持石狮首届中华灯谜艺术节团体决赛

届“全国土地日”网络灯谜精英赛、“环保日”大型灯谜展猜，以及第 15 届“闽台对渡文化节暨蚶江海上泼水节之海峡两岸灯谜联猜”等众多灯谜活动。同时，纪培明还长期担任各类灯谜比赛的评委和主持人，积累丰富的比赛评判经验，为灯谜艺术的传承与发展提供宝贵的参考和借鉴。

传承灯谜　点亮“谜乡”之光

作为石狮灯谜传承人，纪培明五十多年来一直矢志不渝地投身于灯谜艺术的传承与发展之中，他参与成立覆盖全市 9 个镇（街道）的灯谜社、巾帼谜社等基层灯谜组织，推动“石狮市灯谜传习基地”“石狮市灯谜艺术馆”等传承基地的建设，并通过举办灯谜培训班、进校园开设灯谜课程等方式，将灯谜艺术传授给更多的人。他不仅注重传授灯谜知识，更重视培养灯谜爱好者的思维能力和创造力。在他的引导下，越来越多人喜爱上灯谜艺术。

此外，纪培明充分利用网络平台，坚持开办微信猜谜群，每天在群里出谜竞猜，吸引不少爱好者参与，他先后创作 7000 多条灯谜在微信群内发，收到很好的普及效果。在他的传承培养下，有 10 多位微信猜谜高手活跃在石狮谜坛的现场谜会，并屡获佳绩。

在国际化传播方面，纪培明也做出

2022 年端午节，纪培明作为“石狮灯谜”市级传承人担任“蚶江文旅云推官”

积极贡献。他组织与美国、新加坡、菲律宾等国家和地区的谜友开展学术交流活动，推动灯谜艺术向国际化传播。在纪培明等人的努力下，石狮市和蚶江镇荣获“中国文化（灯谜）艺术之乡”称号，“石狮灯谜”也于 2009 年被列入第三批福建省级非物质文化遗产代表性项目名录。

（石狮市委党史和地方志研究室供稿，纪培明供图）

形意相融　舞出精神

——石狮舞狮（北狮）传承人蔡奕品

传承人名片

蔡奕品，石狮市金凯圣醒狮团团长，福建省民间艺术家、泉州市政协委员、“北狮”石狮市级代表性传承人，多次带领金凯圣醒狮团征战国内外，获奖无数，被国际华人舞狮界公认为“东方狮王”。

蔡奕品在石狮市电视台讲述北狮历史

组建狮团

20 世纪 60 年代初出生于石狮市蚶江镇溪前村的蔡奕品，从小便活泼好动。十几岁的时候，父母便将他送到当时的晋江县杂技团，从此练就一身扎实的舞狮基本功。1979 年，晋江杂技团解散，离开杂技团的蔡奕品和兄弟坚持舞狮，逐渐舞出一些小名气。在哥哥蔡满意的建议下，1980 年，蔡奕品借钱买了狮子道具，组建金凯圣醒狮团的前身“蚶江溪前舞狮队”，仨兄弟一人领珠、一人舞狮头、一人舞狮尾。每逢村庄人家有婚、丧、嫁、娶等“红白喜事”时，村民们都喜欢邀请舞狮队助兴。不久后，石狮、晋江乃至整个闽南侨乡，大家都知道了石狮蚶江镇溪前村有个舞狮队。

1985 年后，蔡奕品的舞狮队开始走上正轨，除了参加大型演出，还受邀到中国香港、澳门地区以及日本表演。1992 年，溪前村舞狮队应邀参加澳门“晋江同乡会五周年庆典”活动后，当地华人组织盛情邀请蔡满意、蔡奕品兄弟二人留澳任教。留澳任教的五年里，他们总共为澳门培养了不下 200 名舞狮高手。这些舞狮精英在世界华人舞狮界所表现出来的高技术、高水平，为在外华侨和蔡氏兄弟赢得极大声誉。1997 年，蔡奕品离开澳门回到石狮溪前，创办自己的醒狮团队。在艰苦的条件下，他率领弟子们“夏练三伏、冬练三九”，并开动脑筋，结合自己的舞狮经验，自行创作集舞蹈、武术、杂技、体育艺术于一体的新舞狮套路十一种，新套路编排新颖、造型美观、神态逼真、动作惊险，加上闽南特有的“什音”风韵和戏曲性的鼓钹节奏，使得狮舞更加栩栩如生，深受海内外观众喜爱。

CCTV—10 科教频道专题报道“醒狮记”

南狮舞狮道具

广受赞誉

为弘扬中华狮艺文化，推动狮艺文化技术交流，促进中华狮艺在世界的传播，多年来，蔡奕品率领金凯圣醒狮团以传统民俗技艺“舞狮”，在全国乃至世界舞台上频频夺冠，大放异彩。1991 年受邀参加《东瀛游侠》电影拍摄，1997 年参加“中日友好”文化交流活动表演，2005 年参加澳门“东亚运动会”开幕式表演，2008 年参加马来西亚“中马友好”南北狮大演会，2010 年应邀参加“阿联酋”中国闽南商会成立庆典表演，2011 年应邀参加意大利“中国文化年”舞狮表演，2014 年作为泉州市艺术团代表参加中日韩“东亚文化之都·2014 光州、横滨”闭幕式表演，等等。醒狮团受到广泛赞誉，被多家电视台、报社、广播电台争相报道。最辉煌的时候，连获“第三届全国南北狮王争霸赛”“第四届全国农民运动会”“第一届世界龙狮锦标赛”三项北狮比赛第一名的好成绩。石狮市因此被海内外誉为“北狮王之乡”，蔡奕品也被国内外舞狮界誉为“东方狮王”“北狮王”。

发扬光大

数十年来，蔡奕品一门心思为发扬光大“舞狮”而努力。“社会是不断发展变化的，我们也要变，变则通。”蔡奕品说。原来的北狮重“意”，要发展就需“形意结合”。为创新突破，蔡奕品长期潜心研究，参与国际、国家及省市等各级龙狮协会的技术研讨。经过数十年精心钻研，他结合自身专业特长，汲取几百年流传下来的民间传统舞狮艺术精华，将北狮艺术与狮子、老虎、猫、狗等动物神态及武术的精气神韵融为一体，同时对传统北狮套路技艺进行创新发展，逐渐形成独具特色的“北派醒狮”风格。

近年来，传统文化已深入泉州各大校园，部分学校开设舞狮课，作为一名“守艺人”，蔡奕品十分注重舞狮的传承与培养，数十年如一日地为发扬光大舞狮而努力。他带领金凯圣醒狮团往返于闽南理工学院、石狮自然门学校、泉州师范学院等大中小学之间，推广、传授舞狮技艺。他最大的心愿就是让更多的年青人加入舞狮这项运动中，发展壮大舞狮传承人队伍，让中华传统舞狮表演走向世界，让石狮的年青一代“狮行天下”。

（石狮市委党史和地方志研究室供稿，蔡奕品供图）

参加石狮闽台对渡节表演

稳实做扎　实在做人

——石狮彩扎传承人黄清权

传承人名片

黄清权，“泉州彩扎（石狮）”石狮市级代表性传承人，9岁时跟随父亲学习纸扎技艺，作品曾入选“第三届泉州市文化创意品展泉州文创奖·非遗文创大赛优秀奖”，常年致力于彩扎技艺的传承和推广，为石狮的非遗文化贡献力量。

耳濡目染善一技

出生于1960年的黄清权，其祖父黄会宝是永宁一带有名的民间纸扎手工艺术家。黄清权9岁就跟随父亲黄国平学习纸扎技艺，15岁时，就已遍晓制作、画画、书法、剪纸、泥塑、贴纸、彩绘等技艺。

纸扎在民间又称糊纸、扎纸、彩扎等，是将扎制、贴糊、剪纸、泥塑、彩绘等技艺融为

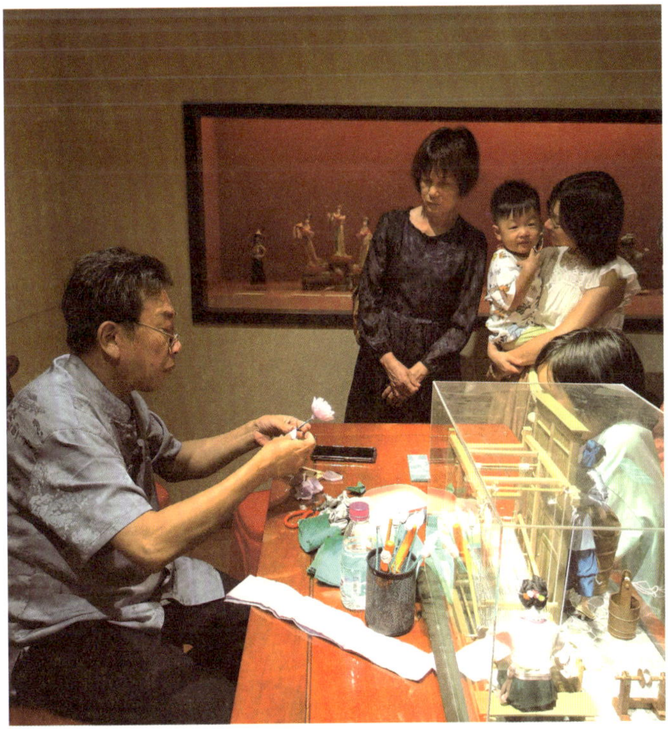

黄清权在泉州非遗馆为观众现场制作彩扎（含冰摄）

2022年，黄清权作品《扼虎救父》参加石狮非遗彩扎精品展

一体的民间艺术。在泉州地区，婚庆嫁娶、祝寿等仪式上，亲朋好友往往要赠送“花盆人仔”“寿星”“福禄寿喜”等彩扎制品以示祝贺，彩扎工艺随之逐渐发展起来，已有千余年历史。

二十世纪七八十年代，黄清权制作过很多乡村宫庙的王爷神像，在石狮和晋江龙湖一带纸扎业内颇有名气。

黄清权的彩扎作品均以竹、纸、绸为主要材料，以竹、篾为骨架，以线团缚部位，糊彩纸以装饰。其创作风格色泽艳丽、造型拙朴、寓意明快。因其曾经营服装厂，对服饰的材料、样式设计特别熟悉，便把其中的经验融入彩扎工艺中。黄清权说，“彩扎人物制作中，头部雕塑和折衣举纹是最能体现技艺水平的两个环节，面部最能表达感情，凸显人物特征；衣服纹理自然，才能让整个作品看起来更加真实生动。”因此，他的彩扎人物表情丰富，服饰色彩明丽，甚至连衣服的褶皱都与原型一致，将人物特点展现得淋漓尽致。他制作的关公、周仓、关平以及仙女、孙悟空等纸扎作品造型逼真，堪称艺术品。

除了人物，黄清权作品的相关场景道具也十分逼真，每件作品的光线布局、色泽明暗都经过精心处理。其代表作《五虎将》《二十四孝》《四仙女》《松鹤延年》等，都形态逼真、惟妙惟肖、活灵活现 。

不坠青云应时势

黄清权退休后，创办彩扎传承研究室。研究室致力于传承、推广彩扎技艺，已培养传承人3名，吸引兴趣爱好者无数。为进一步加大传承力度，让传统手艺更广为人知，近年来，黄清权积极参加各类活动，深入暑期支教班、兴趣班、美术课堂，通过动作示范和传授制作技艺，让年青一代深入领会和探索彩扎非遗文化的奥妙。

“只要功夫到位，顾客想要我们扎什么，我们就可以扎什么”，现如今，年逾六十的黄清权依然是石狮纸扎艺术的领头人，其精湛的彩扎技艺获得业内一致好评，作品多次参与各种展会展出并获奖。2021年11月，其作品《彩扎——仙女》在“第三届泉州市文化创意产品展暨传统工艺美术精品展”展出，并获“泉州文创奖·非遗文创大赛优秀奖”。2022年2月，黄清权历时一年，用传统手艺塑造的古代《二十四孝》彩扎作品在石狮博物馆展出，市民对其精湛的传统技艺赞叹不已，一个月内观展人数达两万多人次。

“稳实做扎，实在做人”是黄清权常说的一句话，随着时代发展，从事彩扎行业的人越来越少，“既注重继承传

黄清权彩扎作品

统工艺，又强调立意创新，如此才能适应社会需要，希望这项技艺能够传承下去，重新焕发生机，让大家感受中国民间艺术的无限魅力”，退休后的黄清权决定继续从事纸扎制作技艺创作。为了让手中的彩扎手艺得到更好的普及和传承，他正致力于将多年来的彩扎经验和精品凝集成书，为石狮的非遗文化贡献力量。

（石狮市委党史和地方志研究室供稿，黄清权供图）

黄清权彩扎作品《四仙女》

源于生活 画出华彩

——晋江民间绘画传承人许建宁

传承人名片

许建宁，福建省美术家协会会员、泉州工艺美术大师、泉州高层次人才，晋江市美术家协会副主席、工艺美术协会副会长，长期致力于民间绘画、漆画探索与创作，多幅作品在国家级、省级展览和赛事中获奖。2014年，获评中国现代民间绘画优秀画家。

在良好的创作氛围中成长

自幼生活在内坑镇古山村的许建宁，对闽南乡村的生活场景、劳动场面、民俗活动熟稔于心。他自幼就喜欢涂涂画画，好在母亲开明，在许建宁初中毕业后把他送到职业高中学习美术。有了专业老师的指导，许建宁如鱼得水，对绘画有了新的理解。参加工作后他又以绘画为主业，得以在美术方面继续发展。2007年，晋江举办漆画培训班，许建宁被漆画的制作工艺所吸引，开始投入漆画创作。多年民间绘画的积累，加上对漆画的热爱，许建宁将自己的创作定位在如何用漆艺来创作民间绘画。工作之余，许建宁遍访名师，不断提升绘画技艺，进一步了解晋江现代民间绘画创作理念，开始学习现代民间绘画创作，把现代闽南民俗风情和百姓生活劳作场面融入漆画艺术之中。

灵感来源于生活。许建宁几十年如一日地坚持以生活为创作源泉，他经常参加各种民俗活动，从中发现美、提炼美、创造美。从繁华的三里街到古朴的安平桥以及香火旺盛的龙山寺，都留下许建宁的足迹。一条街、一座桥、一栋古厝，生活中很常见的东西，在他的构思、描绘下，就能创作出别具特色的漆画作品。近年来，许建宁以闽南民俗民情为主题创作的作品《闽南采莲舞》《拍胸舞》获全国民间绘画作品展优秀奖，

《闽南采莲舞》被浙江美术馆收藏。以闽南古镇安海民俗活动嗦啰嗹为主题创作的作品《闽南五月风》《武狮》入选福建画院主办的非遗题材美术作品展。2014 年，许建宁获评中国现代民间绘画优秀画家。

漆画《荷韵》获第十四届中国（莆田）海峡工艺品博览会金奖（来源于“安海文创协会”公众号）

2016—2018 年，许建宁连续三年参加省文化厅、省艺术馆举办的现代民间绘画与传统漆艺结合的培训，并从中得到启示，将现代民间绘画和漆艺这两种传统美术结合，以丰富现代民间绘画的表现形式。传统大漆色彩艳而不俗，温润含蓄，装饰性强，民间绘画与其结合，更具民族性。学习期间，许建宁创作的作品《渔家女》《月是故乡明》被选送到日本巡展，并被福建省艺术馆收藏。

许建宁以现代民间绘画和漆艺结合的作品，多次在国家级、省级赛事中获奖。其中，作品《安平桥畔闹元宵》更是入选中国美术家协会主办的漆画展，并在福建省第九届工艺美术争艳杯大赛中获金奖。《安平桥上嗦啰嗹》获海峡两岸工艺美术作品展金奖。《闽南古镇端午》获中国工艺美术“百花杯”铜奖和福建省美术双联展银奖，并被闽台缘博物馆收藏。《荷韵·屏风》获第十四届中国（莆田）海峡工艺品博览会优秀作品展金奖。《闽南舞狮》获福建省艺术大展漆画类银奖。他的个人简历及作品收录于《福建省工艺美术名家集》《福建省漆艺术家集》，2018 年 11 月，福建电视台经济频道《今日八闽》栏目对其作专题介绍。

传承和宣传现代民间绘画之美

晋江是文化部首批命名的“现代民间绘画之乡”，民间绘画创作的氛围浓厚，拥有一批优秀的民间绘画作者。现代民间绘画也叫农民画，创作者主要是生活在农村的美术爱好者，通过创作，把乡村民俗活动、生活场景描绘出来，主要表现农民对劳动的赞歌和对美好生活的憧憬，画风朴实，具有乡土情、乡土味，自20世纪50年代起，在全国兴起。其发展吸取了其他民间传统美术的特点，如宗教信仰民俗中的神庙壁画，服饰民俗中的刺绣、挑花底稿、织锦印染图纹，民间建筑中的彩画、木雕，家具的漆画及年画、剪纸、彩灯、风筝、戏剧中的脸谱等。现代民间绘画在题材上主要表现新时代农村风情、风貌、民俗活动，紧跟时代，讴歌时代，风格独特，手法夸张，乡土气息浓厚，晋江地处福建东南沿海，保留着许多独特的民俗活动和区域文化，通过现代民间绘画的形式来表现，既丰富现代民间绘画题材，又宣传地域文化，传承乡村文化。

许建宁从艺30多年来，在创作之余，为传承和宣传现代民间绘画技艺不遗余力。他多次参加公益活动，受邀在晋江内坑中心小学、石狮市青少年活动中心担任校外辅导员，传授现代民间绘画和民间美术。2014年，他被晋江市教育局、晋江市文化局聘请为晋江现代民间绘画辅导老师。此外，许建宁还走进泉州轻工学院、黎明大学等高校，举办讲座，宣扬工匠精神，让学生们了解民间绘画和漆画工艺的价值与魅力，激发他们对传统文化的热爱与尊重，共同传承与守护这份珍贵的文化遗产。他说：“接下来我还会继续，把晋江一些民俗活动，用漆画表现出来，反正我这辈子都会做这件事情，我这一生要跟漆黏在一起。”

（晋江市委党史和地方志研究室供稿）

许建宁作品《安平桥畔闹元宵》（许建宁供图）

唇“豉”相依　更具滋味

——晋江金煜煌豆豉制作技艺传承人谢昭煜

传承人名片

谢昭煜，晋江金煜煌豆豉制作技艺传承人，其秉承祖传制作工艺，在弘扬、发展的道路上开拓创新，引领金煜煌品牌迈向新高度。其精心酿造的豆豉，屡获殊荣，其中“金煜煌豆豉礼盒”更是摘得“2020中国特色旅游商品大赛”桂冠，成为业界佳话。

传承技艺　用心经营

自中专毕业后，谢昭煜子承父业，开始从事豆豉制作。他深知技术之于企业的重要性，于是不断引进先进技术力量，对传统工艺进行细致入微的改良与提升，提高工艺检验标准，确保每一道工序都达到最优状态。他强调团队建设，注重人才培养与新老交替。同时，他带领团队不断研发新品，扩建生产基地，增加营业面积，让“金煜煌”这一金字招牌在保留传统风味精髓的基础上，吸引越来越多的食客的目光。

金煜煌豆豉（来源于“海丝泉州文旅之声”公众号）

金煜煌豆豉的历史可追溯至20世纪80年代，谢松海与妻子李幼环继承祖上的豆豉制作工艺，开始生产经营金煜煌豆豉。李幼环心灵手巧，认真学习钻研，提升发展豆豉制作工艺。后来，夫妻二人将豆豉制作技艺传给儿子谢春煌，谢春煌又传给下一代谢昭煜。

豆豉制作看似简单，实则蕴含着智慧和经验。制作人需要不断尝试、总结经验，才能掌握每一个细节，制作出口味纯正、质地细腻的豆豉。金煜煌豆豉经过三四代传承至今，每一代传人都倾注了无数心血与智慧，对豆豉制作工艺进行不断优化与改良。谢昭煜更是坚持纯手工制作，精选优质黄豆、黑豆为原料，利用毛曲霉或细菌蛋白酶的自然力量，精心分解大豆蛋白质，再通过加盐、加酒、干燥等独特工艺，精准控制发酵过程，赋予豆豉独特的风味与口感。

发展品牌　扩大影响

随着工业化生产的发展，传统手工技艺逐渐被机器代替，传统豆豉制作工艺面临着失传的危险。谢昭煜深知传承豆豉制作工艺的重要性，他始终坚持质量为魂，以“品质”来做强品牌，严格把控每一道工序，同时积极拓展市场，提升品牌价值，将金煜煌豆豉打造成为闽南乃至全国知名的调味品品牌。近年来，金煜煌豆豉多次被相关部门评为优质调味品，并获得相关荣誉。2017 年，金煜煌豆豉入选“第六批泉州伴手礼”正式名录，并获得“福建好礼”百佳旅

2018 年 11 月，“金煜煌豆豉”系列产品作为“中国品牌旅游商品”在第二届中国（福州）世界遗产主题文化博览会上展出（来源于“晋江伴手礼”公众号）

游商品。此外，“金煜煌豆豉礼盒”先后获得“2018中国特色旅游商品大赛”铜奖、“2020中国特色旅游商品大赛”金奖。2021年，金煜煌豆豉、金煜煌食品加工厂再次纳入“晋江伴手礼”“晋江伴手礼专卖店”正式名录。

金煜煌原味豆豉酱（来源于“泉州旅游文学”公众号）

金煜煌豆豉种类繁多，既有黑豆豉的醇厚，也有黄豆豉的鲜香；口味上，淡豆豉的清雅、干豆豉的浓郁、水豆豉的鲜甜，各有千秋，满足不同食客的味蕾需求。其营养价值更是不可小觑，富含多种对人体有益的成分，长期食用有助于预防心血管疾病，促进肠道健康，是名副其实的“健康小卫士”。

金煜煌豆豉之所以能在市场上独树一帜，离不开其坚持的闽南传统酿制工艺与对原材料的精挑细选。工厂就地取材，选用本地优质红豆、黑豆、花生，经过自然发酵，保留食材最本真的味道与营养。同时，谢昭煜始终坚持高标准选料，严格遵循生产工艺流程，确保每一瓶豆豉都具备品质与口感的双重保证。

回望过去，金煜煌豆豉在谢昭煜及其家族的共同努力下，走过了风雨兼程的历程。“我们将继续秉承‘传承技艺，用心经营’理念，继续发扬老字号重质量、讲信誉的优良传统，不断推陈出新，为消费者带来更多健康、美味、放心的产品。”谢昭煜说。

（晋江市委党史和地方志研究室供稿）

用情出“冻” 美味动人

——晋江“安海土笋冻”制作技艺传承人颜才望

传承人名片

颜才望，“阿望土笋冻”品牌创始人、“安海土笋冻制作技艺”晋江市级代表性传承人。他用心传承，注重创新，把传统小吃打造为市场热门品牌，同时积极参与公益，传授技艺，为土笋冻文化的传承与发展不懈努力。

家族渊源 匠心传承

颜才望（左）制作土笋冻

颜才望，晋江安海“阿望土笋冻”品牌创始人，其土笋冻制作技艺是家族几代人心血的结晶。自民国时期，其祖上颜昌则便已开始探索土笋冻的制作奥秘，为后世子孙打下坚实的基础。至祖父颜期挺一代，更是将这门手艺发扬光大，不仅开创沿街叫卖的先河，还以吹笛伴奏的独特方式，让土笋冻的香气与乐声一同飘荡在闽南的街巷之间，成为那个时代的一道独特风景线。

颜才望自幼便与这晶莹剔透的美味结下不解之缘，他跟随父母，从最基本的清洗土笋、熬制汤汁学起，一点一滴地积累着制作土笋冻的经验心得。面对改革开放的浪潮，颜才望没有选择随波逐流，而是坚定地接过家族的重担，将经营土笋冻店视为自己的终身事业，用心血与汗水浇灌着这份传承。

创新引领　美味升级

在颜才望的手中，土笋冻不仅仅是一种小吃，而是一件艺术品。他深知，只有不断创新，才能让这门古老技艺在激烈的市场竞争中立于不败之地。于是，他开始深入研究市场需求和顾客口味，不断尝试新的调料、配方，力求在保留传统风味的基础上，赋予土笋冻更多的变化与惊喜。

经过无数次的试验和改进，颜才望终于做出独具特色的土笋冻。他的土笋冻，色泽更加晶莹透亮，口感更加清脆爽滑，味道更加甘洌鲜美，让人一尝难忘。2016年，颜才望正式注册“阿望土笋冻”商标，并迅速赢得广大消费者的喜爱和认可。随着顾客群体的不断扩大，店铺规模也随之壮大，工作人员从最初的几人增加到十几人，“阿望土笋冻”的名声也逐渐传遍四面八方。

公益传承　弘扬文化

“安海土笋冻”是闽南经典名菜之一，其历史可追溯到200多年前。它不仅在《闽中海错疏》《五杂俎》等古代文献中有所记载，更是闽南人民饮食文化的重要组成部分。土笋中含有胶状物质，经熬煮后胶质溶于水中，土笋冻色泽灰白相间，晶莹透亮，质地清脆，富有弹性，

阿望土笋冻

味道甘洌鲜美，老少皆宜。安海镇西安村是安海土笋冻的主要生产地，2013年8月，“安海土笋冻制作技艺”被列入第四批泉州市级非物质文化遗产代表性项目名录。

颜才望深知，一个人的力量是有限的，只有让更多的人了解并参与到土笋冻的制作与传承中来，才能让这门技艺得以永续发展。因此，他积极参加各类

评比活动和公益事业，通过各种渠道向海内外推介安海土笋冻。在他的努力下，安海土笋冻不仅入选晋江伴手礼、泉州伴手礼等荣誉榜单，还荣获泉州市伴手礼最佳人气奖、晋江首届名小吃等一系列殊荣。2022年，颜才望被认定为“安海土笋冻制作技艺”晋江市级代表性传承人。

制作成形的土笋冻

此外，颜才望还积极投入土笋冻制作技艺的传承发展工作中。他收了一批又一批的徒弟，将自己多年的制作经验与心得倾囊相授，让他们也能拥有一技之长以谋生。同时，他还走进校园，面向学生开设讲座课程，讲述土笋冻的历史文化，传授制作技艺的精髓要领，用自己的行动为土笋冻制作技艺的传承发展注入新的活力。他始终相信，只有用心去做一件事，才能将它做到极致；只有用心去传承一门技艺，才能让它在历史的长河中永不褪色。

（晋江市委党史和地方志研究室供稿，图片来源于“花巷”公众号）

剪出精彩　映出魅力

——晋江剪（刻）技艺传承人陈金矿

传承人名片

陈金矿，中国民间文艺家协会会员、福建省文艺家协会剪纸专业委员会常务理事，泉州市剪纸艺术研究会会长。其深耕剪（刻）纸技艺多年，不仅在艺术创作上独树一帜，更在技艺传承上倾尽心力，培养了大量接班人，其作品多次获得殊荣，并被国家及省级艺术馆、博物馆珍藏。

家族熏陶　剪纸情缘

1981年出生的陈金矿，自幼在家族艺术的熏陶之下，与工艺美术结下不解之缘。爷爷的木刻版画技艺，尤其是家具上的精美雕花，深深吸引了他，在其幼小心灵种下艺术的种子。爷爷离世后，那份对工艺美学的热爱与追求，化作他手中珍藏的木工工具箱，成为他传承与创新的动力源泉。

陈金矿的剪纸生涯始于部队。在部队的岁月里，陈金矿有幸遇到来自河北剪纸之乡的战友，亲眼见证红纸在巧手下化为生动作品的奇迹，这再次点燃他心中对剪纸艺术的热情。从此，他踏上系统学习剪纸

剪纸作品《海上丝绸》

艺术的道路，将儿时对雕花艺术的迷恋转化为剪纸创作的灵感与基础。

技艺精进　独步一方

每一幅剪（刻）纸作品的诞生，都需经过起稿、剪刻、粘贴、揭离及调整修改的精心打磨。陈金矿追求的，不仅是图案的简练清晰、线条的规整流畅，更是色彩对比的强烈明快与整体构图的和谐统一。多年来，他专注于剪纸艺术，通过不断的学习、探索、研究、实践，最终成就了深厚造诣。他的剪（刻）纸作品，尤以长卷图案见长，风格独特，清新隽永。

不仅如此，陈金矿还是一位多才多艺的手艺人，他不仅精通剪纸技艺，还涉猎砖雕、皮影等多个艺术领域，不断拓宽自己的艺术边界。他敢于创新，将古代韵味与闽南风情融入剪纸创作，创造出大型汉服、时装等新颖作品，让传统艺术焕发新魅力。晋江市剪纸协会监事长左子娟对陈金矿的剪纸艺术作出高度评价：“他年轻有为、剪技过人，剪纸作品创作顺应时代潮流，融合时代特点和闽南文化元素，构思缜密，形象生动。他用一双巧手剪出幸福美好生活，受到老百姓的欢迎。”

世代传承　生生不息

剪（刻）纸，作为剪纸艺术中独具匠心的一种表现形式，源自手工艺人心

陈金矿作品《泉州二十二个世界文化遗产点》

灵手巧的创造，通过切、剪、镂空、折卷、叠合与粘贴等精妙手法，在纸上雕琢出栩栩如生的图案。这门艺术，在一笔一画的勾勒、一剪一刻的雕琢中，不仅凝聚时光的流转，还深刻反映历史与现实的交织，展现匠人们超凡入圣的技艺。

剪纸艺术历史悠久，相传起源于唐代，至宋代达到鼎盛，深深植根于民间艺术沃土之中，历经世代传承，生生不息。在泉州，剪纸艺术更是以其精细入微、线条流畅、蕴含浓厚闽南风情的特色而闻名遐迩，作品内容多围绕吉祥、喜庆、和谐主题，如花鸟虫鱼、瑞兽祥禽、人物博古等，寄托着人们对美好生活的向往与祈愿。

至今，在包括石狮、晋江在内的闽南地区，春节期间刻制“红笺”的习俗依然盛行，这不仅是一种文化传承，更是对新年美好愿景的寄托。而近代以来，晋江剪纸的应用范围更是不断拓展，不仅装饰于传统的纸张之上，还巧妙地融入花边设计、陶瓷装饰、木雕艺术乃至砖雕之中，成为连接传统与现代、艺术与生活的独特桥梁。

陈金矿作品《闽南风情》

陈金矿的剪纸创作题材广泛，如同一幅幅生动的时代剪影，记录了国家发展、社会进步与人民的美好生活。他的创作紧跟时代步伐，既有公益宣传的积极向上，也有田园风光的宁静致远；既有出水小荷的清新脱俗，也有上慈下孝的温馨感人。这些作品构图饱满，造型设计疏密有致，线条流畅细腻纤巧，风格生动细致逼真，每一幅都蕴含着他对生活的热爱和对艺术的执着追求。

陈金矿作品《闽南古厝角》组图

普及教育　文化弘扬

作为一位有担当的艺术家，陈金矿深知传承的重要性。他积极投身剪纸艺术的普及与教育工作中，将剪纸艺术带入校园、青少年宫及乡镇街道，让更多的中小学生有机会接触并了解这一非物质文化遗产。在他的推动下，晋江部分中小学已将剪纸纳入特色课程，定期邀请他及剪纸骨干进行技能培训与教学指导。

同时，陈金矿还利用剪纸协会的平台，设立多处教学点，举办剪纸比赛，并通过微信公众平台、剪纸报等新媒体手段，拓宽剪纸艺术的交流渠道，提升技艺水平。他的努力，不仅培养了一大批剪纸艺术的接班人，更让晋江剪纸成为地方文化的一张亮丽名片。

（晋江市委党史和地方志研究室供稿，陈金矿供图）

油锅滚滚　粕味浓浓

——晋江龙湖肉粕制作技艺传承人施德焕

传承人名片

施德焕，“晋江小吃制作技艺（龙湖肉粕）”泉州市级代表性传承人，其自幼随家族学习炸肉粕技艺，几十年来坚持以匠心传承百年技艺。他坚守传统，选用上等猪肉，慢火细熬，手工压制，同时不断创新，提升肉粕口感，使肉粕酥香脆美。在其家族几代人的共同努力下，龙湖肉粕香飘四海。

手艺祖传

施德焕正在制作猪肉粕（来源于《晋江经济报》）

施德焕出生在晋江的一个“肉粕”世家，清咸丰五年（1855 年），他的太爷爷施修笼远赴浙江谋生，将油炸肉的制作技艺带回故乡，并在村里创办首家肉粕坊，由此开启家族百年肉粕制作传奇。自幼年起，施德焕便与这滚烫的油锅结缘。7 岁帮忙打下手，13 岁因父亲离世而早早担起家庭重任，从切肉烧火到独当一面，用汗水与坚持书写着对肉粕技艺的热爱与传承。

在施德焕的记忆中，炸肉粕为的是要卖油。过去物资匮乏，都是用肥肉来做肉粕，炸出来的油供给各地食堂，炸好的肥肉变成油粕。由于施家做肉粕的名声在外，石狮以及晋江英林、永和、金井等地的猪肉贩子都会把肥肉送到施家。逢年过节的时候，500多公斤肉，常常要炸到凌晨。

从最早的用马车送，到后来用自行车送，再到三轮车，对施德焕来说，那些年送油的辛苦历历在目：每天早上五点半去收肉，然后要到晋江各地甚至周边县市送油，一送就要一天。

送油的辛苦对于施德焕来说还是其次，炸几百上千斤肉才是最累的。他送油的时候，炸肉粕的活只能交给爱人去做，爱人忙到没空照顾孩子，只能把孩子放在灶旁边那堆用来烧火的花生壳上睡觉。

在那个没有冰箱的年代，送来的肉必须当天炸完，要不就会坏掉。施德焕送油回来后，便马不停蹄地开始炸油，油锅旁热浪滚滚，工坊内没有空调，也没有风扇，他热得全身汗如雨下，只好在额头上扎毛巾防止汗流到眼睛里。

夫妻俩多年的辛勤耕耘逐渐获得回报，肉粕的名声日益远扬，生意越发红火。为进一步扩大规模，1980年，施德焕在陈店村的大马路边租下新场地，将家中作坊迁至此处，并聘请两名工人帮忙。同时，他还以妻子的名字"美琼"来命名这传承四代的肉粕，"美琼肉粕"逐渐成了乡邻间难以忘怀的古早美味。

后来，随着事业扩大，肉粕作坊又搬迁至新厂房，但位于陈店村马路边那座承载着肉粕悠久历史与美名的旧作坊，依然保留着。墙壁上，精心绘制肉粕制作的全过程图，每一笔都仿佛在诉说着往昔的故事。而屋内，依旧弥漫着熟悉的肉粕香气。施德焕感慨地说，这座房子不仅仅是生产的场所，更是许多人心中那份对古早味深深怀念的象征。

坚守传统

随着市场的变化和人们对于肉粕口感需要的变化，施德焕开始研究怎么提升肉粕的味道和口感。以前炸肉粕是为了要油，现在炸肉粕却是为了吃肉粕。这样一来，不仅选料不同，火候掌握也不一样。

施德焕说，过去做肉粕，用传统的土法压成结实的大圆饼，每一个直径最少有50厘米。现在是根据肉的不同部位来做，做出来的口感是不一样的，比如前腿的瘦肉就比较适合做有嚼劲的肉粕，猪颈肉做出来不会有渣，而且外酥里嫩。

猪肉粕成品（来源于"美琼食品"公众号）

而产量最大最受欢迎的就是用三层肉做出来的肉粕。

每天，施德焕要挑选最上等的猪肉，然后根据不同部位特性进行精细切割，有的切条，有的切片，还有的切粒。切好的肉要先放入掺了食盐的清水熬煮捞出滤水，去掉血水和杂质，然后再放入油锅高温炸制。肉在柴火灶上经过约一小时的熬煮，当里面的油脂被榨干时便可起锅。这个熬煮的过程最为关键，什么时候加柴火、什么时候翻搅都要靠经验把握，熬煮过程中操作者必须寸步不离，一直站在油锅边翻搅，确保每一块肉粕都能均匀受热，外酥里嫩，肥而不腻。

炸好的肉，根据顾客喜好，把配制好的蒜香等调味佐料，分别均匀地撒在肉粕表面，再将其装入模具内，挤压出多余的油脂并定型，便大功告成。在椒盐、蒜香等经典口味的基础上，施德焕又研发出香辣、黑胡椒、烧烤等多种口味的产品。

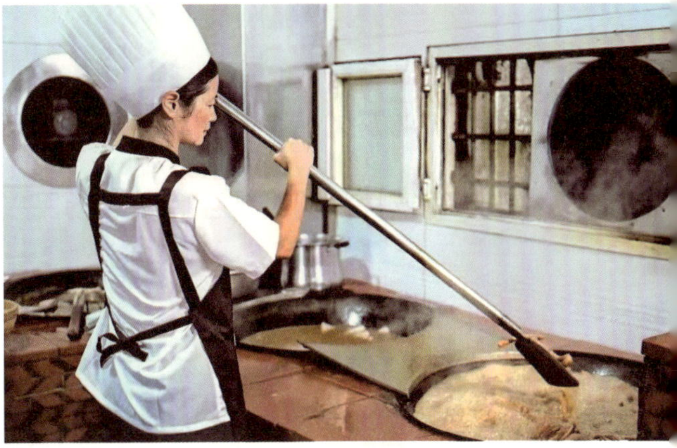

"美琼肉粕"第五代传承人陈明良正在制作肉粕（来源于闽南网）

传承创新

几十年来，施德焕始终秉承传统制作工艺，辅以匠心，选最好的肉，用柴火灶慢火细熬，手工压制而成。这样制成的肉粕，集酥、香、脆于一体，肥而不腻，瘦而不柴，令人食之唇齿留香。这几年，施德焕家的肉粕不仅成为十里八乡最爱的肉粕古早味，更获得"首届晋江伴手礼""泉州伴手礼""泉州老字号""福建名小吃""中华名小吃""晋江市非物质文化遗产"等荣誉称号。

如今，施德焕的儿子儿媳也加入肉粕制作、销售，年轻一代接手后，将最新的市场营销理念引进生意运营中，利用网络平台拓展市场，收集顾客反馈信息。"每个人的喜好不同，有的爱咸有的爱淡，有的喜欢炸得干一些，有的则喜欢留点油更湿润，因此，我们推出定制服务，以满足不同顾客的个性化需求"，第五代传承人陈明良说。

在家族几代人的共同努力下，龙湖肉粕已远销菲律宾、马来西亚、新加坡等东南亚多个国家，成为泉州的一张美食名片。"我们不要求太多，只是纯粹地想把猪肉粕做好，让龙湖肉粕的香气飘得更远，传得更久，所以要始终保持着虚心、细心、恒心与执着心！"施德焕依然每天坚守在油锅旁，切肉、炸肉，努力做好每一锅肉粕。

（晋江市委党史和地方志研究室供稿）

裁云镂月　描山绘水

——南安民间剪纸技艺传承人杨民兴

传承人名片

杨民兴，中国民间文艺家协会会员、中华文化促进会剪纸艺术专业委员会会员、福建省民间文艺家协会剪纸专业委员会副主任、“泉州剪纸”泉州市级代表性传承人，60多年来坚守剪纸技艺传承，作品屡获国内外大奖。此外，杨民兴还致力于剪纸艺术的国际交流，为传播中华优秀传统文化贡献力量。

“一把剪刀”接力传统技艺

从13岁开始，杨民兴就跟着母亲学剪纸，这一剪，便是60余年。岁月悠悠，杨民兴用一双巧手，以剪刀为笔，红纸为墨，将时代的变迁、生活的点滴和对祖国的深情厚谊，一一融入这方寸之间，向世人呈现祖国和家乡的美丽画卷，讲述那些可歌可泣的中国故事。几十年来，他靠一把剪子创作出许多精美的剪纸艺术品，出版《杨民兴剪纸艺术》《杨民兴剪纸二集》《杨民兴剪纸集》《我爱剪纸》等作品。

杨民兴的剪纸作品，既有传统的古朴韵味，又不失现代的创新元素和活力。2008年6月，在第三届国际（北京）剪纸艺术博览会“南风韵”全国剪纸大赛中，杨民兴凭借作品《南安盘花》荣获成人组铜奖。此后，“南安盘花”被列

杨民兴剪纸作品（一）

杨民兴传授剪纸技艺

入第二批南安市级非物质文化遗产代表性项目名录，杨民兴也被认定为“南安盘花”的传承人。2013 年，“南安盘花”更名为“泉州剪纸”列入第四批泉州市非物质文化遗产代表性项目名录。2019 年，杨民兴的 12 张剪纸作品参加澳门回归 20 周年中华艺术名家港澳限量珍藏邮册邮票发行仪式。同年，在庆祝中国共产党成立 90 周年暨首届“红旗飘飘”全国剪纸艺术大展上，他的剪纸作品“迈向盛世”荣获银奖；在第五届（中国、金坛）国际剪纸艺术展上，他的作品“牧笛春晓”荣获优秀奖，并由中国邮品开发组委会、中国集邮文化中心网收录到《不忘初心，铸就辉煌》中国珍藏邮册中。

“一门技艺”传播中华文化

剪纸是中华古老的民间艺术之一，向上可追溯到北朝时期。2006 年 5 月，剪纸被列入第一批国家级非物质文化遗产代表性项目名录。2009 年 10 月，联

杨民兴剪纸作品（二）

合国科教文组织把中国剪纸列入“人类非物质文化遗产代表作名录”。

作为一名剪纸艺术工作者、老党员，杨民兴始终认为，自己有责任、有信心发扬和传承好优秀传统文化。他以剪纸艺术为媒介，努力搭建中国与世界各国的艺术交流桥梁。长久以来，杨民兴的剪纸作品被作为礼物送给不少外国宾朋，其作品《成功丰碑》和《五里桥畔》被选定为南安市和日本平户市缔结友好城市周年互赠礼品。2019 年，法国友人恩格来走进杨民兴工作室与他交流剪纸技艺。2020 年，他的 12 张防抗疫情剪纸作品被收入美国集邮集团、欧洲集邮协会《致敬最美逆行者》邮票珍藏册，在法国、荷兰等国发行。

杨民兴剪纸作品（三）

杨民兴深知，剪纸不仅是技艺的传承，更是文化的传播。因此，在保留传

法国友人恩格来（左一）在杨民兴（右一）工作室交流剪纸技艺

杨民兴剪纸作品（四）

统技法的同时，他不断尝试将现代元素融入剪纸创作中，使作品更加贴近时代、贴近生活。从庆祝建党百年、喜迎党的二十大，到脱贫攻坚、乡村振兴的生动实践，再到奥运健儿、抗疫英雄的英勇形象，他的剪纸作品紧跟时代步伐，用艺术的语言讲述中国故事，传递中国声音。

“一枝独秀不是春，百花齐放春满园。剪纸艺术的传承与发展离不开年青一代的参与和努力。”杨民兴说。因此，他积极投身于剪纸艺术的普及与教育工作中，将这份珍贵的文化遗产传递给更多的人。工作室常年开设剪纸兴趣班，有众多学员前来学习。从基础的剪纸技巧到创作思路启发，杨民兴总是不厌其烦地耐心指导，用自己的实践经验和艺术感悟，激发学员们的创作热情。此外，他还经常深入学校、社区，开展剪纸艺术讲座和展示活动，让更多的孩子和成年人了解剪纸、爱上剪纸。在他的努力下，越来越多的剪纸爱好者加入这个行列中来，他们不仅学会剪纸技艺，更在创作中感受到传统文化的魅力与价值。

一把剪刀，剪出生活的多彩与美好；一份匠心，传承了传统文化的精髓与灵魂。杨民兴用自己的行动诠释了“传承”二字的深刻内涵，也为传统艺术的传承发展贡献了力量，让剪纸艺术之花在世界各地绚丽绽放。

（南安市委党史和地方志研究室供稿，杨民兴供图）

用心出手　冰凉入口

——南安英都麻糍制作技艺传承人洪炳焕

传承人名片

洪炳焕，中国摄影著作权协会会员、福建省摄影家协会会员、“英都麻糍制作技艺”南安市级代表性传承人，南安市风味小吃协会副会长，南安市高层次人才，长期专注于闽南传统特色茶点美食的开发与制作，擅长运用古法技艺，打造地道的“最英都”传统糕点。

洪炳焕在英都麻糍馆指导徒弟制作麻糍

守住英都味道　创新升级产品

出生于南安英都的洪炳焕，从小就接触麻糍。在家人的耳濡目染下，渐渐学会了麻糍制作。2005年，大学毕业后的洪炳焕毅然回乡，继承父辈的技艺，并将麻糍糕点做成事业。

传统工艺制作而成的麻糍，在室温条件下经过一段时间容易老化、发硬不能食用，这在一定程度上制约了麻糍的发展。洪炳焕在前人的基础上，通过大量试验，做了两个创新改革：第一，先从温度和湿度方面观测不同数值下麻糍的变化，严格把控麻糍配料，将每一个步骤做成可参考化操作工艺；第二，加入麦芽糖，与糯米团进行蒸煮混合，利用麦芽糖浆抗结晶、渗透压较高的特性，延长麻糍的保质期。通过改进独特工艺，洪炳焕所制作的麻糍既保留了传统口味，也极大提升了生命力。

在做好传承的同时，洪炳焕不断创新，研发出红糖、桂花、奶盖黄豆、奶盖抹茶、奶盖可可、椰香满满等各种口味的麻糍，并打造自己的形象 IP，进一步加强产品宣传，推广这道南安特色美食。

身为南安市传统英都麻糍非遗传承人，洪炳焕致力于麻糍制作技艺传承，几乎毫无保留地贡献出自己的经验结晶。2010 年，他推动南安市英都麻糍非遗立项；2015 年，创建南安市英都麻糍非遗传习所获批建立；2016 年，组织成立南安市传统英都麻糍产业协会；2019 年，建立英都麻糍福建非遗工坊。此外，洪炳焕与英都中心幼儿园合作共建英都麻糍馆，长期坚持开设麻糍技艺公益课程，面向社会、学校等传授麻糍制作技艺、宣传麻糍传统文化。同时，为了更形象、生动地进行教学传承，2020 年，洪炳焕策划并建立英都麻糍展示馆，通过展示各种麻糍文化相关“老物件”，让游客在品读每一件展品背后故事的同时，见证英都麻糍的发展。

鉴往知来 让地方特产走出去

英都麻糍，洁白如雪、柔软如绵、不粘碗、不钉牙糊口、入口冰凉、香甜爽滑、风味独特，是百年传统中式小吃、福建名小吃、十佳泉州风味小吃。

相传，清乾隆二年（1737 年），南安英都人洪世泽考中进士，其父洪科捷也在不懈努力后，于乾隆四年（1739 年）考中进士，这是泉州历史上有名的“父子双翰林”。当时，洪科捷父子居住在

桂花口味的英都麻糍

传统花生芝麻口味英都麻糍

京城，住所周边有一户糯米糖品作坊，其糯米产品香甜可口，洪科捷好糖，在多次诚心求教后，糖品作坊主终于把世代相传的秘方手抄本借予洪科捷抄阅。乾隆五年（1740年）春，洪科捷以“双亲年逾八十”为由，携洪世泽告假归养，回到家乡英都镇。因英都镇盛产花生，洪科捷便指导堂亲的“天饴糖坊”糕品店在原来糯米糖品秘方上加以改进，加上花生、芝麻，使其更香甜可口，这便是英都麻糍的由来。后来，英都麻糍以家族传承的形式传承下来，“天饴糖坊”也传到第十代传承人洪炳焕手中。2010年，洪炳焕将“天饴”升级为“天之饴”，意为“上天赐予我们的美好食物”。

红糖口味的英都麻糍

近年来，伴随着闽南“小吃经济”的发展兴盛。传统手法制作的英都麻糍的旅游潜力和价值渐渐显现，天之饴开发的系列食品先后被评为“泉州特色伴手礼”、首届南安市“十佳城市礼品”，成为走亲访友的最佳伴手礼。在洪炳焕及其同行们的共同努力下，麻糍带动了英都镇美食文化产业的持续升级，“英都麻糍制作技艺”也于2024年被列入第七批泉州市级非物质文化遗产代表性项目名录。信息时代下，洪炳焕注重开发新品伴手礼并上线微店平台，尽力打破地方特产时节和空间的限制，让这份软糯、这份Q弹，借助互联网稳步前行，走得更远。

洪炳焕开展英都麻糍制作技艺传习活动

（南安市委党史和地方志研究室供稿，图片来源于“天之饴食品”公众号）

方寸豆干　山海思念

——南安金淘盐露豆干制作技艺传承人黄奖兵

传承人名片

黄奖兵，泉州市阿兵哥豆制品有限公司董事长，南安市风味小吃协会副会长，第四代金淘盐露豆干传承人，专注于盐露豆干的匠心制作与技艺传承，致力于保护并延续“金淘盐露豆干”的地道老滋味。

非遗技艺打造良好品牌

出生在南安市金淘镇的黄奖兵，自幼跟在父母身旁，耳濡目染了祖传金淘盐露豆干制作过程。渐渐长大后，他开始帮父母制作豆干，还挎着竹篮子，在村子里挨家挨户地卖豆干。

2007 年，作为第四代金淘盐露豆干传承人，黄奖兵创立金淘镇首家规模化的盐露豆干手工作坊，开始系统化生产手工盐露豆干。他沿用祖传的纯盐露制作手法，从选豆、水洗、浸泡、碾磨、过滤、滚浆、点浆、包制、压榨一直到成形，十几道工序历时十几个小时，皆由人工完成，每个制工步骤都认真考究。

黄奖兵晒豆干（黄奖兵供图）

历史沉淀的制作工艺，加上持续的守正创新，黄奖兵生产的金淘盐露豆干深受消费者的喜爱和好评，老顾客都喜欢称呼黄奖兵为“阿兵哥”。2015年，他到工商部门注册“金淘阿兵哥”盐露豆干品牌。因其品牌口碑良好，福建省电视台、泉州电视台、《南安商报》等媒体多次对其进行专题报道。

为拓宽产业市场，黄奖兵在做强金淘盐露豆干主产业的同时，还通过延伸产业链条，开发一些适用于日常生活饮食的豆制品，积极抢占食品生鲜市场。2017年，“金淘阿兵哥”盐露豆干获“新丝路老字号美食”，2018年获“福建名小吃”称号，同年入选“南安市首批伴手礼”，2019年被评为“南安十大风味小吃”，2020年获“海峡两岸最受欢迎伴手礼奖”。2021年，“金淘盐露豆干制作技艺”被列入南安市级非物质文化遗产代表性项目名录。

技艺传承助力乡村振兴

金淘盐露豆干历史悠久，从五代后梁至今已有一千多年的发展历程，晚唐时期，被朝廷赐予“深山奇食”誉称。

金淘镇水阁村位于南安市西北部，紧依海拔928米的金刚山山麓。村子四面环山、气候宜人，年均气温18℃~20℃，冬而不寒，日照适当，适宜大豆、果蔬等各类农作物生长。得天独厚的自然环境，加之朝天山（金刚山）天然水质，又融合祖传工艺制作方法，淬炼出当地传统美食——金淘盐露豆干。因其营养丰富，绵韧细嫩、细腻爽口，品质独具优势，因此早年就风靡闽南地区，成为餐桌上一道不可或缺的佳肴，也成为人们赠送亲友的佳品。

金淘盐露豆干在金淘镇及周边地区世代传承。改革开放后，本地人大量外

“金淘阿兵哥”盐露豆干无尘生产车间（来源于《福建日报》）

出经商，掌握这门手艺的人日渐减少。黄奖兵认为，必须大力推动金淘盐露豆干制作技艺的传承工作，让更多的金淘人掌握这门技艺，以壮大本地特色产业，带动乡亲们增收致富。于是，他开始着手传承技艺培养人才工作。

黄奖兵积极响应政府号召，参与乡村人才振兴计划，通过非遗进校园、开设技艺培训班等方式传授技术，培养金淘盐露豆干制作人才上千人。如今，金淘盐露豆干小作坊如雨后春笋般兴起。他还将小作坊进行升级改造，选择新址建起集生产、观光、体验于一体的研学基地。各地的学生、游客纷纷前来研学体验。在黄奖兵的努力下，传统的金淘盐露豆干制作工艺与现代旅游相结合，让游客在体验中感受非遗的魅力，让金淘盐露豆干的“老味道”焕发新生机，助力金淘乡村振兴和旅游产业发展。随着金淘盐露豆干产业的发展壮大，黄奖兵大力引进研发和销售人才，不断为金淘盐露豆干的传承创新、市场拓展保驾护航。

方寸之间缀满山海思念

南安市金淘镇是著名的侨乡，明清时期，大量的闽南人移居台湾及东南亚，他们不曾忘记家乡的美味，方寸豆干成了“下南洋”打拼的闽南人的思乡印记。时至今日，金淘盐露豆干更是异乡打拼

阿兵哥产品（陈艺瑜摄）

的闽南人的共同情思和乡愁。

千年韵味豆干香，方寸之间岁月长。近年来，为圆在外打拼闽南人的豆干梦，以及满足全国各地消费者的需求，黄奖兵和他的“阿兵哥豆干坊”慢慢扩大生产，引进标准化生产车间，延长豆干保质期，同时积极探索新型销售模式。他们坚持传统手工制作，坚持卫生健康，坚持把好从“大豆品质”到各个环节的质量关，同时新增直播带货等线上销售方式，并采用真空包装、高温灭菌、冷鲜包装邮寄等措施，让每一块豆干都有自己的“身份证”……有着千年历史的泉州南安金淘镇盐露豆干，正在以全新的姿态走上百姓的餐桌。

（南安市委党史和地方志研究室供稿）

匠心独运　福行天下

——惠安福船制造技艺传承人张国辉

传承人名片

张国辉，泉州海外交通史博物馆中国古船模型研制中心特约研究员，“惠安木质渔船建造技艺”惠安县级代表性传承人，自幼痴迷造船，精通木质渔船的水密隔舱制造技艺，几十年来致力于造船技艺传承和人才培养，为非遗文化的传承和发展贡献力量。

六十载船海情缘

出生于惠安崇武镇海边的张国辉，从小就对造船有着极大的兴趣。16岁那年，他初中毕业，因为家境困难，跟随村里的渔民外出“讨海”捕鱼，从此，他一边学习捕鱼技术一边研究船舶功能作用。18岁那年，张国辉先后被村里派到厦门造船厂、泉州造船厂、崇武水产造船厂、福建三沙水产造船厂等地随传统造船师傅学习造船。

张国辉制作木船模型（来源于中国青年网）

因学习过程中吃苦耐劳，平时又喜欢琢磨探索福船线形图的设计及绘制，他深得师傅喜爱，师傅们将毕生造船知识倾囊相授，张国辉也由此掌握了水密隔舱福船的各项技术。博采众造船师傅匠作技艺之所长后，张国辉已能够独立完成传统船舶的线图绘制及指挥施工，成为崇武大岞渔业造船修配厂技术骨干，承担起惠安、厦门等地的传统海船修造业务。20 岁那年，张国辉开始主持村里的造船工作，从 4 米长的钓带鱼舢板挂机改造到 30 多米的灯光捕鱼涡轮起网机升级，从木帆渔船手橹工具到 500 多马力的机动船舶推进器改造，从唐宋时期的“福”船水密隔舱传承到今天的钢质船舶隔离舱技艺，无不倾注着他的心血。直至今天，张国辉与船舶打交道已有 60 多年了。

张国辉常年为泉州师院航海学院师生现场授课（张国辉供图）

守艺不辍传匠心

福船是中国古代海船中的一种船型，为中国“四大古船”之一。它是福建、浙江一带沿海尖底海船的通称。由于福船船体大、吃水深、操纵性好，因而可作远洋运输船，郑和下西洋的船队所乘的便是福船。在泉州开元寺内，陈列着一艘宋代福船。1984 年，英国著名科学史专家李约瑟博士在参观泉州古船之后，盛赞“这是中国自然科学史上最重要的发现之一”。古船之所以能得到这么高的评价，与其保留着我国古代造船史上一项重大的发明有关，这便是“水密隔舱”。早在唐宋时期，作为古代中国重要的造船基地之一的泉州，便把这项技艺运用到海船修造当中。作为“中国对世界造船业三大贡献”之一，“水密隔舱福船制造技艺”于 2008 年列入第二批国家级非物质文化遗产代表性项目名录。2010 年 11 月，又被联合国教科文组织列入“急需保护的非物质文化遗产名录”。

泉州作为古代福建重要的造船基地之一，水密隔舱技术卓越。把船舱分成互不透水的舱室，每个水密舱室由隔舱板、船壳板、水底板、船甲板围成，隔板与船壳用铁钩连在一起，这就提高了船只的水密性与安全性。水密隔舱福船的制作并不轻松，包括船型设计、选料、建造工艺等基本内容。含有安竖龙骨，钉龙骨翼板、水底板，安装隔舱板、钉舭板，配搭肋骨、安装梁拱，舱缝、搭房、做舵等多道工序，最后还要涂装外观才算完成。由于船型多样，制作方式也复杂多变，船型设计多由造船师傅凭借自身经验完成。

水密隔舱技术在唐宋间便已被应用到海船修造中。晋江深沪、泉港峰尾、惠安大岞等地是古代泉州传统造船师傅聚集的地方。老师傅手把手带徒弟，在一代又一代人的言传身教中，这门传统造船技艺传承了近千年，张国辉就是其中一位传承者。

几十年来，张国辉经手修造的当地木帆船达数十艘。对于水密隔舱这门传统技艺，他已经坚守了半个多世纪。随着传统木帆船市场的没落萎缩，考虑到水密隔舱福船制造技艺的传承，张国辉转而进行古船模研制。在张国辉的工作室内，直尺、钢卷尺、斧头、铁锤、刨刀、锯子、凿子、钉凿、电钻、电圆锯、电链锯、电刨刀、不同长短尺寸的木料、铁钉、螺栓、螺母、垫片、桐油灰、麻丝、竹丝等各种工具和材料让人眼花缭乱。

制作船模时，张国辉严格对照资料画卷还原设计图纸，船模上的每个小部件都纯手工制作，用的材料也是和真船一样的木料。从构思到真正制造出一艘船模要经过上千道工序，每一块构件的形成、结合、安装的技艺都要原汁原味，特别是水密隔舱技艺。多年来，他先后为泉州海外交通史博物馆、日本相关机构等制作泉州湾宋船复原模型、钓艚、厦门船、台湾船等古船模30多艘。如今，这些“福船”被安置在博物馆显眼的位

张国辉制造的福船古船模（张国辉供图）

张国辉在制作福船模型（张国辉供图）

置，而张国辉制作的古船模，也代表泉州被送到日本、东南亚、文莱等地展览交流。2021年，张国辉制作的3.8米长泉州湾宋代海船模型，入选为中国考古博物馆基本陈列的重要展品。

由于张国辉在水密隔舱福船制造技艺上的突出贡献，他被泉州市海交馆、泉州海洋学院师生誉为实操授艺“老匠”，被村民称赞为“双脑”国辉，并被赠送“技巧艺高精 传统重塑造”锦旗。

技艺传承续新编

由于历史发展与时代变迁，传统木质帆船已被现代机船所取代，曾广泛流传于东南沿海地区的造船技艺处于濒危境地，水密隔舱等相关技术也后继乏人，如何进行水密隔舱福船制造技艺的传承和推广，成了张国辉的又一件心事。

前几年，张国辉被泉州海外交通史博物馆聘任为古船模特约研究员，他下决心把在泉州传承多年的水密隔舱福船制造技艺故事讲给更多的人听。每年，张国辉工作室都要接待众多来自世界各地的专家学者和古船爱好者。日本、加拿大、美国以及中国台湾等地有关学者都先后来到他的工作室进行交流，洽谈合作研究事宜。中央电视台纪录频道《南海一号》纪录片、泉州电视台《咱厝人》栏目、《泉州晚报》等新闻媒体也对他先后作了专访报道。

此外，为将这门传统技艺传承下去，张国辉先后培养李碰金、张河建、张海民、张彬阳、张华阳、张腾达等接班人，儿子、孙子也都学习制造小船模的技艺。此外，张国辉还在泉州师院航海学院开设“中国古代水密隔舱技术及木帆船的实际操作系统”等专题课程，使更多人了解这门传统技艺。

时光流转，如今大海上已经很难见到这种古船的身影，但张国辉仍坚守并推广着这项技艺，他期待这项对人类航海史产生重要影响的非物质文化遗产能被更多人看到。

（惠安县委党史和地方志研究室供稿）

先造后复 “船”承人生

——惠安木质渔船建造技艺传承人洪玉生

传承人名片

洪玉生，“惠安木质渔船建造技艺”泉州市级代表性传承人，从事民间造船工作50多年，家族技艺已传承七代。其精通造船技艺，成功复原了多艘古代福船模型，广受赞誉。退休后，洪玉生致力于船模制作与技艺传承，为推动福船文化走向世界作出积极贡献。

少年造船 独展才华

洪玉生，1954年出生于惠安县小岞镇，成长于一个世代造船的家族，自幼便对船舶充满浓厚兴趣。从13岁起，他便开始在小岞造船社学习，师从堂兄洪厚福，18岁前往厦门学习船舶修造技术。凭借着生性灵巧、勤学苦练以及对文化知识的不懈追求，他很快便能独当一面。26岁时，洪玉生第一次作为全面负责技术员，独立设计和指挥，为集美第三渔业大队建造了两艘110吨位的拖网船，从此开始了他的造船事业。34岁

洪玉生（右一）为徒弟讲解船模制作

时，洪玉生开始担任厦门鼓浪屿渔业公司造船厂厂长，为渔业公司设计建造长30米以上的灯捕鱼船、拖网船等30多艘，维修船只100余艘。

然而，时代的变迁让木帆船逐渐被铁壳机动船所替代，1998年，造船厂停产。为了不让这门十三舱水密隔舱的造船绝学技艺失传，洪玉生将造船技艺转化为船模型制作。他从新闻媒体获悉，考古学家、著名郑和研究专家庄景辉教授在研究古代造船史，就主动登门请教，得到庄景辉教授的热情帮助。在不断学习与探索中，他的古代船舶复原技术日臻成熟，并与庄景辉教授合作复原了多艘福船模型。

复原古船　惊艳世界

2004年，洪玉生受厦门华侨博物院委托，精心复原并制作了四艘清代福船模型。这批船模在华侨博物院展出后，获得高度赞誉。2005年，洪玉生再度展现其卓越技艺，复原的“郑和宝船”模型成功再现昔日的辉煌与风采，惊艳四座，不仅入选上海“郑和航海暨国际海洋博览会”展览，还被誉为“学术研究成果与传统造船技艺的珠联璧合”，后来被上海航海学会珍藏。

多年来，洪玉生的作品在各地的工艺美术创新大赛中屡获殊荣，包括金、银、铜以及一、二、三等奖等。至今，

洪玉生制作的船模（一）

已有超过50艘由他制作的船模作品被首都博物馆、上海航海协会、厦门华侨博物馆、郑成功博物馆等各大收藏机构以及众多船模爱好者所珍藏。他的精湛技艺也获得中国历史博物院研究员王冠倬和武汉理工大学教授席飞龙等众多专家学者的认可与赞誉。席飞龙教授更是亲自将他的著作《船文化》赠予洪玉生，以表达对其技艺的高度赞赏。

此外，中央电视台、福建电视台、厦门电视台等各级新闻媒体也对洪玉生进行了深入的专题报道，让更多的人了解到福船技艺与洪玉生这位大师的卓越成就。

打破传统　广开师门

然而，福船技艺的传承面临着极大的挑战。这一技艺长久以来被严格保密，造船手艺不仅不轻易外传，而且其中的关键工艺更是遵循“传男不传女”的古老传统。图纸作为技艺传承的核心，更是世代单传，保持着极高的私密性。但洪玉生大师深知，若要确保福船技艺能够延续不绝，必须打破这种固有的传统限制。因此，他毅然决定，无论性别，只要有人愿意学，就倾囊相授，为福船技艺传承敞开广阔的大门。

2009年，洪玉生毅然回到家乡小岞镇，创立“惠安县洪玉生福船船模研究

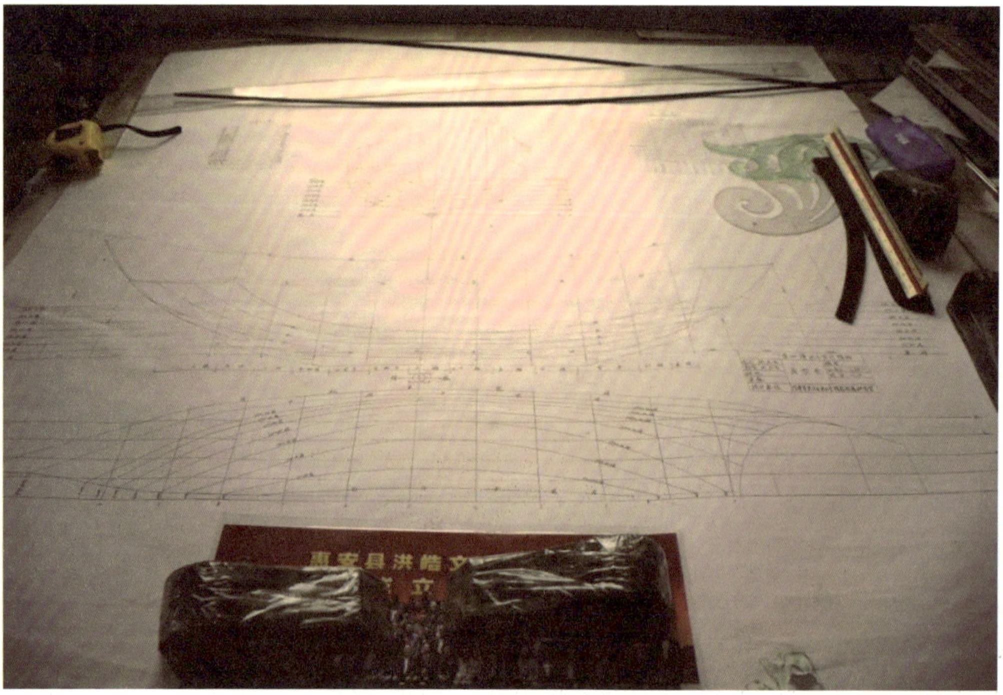

洪玉生手绘船模设计稿

洪玉生制作的船模（二）

洪玉生制作的船模（三）

室”。这个研究室成为传承和发扬福船技艺的重要基地，不仅培养了一批批技艺精湛的徒弟，还设计、打造数百艘古福船模型，完美还原古船的风采。

更值得一提的是，洪玉生还带领团队走出小岞镇，奔赴全国各地，参与景观船工程建设。他们的工作不仅为当地增添独特的海洋文化景观，还推动海洋文化和非遗文化的保护与传承。这一系列努力，也为泉州旅游业带来福船文化技艺交流传播的宝贵机会，让更多人了解欣赏福船技艺的魅力。

择一事终一生，已经七十岁的洪玉生依旧保持着对福船技艺的无限热情。随着小岞镇向着生活艺术岛的目标不断迈进，洪玉生也提出自己的独特设想。他计划将自家门前的菜地改造成一个专门的船模展示馆，用以展示和传承小岞丰富的渔业文化和福船技艺。每当有空闲时光，他都会投入船模图纸绘制中。他说：“船模制造并非仅仅追求外观相似，还要求在设计、选材、部件、构造和做工上都要细致入微。每一个船模都是按照大船的真实比例精心缩制，确保每一个基本功能都得到完美再现。有了这些详细的图纸，未来的世世代代都能清晰地了解到福船的原貌，而船模的继承者们也能依据这些图纸继续制作，确保船模技艺得以长久传承。”洪玉生渴望在有生之年，见证福船文化这一珍贵遗产得以继续发展，并走向世界。

（中共惠安县委党史和地方志研究室供稿，洪玉生供图）

“梳”情“画”意　风华再现

——惠安惠女传统梳妆技艺传承人林碧兰

传承人名片

林碧兰，“惠安女传统梳妆技艺”惠安县级代表性传承人、泉州市工艺美术大师，惠安县首届“最佳乡村工匠”，常年致力于惠女文化和惠女服饰的宣传、推广，创新性地用布贴画诠释惠女文化，其作品《送节》荣获第三届福建省工艺美术创意设计大赛金奖。

巧手梳妆　来自长辈的美学传承

林碧兰出生于惠安小岞，自幼年起便深受长辈们的影响，开始观摩并学习传统惠安女头饰与服饰制作技艺。

20世纪80年代，林碧兰凭借一双巧手和对惠安女文化的深刻理解，开始独立制作并提供传统惠女服饰新娘妆装扮服务。由于多年受家乡美学的浸染和从不间断的技艺提升，林碧兰在本地有了一定名气，越来越多的媒体、专家、学者、学生为了解惠女文化纷纷来拜访她。面对媒体，林碧兰在镜头前大方展示梳妆技艺，为观众介绍不同的惠女传统服饰制作细节；面对前来调研的学者学生，她悉心讲授当地的风俗习惯，将小岞的独特文化尽可能地传播开来。

林碧兰展示其创作的布贴画（来源于“大美小岞”公众号）

林碧兰传授徒弟小岞惠女头饰梳妆技艺（林碧兰供图）

随着国家非遗保护政策的推进，林碧兰敏锐地抓住这一机遇，将自有的惠女梳妆工作室的制作与销售相结合，在打造小岞传统惠女服饰、头饰和梳妆技艺展示空间的基础上，建设以惠安女为主题的布贴画手工工艺展销基地，为惠女文化的活态传承提供重要载体。2018年，林碧兰被认定为“惠安女传统梳妆技艺”惠安县级代表性传承人。

巧思贴画　再现惠女精神风貌

随着时代变迁，不少小岞的年青人已经不再穿着传统惠女服饰，甚至在街坊四周的垃圾堆里，总能看到被随意丢弃的惠女服饰，这种景象让林碧兰深感忧虑。为把这沉淀千百年的惠女文化传承下去，再现曾经的历史，留住消失的乡愁，2008年，林碧兰创造性地开始尝试用制作惠女服饰剩余的碎布进行剪裁与拼贴，创作出一幅幅生动展现惠女生活场景的布贴画作品。从扛石头到出海打鱼，从田间劳作到海岛开荒，她以高超的艺术表达能力和娴熟的手工艺技巧，将惠女的勤劳与坚韧、美丽与智慧生动地再现在世人的眼前。

林碧兰的布贴画以彩色碎布为材料，用拼贴的方式生动展现惠女传统风俗，表现小岞女性代代相传的传统美。画中妇女均穿戴传统惠女服饰，色彩搭配明亮、丰富，较高程度地还原了小岞惠女服饰样式。其中，布贴画代表作《八女荒岛》尤为引人注目，它以1958年八位惠安女青年渡海到荒无人烟的大竹岛上开荒的壮举为题材，用碎布拼贴出一幅感人至深的历史画卷，展现了惠女不屈不挠的精神风貌。

林碧兰在布贴画领域不断耕耘，硕果累累。2009年，其布贴画作品《扛

小岞惠女新娘头（林碧兰供图）

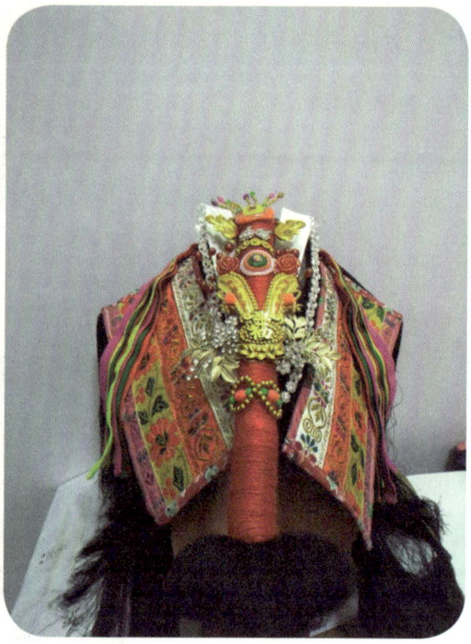

小岞惠女贝仔头（林碧兰供图）

石头》参加首届惠女“征信杯”传统民间工艺作品展；2016年，作品《八女荒岛》《梳妆》参加“泉州市‘巾帼巧匠’工艺美术精品展”；2017年，林碧兰获得惠安县首届“最佳乡村工匠”称号；2020年，获第三届福建省工艺美术创意设计大赛金奖；2021年，获“泉州市工艺美术大师”称号；2022年，获泉州市工艺美术创新设计“天工奖”大赛二等奖。

文化使者　传承惠女文化使命

林碧兰布贴画作品（来源于人民网）

林碧兰怀着对家乡惠女文化的爱和强烈的使命感，以宣传惠女文化、推广惠女服饰为己任。她利用业余时间义务为惠安博物馆、惠安文化馆非遗展览厅、小岞中心小学惠女文化展览馆、小岞镇老年协会展览室、惠安县第三实验小学地方文化展馆等多家文化场馆制作贝只髻、竖猪仔髻、圆头髻、盛装螺棕头等特色惠女头饰展品，参与各类文化活动与展览，用实际行动诠释着对家乡文化的热爱与执着。

此外她还积极参与到惠女摄影、惠女文化进课堂、惠安旅游文化省外推介会、媒体纪录片拍摄等活动中。2007年，

林碧兰在帮新娘挽面（来源于“大美小岞”公众号）

在福建海峡电视台与台湾东森电视台合作拍摄的《福建行·两岸情》大型电视系列片里，林碧兰亲自出镜展示惠女新娘的梳妆技艺与服饰搭配。2019年，林碧兰受邀担任由泉州市舞蹈家协会、泉州市非物质文化遗产保护中心、泉州市闽南民间歌舞传承中心共同举办的“泉州闽南民间音乐舞蹈记录工程赏析会”服饰头饰顾问，随后出版的记录画册中刊登林碧兰制作并展示惠女头饰的真人实物图片。近年来，林碧兰积极走进校园，担任校外辅导员，将惠女传统头饰、惠女头巾和服饰带进课堂，激发孩子们对传统文化的兴趣与热爱。2018年，林碧兰获惠安县“优秀少先队志愿者辅导员”称号。

林碧兰还自学摄影技术，用镜头记录下惠女的美丽瞬间与日常生活，为惠女文化的传播增添了更多生动的元素。她穿着惠女服饰，戴着黄斗笠，举着镜头穿梭在各个摄影场景中，成为一道亮丽的风景线。

（惠安县委党史和地方志研究室供稿）

匠心传承 惠女华裳

——惠安惠女服饰制作技艺传承人康复顺

传承人名片

康复顺，“惠安女服饰”泉州市级代表性传承人，50 多年来坚持手工制作惠安女服饰，技艺精湛，广受赞誉。他常年致力于传承与弘扬惠安女服饰文化，积极培养后继人才，为传统文化传承贡献力量。

针线绘情 匠心独运

康复顺，1954 年出生于惠安县小岞镇，19 岁便师从邱银泉学习惠安女服饰制作。这一选择，不仅是他职业生涯的起点，更是他一生挚爱的开始。50 多年来，康复顺以针为笔，以线为墨，在布帛上绘就了一幅幅细腻生动的惠安风情画。

康复顺的工作室位于惠安县小岞镇前海村，简陋而温馨。一桌、一尺、一熨斗、一剪刀，几样简单老旧的工具，在康复顺的手中却仿佛被赋予了生命。每制作一件传统惠安女上衣，需历经压花、精细缝纫、多次刷洗等十几道繁复的工序，他深知，每一件惠女服饰都承载着深厚的文化底蕴和地域特色，因此，每一步他都以近乎苛刻的标准严格要求。

康复女制作的惠女服饰，花朵图案的绘制与布局，严格遵循古法，细腻而不失庄重。经他手打造的衣服，即便历经多次洗涤，依旧能够保持花纹清晰、色泽鲜艳，既不起球也不变形。制作过程中，康复顺巧妙地将传统纹样以线条形式勾勒于布料之上，随后以糨糊细心粘贴，确保每一朵花、每一条纹都精准无误。为防布料收缩影响整体美观，他更会在所有花纹粘贴完毕后，再覆上一层糨糊加固，并覆盖布料，利用高温熨斗精心压实烘干，随后以缝纫机精细走线，将这份匠心

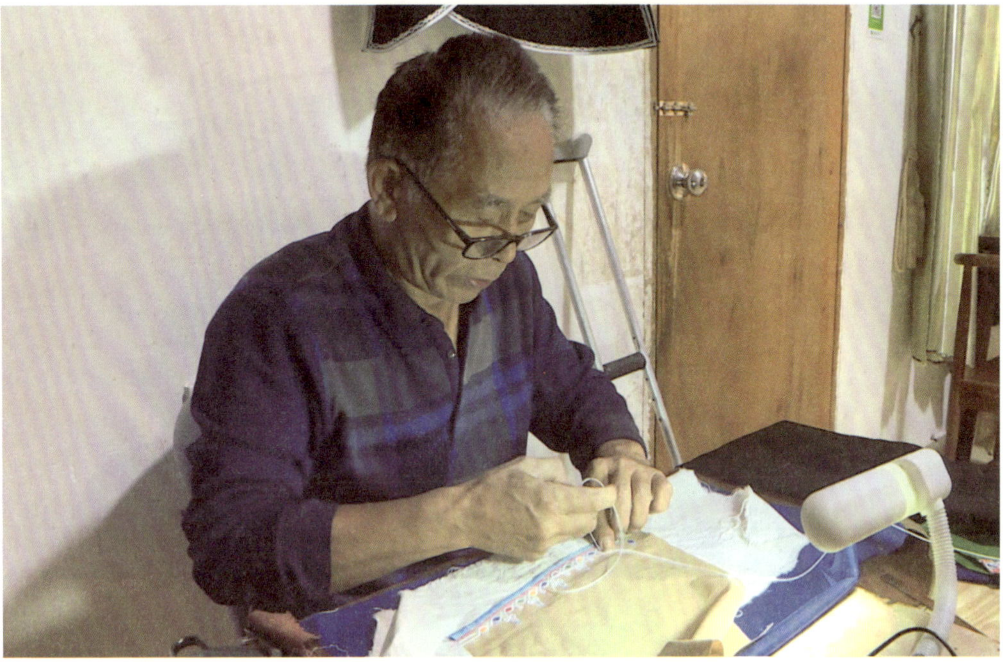

康复顺手工缝制惠女服饰上的花纹（来源于“惠安速报”公众号）

牢牢锁在每一针每一线中。

尤为值得一提的是，每件成品在交付顾客前，康复顺都要提前浸泡一晚上，经过三次以上清洗，而衣中的花朵则要用刷子刷二三十次，再经晾晒与熨烫，直至平整如镜，再最终交给顾客。

古法今承　誉满杏坛

惠女服饰独具特色，其传统制作工艺复杂。随着科技发展，惠女服饰上的花纹刺绣大都由电脑和机器来完成，可康复顺几十年来仍坚持传统手工制作，坚守着这份对惠女服饰传统制作技艺的初心，尽管过程漫长且烦琐，但这项古早技法已深深烙在他的心上，成为衡量品质的唯一标准。正因如此，他的名声不胫而走，吸引越来越多的顾客慕名而来，其中不乏愿意耐心等待一年的客人，有的甚至不惜高价，只为那一袭独一无二的惠女服饰。

严谨细致的工作态度，精益求精的工匠精神，使得康复顺的技艺得到各方认可。2018年，其作品《惠女服饰两件套》入选“庆祝改革开放40周年——中国非物质文化遗产传承人群福建师范大学研培计划成果展”；同年，康复顺被评定为“惠安女服饰“惠安县级代表性传承人”。此后，荣誉接踵而至。其工作室连续两年被评为“惠安县青少年优秀传统文化实践基地”，成为青少年了解和学习惠安女服饰文化的重要窗口。他还

康复顺的惠女服饰作品（来源于“惠安速报”公众号）

评为“惠安女服饰“泉州市级代表性传承人、泉州市高层次人才（第七层次），其制作的惠女服饰也被惠安县文化馆非遗展示馆珍藏，成为展示地方文化的重要载体。

面对这些荣誉，康复顺始终保持着一颗谦逊的心。他深知，这些成就并非个人的荣耀，而是惠女服饰这一传统文化赋予他的使命与责任。

育才传艺　薪火相传

为更好地保留和传承惠女服饰制作技艺，康复顺在创作之余，不遗余力地培养后继人才。自2001年起，他先后收李锦珍、庄聪荣、李碧明、康爱琴等人为徒，倾囊相授自己的技艺与心得。在他的悉心指导下，这些徒弟迅速成长为能够独当一面的惠女服饰制作好手。

此外，康复顺还创办惠女服饰制作培训班，无偿培训学员15人。他希望通过这种方式，吸引更多年青人关注并参与到惠女服饰文化的传承中来。在他的努力下，越来越多的媒体和摄影家开始关注惠女服饰及其背后的故事，康复顺也乐于分享自己的经验和知识，为惠女服饰文化的传播贡献自己的力量。

几十年的传承，不仅练就康复顺纯熟的手艺，更饱含了他对惠女服饰文化的深情。他希望通过自己的努力，让更多人了解惠女服饰的历史渊源、文化内涵和艺术价值。他相信，只要有人愿意接过这份沉甸甸的责任，惠女服饰制作技艺就一定能够薪火相传，生生不息。

（惠安县委党史和地方志研究室供稿）

衫袖拂风　斗笠顶天

——惠安惠女文化传承人曾梅霞

传承人名片

曾梅霞，泉州海之女文化传播有限公司董事长，第十七届惠安县人大代表，惠安县旅游协会会长。其常年致力于宣扬惠女精神风貌、发掘民间民俗遗产、开辟乡土旅游资源、推动文旅产业发展，助力惠女精神和惠女文化走向全国、迈向世界。

从沉寂到崛起

曾梅霞是土生土长的惠安人，在她身上有着为外人所称道的惠安女精神特质，她曾在当地石雕厂打工，既有吃苦耐劳的精神，又能捕捉机遇改变人生轨迹。2008年，一次偶然的机会，她结识了到家乡惠安崇武采风的摄影师。在摄影师们的邀请下，她穿起惠女服饰，第一次当了惠女模特。此后，越来越多的人找到身穿惠女服饰的曾梅霞拍照、画画，她不仅自己当模特，还将村里的亲友召集起来，建立海边惠女模特队，创办“惠安女民俗摄影写生创作基地”“惠女客栈”，想方设法把惠安女最美的一

身穿惠安女服饰的曾梅霞（来源于泉州通客户端）

众多摄影师在惠女风情园采风(来源于泉州通客户端)

面呈现出来。在做惠女模特、代言惠女服饰的过程中，曾梅霞对惠女文化有了更深的认识，体会到惠女文化蕴含的宝贵价值。

2012 年，曾梅霞创建惠女风情园。为更好传播惠女文化、弘扬惠女精神，发掘民间文化遗产，推动文旅产业发展，曾梅霞将惠女风情园打造成集传承研究、滨海休闲、乡村旅游、摄影写生等功能于一体的大型文化基地。园区内设展示惠女服饰、生活家居、农具渔具、惠女文化物件的小型惠女民俗馆，也有八女跨海、女民兵哨所、惠女水库等彰显惠安女精神、感人事迹的文化墙，还有听海茶馆、5 号餐厅、海景民宿、观海栈道等观光设施。自 2015 年对外开放以来，惠女风情园已接待海内外的摄影家、游客等 100 多万人次，成为惠安文旅经济的一大品牌，先后被评为“国家 AA 级景区”“中国乡村旅游模范点”“福建省乡村旅游经营单位三星级”“福建省五一巾帼标兵岗”“福建省休闲农业示范点”“社会科学普及基地”“文明旅游景区”等，多次被中央电视台各频道及全国各大电视台报道，不但带动当地旅游和民宿发展，也带动周边群众就业增收，为乡村振兴、产业兴旺增活力、添动力。

从传承到弘扬

惠安的传统文化，历史悠久，底蕴深厚，而惠安女更是蜚声中外，成了惠安的一张文化名片，惠安女服饰更是被列为国家级非物质文化遗产代表性项目名录。

惠安女服饰以“称体、入时、从俗”为原则，注重尺度比例适合自身体型，适应劳动生活的需要，并按这一标准创造性地把上衣的肩、臂、胸等处收缩，使其裹紧身体，显示出女性柔和的曲线美，其超短的“节约衫”使人体倍增苗条又不失丰满与韵味。头巾紧捂双颊，只露眉眼和嘴鼻，又衬出惠女的含蓄恬静。惠安女服饰将色彩美、服饰美与人体美结合得天衣无缝，在汉族女子服饰中独树一帜，是中国传统服饰精华的一部分，被誉为“巾帼服饰中的一朵奇葩”，具有较高的实用艺术价值和民俗文化研究价值。2006年，“惠安女服饰”被列入第一批国家级非物质文化遗产代表性项目名录。

曾梅霞祖孙三代携手走过洛阳桥（来源于“惠女风情园”公众号）

曾梅霞小时候经常帮母亲制作惠女服饰，也整日和穿惠女服饰的母亲、奶奶一同生活，对惠女服饰有着质朴淳厚的感情。为更好地传承惠女文化、弘扬惠女精神，多年来，在曾梅霞的推动下，惠女风情园内多次开展公益讲堂活动，宣讲惠女文化；定期举办惠女民俗体验春游活动和传统节日闽南特色小吃制作活动，让孩子们了解惠女服饰的多元文化，感受传统节日的文化底蕴。惠女风情园真正成为深受孩子们喜爱的非遗文化研学课堂、惠安县未成年人思想道德建设实践基地及社会科学普及基地。

为让下一代更加了解非遗、亲近非遗、认同非遗，让古老文化重新焕发生机活力，曾梅霞身穿惠女服饰，携“惠女精神”走进校园，开展“惠女文化进校园，非遗艺术我传承”公益讲堂，与学生近距离接触，让学生感受非遗文化魅力。公益课的成功开展进一步增强学生的文化自信，增进学生对惠女传统文化的了解。

从平凡到不凡

曾梅霞在传承非遗文化方面有突出贡献，2013年以来，她先后被评为“泉州东亚文化之都城市宣传片惠安女代言人”、“泉州市三八红旗手”、福建省“乡村好青年”、“泉州市乡村创富好青年”、泉州高层次人才（第五层次）、中国最美民宿女主人、福建省文化旅游能人和全国文化旅游能人等，被授予福建省青年五四奖章、第八届泉州青年五四奖章、福建省返乡创业好青年、泉州市非物质文化遗产“惠安女服饰”代表性传承人、泉州市巾帼创业创新典型、三八红旗手等称号；获最美“泉州女性”封面人物提名。

曾梅霞本人拍摄的惠女题材摄影作品也获奖不断。2015年，作品《传承》获泉州市“顺兴杯”摄影大赛一等奖，作品《小帮手》《扛起半边天》获“弘扬石文化 共筑中国梦”全国摄影大赛相机组和手机组三等奖；2016年，作品《童年》获第七届国际摄影展览彩色数码组手机类银奖；2017年，作品《幸福祖孙乐》获“广电宽带杯”全省摄影比赛相机组优秀奖。

一方水土，孕育一方文化。曾梅霞正在用自己的力量呼吁更多的人参与到传播惠女精神、惠女文化这项工作中来，她说：“我想通过自身努力，去感染身边人，让大家一起来守护、传承惠女服饰，进而让惠女文化和惠女精神走向全国、走向世界。”

（惠安县委党史和地方志研究室供稿）

惠女风情园的惠安女模特（来源于泉州通客户端）

“明昇”明升　徐徐高升

——安溪湖头米粉制作技艺传承人董明暖

传承人名片

董明暖，“湖头米粉制作技艺”安溪县级代表性传承人。他潜心研究并改良米粉制作工艺，以创新引领产业升级。同时，他成立合作社带动村民致富，促进乡村经济发展，并注重文化传承与品牌塑造，成功推动湖头米粉走向全国市场。

创新引领　产业带动

出生于湖头米粉制作世家的董明暖，自幼便对湖头米粉的每一道制作工序了如指掌。1997年，他正式接过祖传技艺，开始潜心研究并改进湖头米粉的制作工艺。他发明的自动循环风干除湿一体机，不仅获得国家实用新型专利，更彻底改变了米粉制作“靠天吃饭”的传统模式，确保米粉品质的稳定性与一致性。

董明暖正在晾晒湖头米粉

知常明变者赢，守正创新者进。董明暖不断推陈出新，研发出淮山米粉、紫薯米粉、山茶油米粉、果蔬米粉等一系列创新产品，满足不同消费者的健康需求，进一步拓宽湖头米粉的市场空间。

董明暖所在的安溪县湖头镇产贤村，曾是一个生产条件有限、资源相对匮乏的村落，村民们虽然勤劳能干，但苦于缺乏创造财富的有效途径。如今，在董明暖的不懈努力与大力推广下，来自四面八方的游客被湖头米粉的独特制作工艺所吸引，纷纷慕名而来。这一变化不仅促进产贤村的旅游业发展，带来可观的人流量，更为村民们开辟了新的经济来源，有效推动村里的经济增长。

2012 年，董明暖主导创立安溪县首家米粉专业合作社——湖头明升米粉专业合作社，合作社创新性实行统一收购、统一包装、统一品牌、统一销售“四个统一”运营机制，有效提升本地米粉产业的组织化程度和市场竞争力。董明暖坚信“一人富不算富，大家富才是真的富”，通过合作社，成功带动当地 300 多户村民参与到米粉制作产业，增加了村民的经济收入。合作社也以其卓越表现先后获得市级、省级示范社的殊荣。

文化传承　品牌塑造

湖头米粉，这一承载着 400 余年历史底蕴的传统美食，其传奇故事源远流长。自清康熙二十一年（1682 年），经由李光地精心制作并献于皇家寿宴，湖头米粉便声名远播，尤其是李氏家族所传承的手艺，更是享誉四方。民国十一年（1922 年），湖头镇产埮村（今产贤村）青年董谅迎娶李光地后裔李氏次娘，夫妇俩携手并肩，一起从事湖头米粉制作。他们制作的湖头米粉，由来自东甲山下福寿泉的清洌泉水与福寿坡出产的冬季优质稻米完美融合，经过 8—10 小时的泉水浸泡，稻米充分吸收自然精华，随后采用古老的石磨工艺细细磨浆，再以压条石沥干多余水分。紧接着，是猛火蒸煮的考验以及石臼捣杵的精细加工，然后通过木器漏斗挤

采用自动循环风干除湿一体机晾晒米粉（一）

湖头米粉

湖头米粉

出粉条，再经过一番蒸煮，用竹笊篱将粉条捞出，迅速投入冷水中冷却，再挂到竹编上，直至自然晾干。这一系列繁复而精细的工序，赋予明昇湖头米粉独特的口感与风味。“明昇明昇，日出东甲，徐徐高昇！”这句朗朗上口的顺口溜，不仅是对明昇湖头米粉美好寓意的寄托，也是其品质与口碑的最佳代言。随着时间的推移，明昇湖头米粉不仅在湖头本地广受欢迎，还远销泉州、厦门、漳州乃至潮汕等地，销量持续攀升，成为无数食客心中的美食佳话。

明昇湖头米粉历经董家三代人的不懈努力与传承，已走过百余个春秋。从董谅夫妇的初创，到其子董祯祥的接力，再到董明暖将米粉事业发扬光大，这份承载着家族情感与匠人精神的美食，不仅见证了时间的流转，更在不断创新中焕发出新的生机。2010年，董明暖为“明昇”这一品牌正式注册了商标。同时，通过对米粉蒸煮设备和米粉厂房等进行升级改造，不断提升产品的品质与口感，使得明昇湖头米粉在激烈的市场竞争中脱颖而出，名声更加响亮。为进一步扩大市场影响力，董明暖组建了明升米粉专业合作社电商团队，并成功与省内外6家电商公司签订合作协议，明昇湖头米粉系列产品在各大网商平台上广泛销售，实现线上线下有机结合，不仅拓宽销售渠道，更是跨越地域限制，走进千家万户，成为更多人心中的美味佳肴。

回馈社会　公益先行

董明暖常说：“一个人所能做的最大贡献，就是能为他人做出贡献”。从业20多年来，他始终秉持“靠质量生存，凭诚信发展”的经营理念，专注于传统米粉产业的传承与发展。他不仅创立安溪县湖头明升米粉专业合作社，成功

采用自动循环风干除湿一体机晾晒米粉（二）

引领300多户湖头米粉农户走向产业化道路，推动精准扶贫政策落地实施，还成立湖头米粉产业研究会，慷慨地将自己掌握的先进米粉加工技术无私分享给业界同人及农户，通过定期现场培训和技术指导，切实解决生产中的技术难题，促进农户增收与湖头米粉产业的蓬勃壮大。

在推动产业发展的同时，董明暖积极倡导并推动湖头米粉制作工序图谱的文化版权专利申请，以及国家地理标志证明商标的申报工作，以进一步提升湖头米粉的市场竞争力和文化影响力，为乡村振兴贡献力量。2024年，“湖头米粉制作技艺”被列入第七批泉州市级非物质文化遗产代表性项目名录。

董明暖热心公益，回馈社会，多次参与并支持助残、助学等各类公益活动，获得多项表彰。自2010年起，董明暖个人先后荣获个人三等功、后勤管理小行家、农副业生产先进个人、安溪工匠、安溪县第五届道德模范等多项荣誉称号，其个人事迹也被安溪县档案局收录；其企业被授予“爱心单位”称号；合作社被评为“诚实守信、依法经营单位”。

（安溪县委党史和地方志研究室供稿，董明暖供图）

“芗”音袅袅　“芗”情未了

——安溪芗剧（歌仔戏）传承人林坤仁

传承人名片

林坤仁，安溪县官桥镇莲兜美村新时代文明实践站文艺宣传队负责人，芗剧（歌仔戏）主弦演奏家。自1983年起，林坤仁便以其卓越的作曲才华和精湛的演奏技艺，在芗剧界留下深刻印记，有多部作品荣获省级乃至国家级荣誉，为芗剧的传播与传承付出心血与努力。

林坤仁传授徒弟芗剧音乐和乐器演奏

艺术之路　荣耀加冕

林坤仁，出生于安溪县官桥镇莲兜美村，自幼深受芗剧艺术熏陶，对这门戏曲艺术充满无限热爱，从乐队演奏主弦到音乐创作与设计，他一路披荆斩棘，收获无数荣誉与认可。1983年，林坤仁担任主弦参加安溪县民间音乐会唱《安童买菜》获演出奖；由其作曲的芗剧现代小戏《七里店》参加县、镇两级文化节演出获优秀演员奖；由其单独作曲并担任主弦的《一门三进士》获得福建省首届职业剧团戏曲展演优秀演出奖。自1985年起，林坤仁兼任剧团音乐设计、作曲设计，教授前台演员唱腔，与乐队

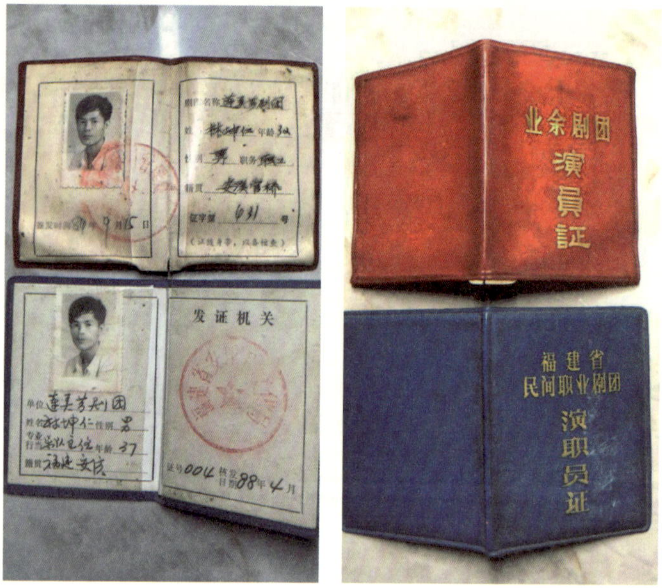

林坤仁的演员证

成员共同分享演奏技巧，不断提高演奏水平。他先后单独或与人联合创作《一门三进士》《借红灯》《七宝龙凤箱》《三凤求凰》《正义千秋》《梁山伯与祝英台》《梅娘奇冤》《孟丽君》《琴芳冤》《劈陵救母》等三十余部古装舞台戏的音乐部分。20 世纪 90 年代初，林坤仁单独作曲并担任主弦《梅娘奇冤》参加泉州市“威远楼之夏”戏剧节演出并获得好评。

林坤仁不仅致力于个人技艺的提升，还积极投身于芗剧艺术的普及与推广之中。他多次受邀前往南安、厦门、漳州等地演出，接地气的演出，赢得广大观众的喜爱与赞誉。在他的努力下，芗剧团迎来鼎盛时期，积累了一大批优秀剧目，成为当地文化生活中不可或缺的一部分。

同根同源　两岸共鸣

芗剧，原名歌仔戏，亦名子弟戏。源于福建漳州，形成于台湾，是福建省五大剧种之一，至今有一百多年的历史。芗剧流行于漳州、厦门、泉州和台湾等地，以及东南亚各国华侨、华人聚居地。芗剧与台湾歌仔戏同根同源，一脉相传，是一个剧种两个名称，是全国 360 多个剧种中唯一一个由海峡两岸人民共同创造与培育的剧种。2006 年，芗剧被正式列入第一批国家级非物质文化遗产代表性项目名录。

自幼年起，林坤仁便与芗剧结下了不解之缘。他首次观看芗剧演出时，便被那悠扬动听的旋律和贴近人心的歌词深深吸引，从此成为一名小戏迷。在随后的学生时代，他更是利用一切空闲时间，勤学苦练各种乐器演奏技巧，很快便能自如地运用多种乐器演绎出芗剧的独特曲调。这份对艺术的执着与热爱，为他日后的音乐创作与演奏生涯奠定坚实的基础。

1979 年春，是林坤仁艺术生涯中的一个重要转折点。那一年，莲美芗剧团为了扩大规模与影响力，面向社会大量招生。凭借着扎实的音乐功底与对芗剧的深厚情感，林坤仁脱颖而出，正式成为剧团乐队的主弦演奏者。

夕阳无限　传承有继

如今，退休后的林坤仁并未停下传承芗剧的脚步。他利用自己的闲暇时间，组织老艺人进行技艺交流与切磋，不断提升自身及团队的艺术水平。同时，他还经常深入邻乡邻县参加演唱会，与各地弦友、艺友交流技艺心得，共同推动芗剧艺术的传承与发展。

老戏曲需要新传播。林坤仁还义务为年青一代开设芗剧唱腔和乐器演奏教学课程。他用自己的亲身经历和丰富经验向学生们传授技艺与心得，激发他们对芗剧艺术的兴趣与热爱。在他的悉心指导下，一批又一批的年青人才逐渐成长并成为芗剧艺术的新生力量。

从艺四十几年，林坤仁的人生与芗剧紧密相连，他用才华和汗水书写了芗剧艺术的辉煌篇章，也用热情与执着为这一传统艺术的传承与发展贡献了力量。

（安溪县委党史和地方志室研究室供稿，林坤仁供图）

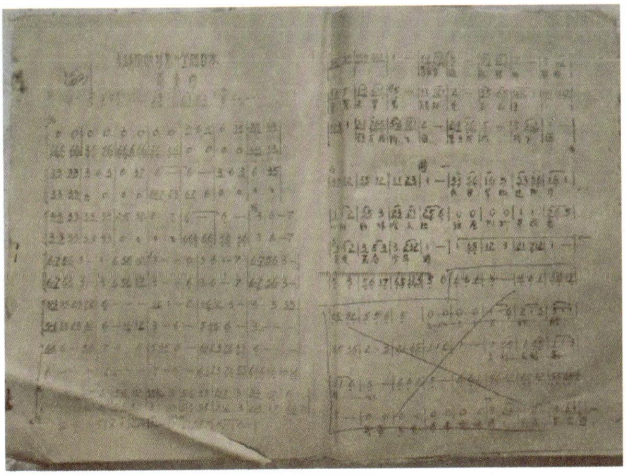

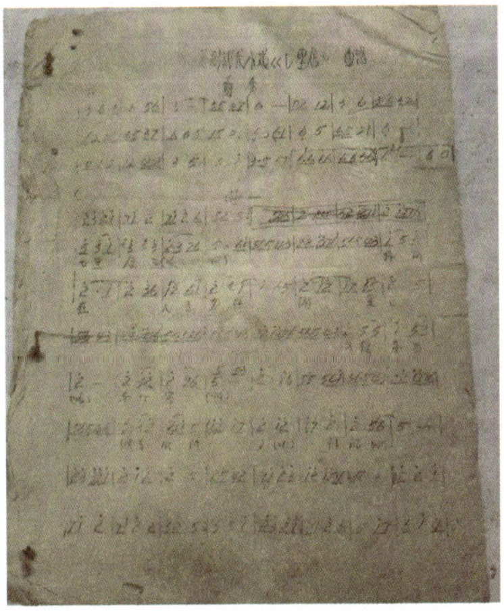

林坤仁作曲手稿

方寸万里　一手演百

——安溪木偶戏传承人蔡松树

传承人名片

蔡松树，安溪县魁斗镇鲁藤村“新全春木偶戏剧团”第六代传承人，泉州市高层次人才、“南派布袋戏”安溪县级代表性传承人。其自幼学习木偶戏表演，不仅精通表演艺术，更擅长自制木偶头、服饰及全套演出道具，常年致力于木偶戏表演与传承。

潜心修习　提升技艺

1959年3月，蔡松树出生在一个“木偶戏世家”，祖上数辈代代传承表演木偶戏。“新全春木偶戏剧团”由蔡松树天祖蔡兴渊组团创建，代代相传，延续至今已有300多年历史，现仍完整保存前辈留传的整套木偶戏道具及珍贵的手抄剧本。

从小就对木偶戏演出有极大兴趣的蔡松树毅然决定随父学习木偶戏表演。在家族的熏陶下，在戏班十余年，蔡松树好学习勤钻研，熟练掌握木偶戏的表演技巧，如各种

蔡松树（右）与徒弟王加住的演出合照

道白语言、阴阳声唱腔及表演动作。参加戏班演出期间，蔡松树积极向戏班前辈学习木偶戏表演技巧以及吹、打、拉、弹、唱等技艺，表演艺术日渐熟练精湛。“方寸之中行万里，一人手上演百官”，是对蔡松树演绎布袋戏时最贴切的写照，他一个人，一双手，一张嘴，一双脚，就能演绎“生、旦、花、丑”百态人生。

蔡松树在安溪青少年宫参加布袋木偶戏公益活动

木偶戏融雕塑、雕刻、头饰、服饰等艺术于一身，木偶头雕刻是木偶戏道具制作中最重要的环节，人物角色的形貌特征、思想品格都需要通过木偶头形象来表现。蔡松树不仅传承了父辈的木偶表演技艺，更继承了家族精湛的木偶雕刻技艺。在他的木偶制作室，堆满了成形或半成形的木偶头像，每一个木偶人物都活灵活现、惟妙惟肖。几十年来，蔡松树始终坚持创作木偶道具，并与海内外木偶同行保持创作方面的交流。他所制作雕刻的木偶头、服装及其他道具除在本地销售外，还销往中国台湾地区及马来西亚等地。

薪火相传　好评不断

掌中木偶戏，福建民间俗称布袋戏，自明清至今，流传于闽南民间已有数百年历史。外形上，布袋戏木偶的头和衣服连为一体，衣服像一条口向下开的布袋。表演时，艺术家把手伸进布袋形的衣服里，食指套进木偶头腔内，大拇指和另三个指头套进左右两个衣袖里，靠着手指动作演绎木偶角色。其经典剧目有《大名府》《雷万春打老虎》等。

20世纪八九十年代是木偶戏在安溪发展的鼎盛时期，各乡镇兴起木偶戏热潮，深受群众喜爱。在近40年的实践中，蔡松树继承了木偶世家的艺术传统，以泉腔南曲演唱戏文，表演细腻逼真，动作准确传神。蔡松树和他的“新全春木偶戏剧团”活跃在安溪乃至更广阔的舞台上，受到广大群众的认可及赞誉。他曾于1990年参加泉州市首届民间剧团展

蔡松树制作的木偶头

演，获优秀演员奖；2018年6月，新全春木偶戏剧团参加第八届泉州民间布袋戏邀请赛并荣获一等奖。

作为闽南地区独特的文化瑰宝，掌中木偶戏承载着丰富的历史与文化内涵。蔡松树深知传承的重要性，他不仅在舞台上挥洒汗水，更在幕后默默耕耘，致力于培养新一代木偶戏传承人。在他的悉心指导下，王加住、蔡高杰、蔡子芳等多位徒弟脱颖而出，成为木偶戏领域的新星。

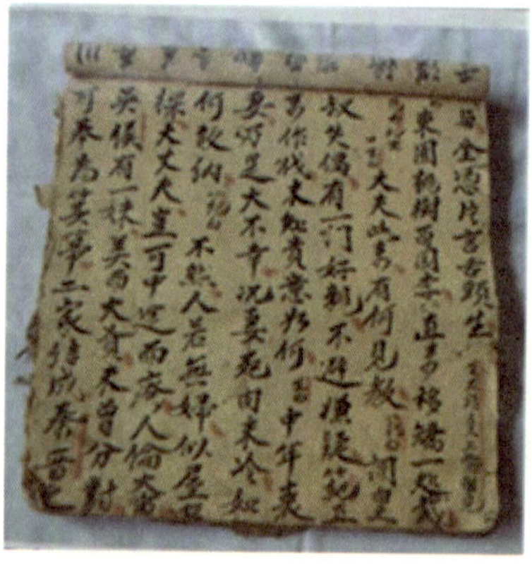

蔡松树祖传手抄木偶戏剧本

此外，蔡松树积极响应政府号召，多次参加县、镇、村有关部门的调演及公益宣传演出，先后带领新全春木偶戏剧团参加“传承非遗文化项目——布袋木偶戏公益演出”、“欢迎高山导演一行莅临安溪采风民俗文化展演”、“安溪知联会端午公益活动”演出、“奋进新征程，巾帼绽芳华”女性人才三八节主题活动暨弘扬雷锋精神志愿服务文艺会演等，足迹遍布安溪的乡村田野、学校社区，为观众带来无数欢笑与感动。

（安溪县委党史和地方志研究室供稿，蔡松树供图）

做“竹”文章 编就华章

——安溪竹编工艺传承人颜章智

传承人名片

颜章智，安溪县富山阁竹业专业合作社理事长，“竹编（安溪竹藤编）”安溪县级代表性传承人、安溪县优秀农村实用人才，长期致力于传承、弘扬竹编技艺，研发现代竹业新产品，带领村民增收致富。其作品曾荣获“金凤凰”创新产品设计大赛优秀奖、荣竹文化融合旅游文创产品创新研究二等奖。

正在制作竹编的颜章智（颜章智供图）

传承指尖上的“竹艺”

颜章智，出生于安溪县蓝田乡一个历史悠久的竹编村——山内寨村，自幼就跟着父辈学习竹编技艺，对于竹编有着难以割舍的情感。2008年大学毕业后，颜章智决心回乡创业。他积极参加各类竹编技艺培训活动，前往各地拜师学艺，不断精进竹编技艺。2010年，他正式成为一名竹编手艺人，并组织创立安溪县富山阁竹业专业合作社。

合作社成立后，颜章智负责洽谈订单、设计方案，社员则负责提供竹材或者生产加工。他还通过合作社，充分发挥“传、帮、带”作用，将竹编专业知识和经验传授给乡亲们，培养了一批又一批的竹编技术人才。近年来，他带领培养的竹编技术团队5个，

“竹屋”建筑、绿色景观走廊等现代竹业新产品（来源于“紫气蓝田”公众号）

组建5个竹艺建设工程队，每个工程队有1—2名师傅带领培养8—10名竹艺工人，带动本村及周边村庄几百人学习竹编技艺，有效增加就业及收入。2021年6月，颜章智被泉州市总工会授予2020—2021年度泉州市“名师带高徒”活动“好师傅”称号。

随着越来越多人加入竹业专业合作社，颜章智做好“竹”文章的信心更足了。他潜心研究、不断创新突破，把竹制品的功能性和美观性相结合，在保留传统竹编实用性的同时，融入现代审美元素，陆续设计研发出如“竹屋”建筑、绿色景观走廊等适应现代生态文明的竹建材产品200多件，获得行业广泛认可，并深受消费者青睐。2021年3月，颜章智的作品荣获第56届全国工艺品交易会“金凤凰”创新产品设计大赛优秀奖。

在长期的学习实践中，颜章智不但竹编技艺精进，对竹编的理论研究也不断深入，2021年10月，颜章智在《牡丹》刊物上发表《竹编工艺在现代产品设计中的运用分析》一文，详细分析竹编工艺在现代产品中的运用，为竹编工艺与现代产品融合运用创新设计提供了详细的理论基础；2022年3月，在中国教育科学研究院举办的“竹文化融合旅游文创产品创新研究”中，颜章智荣获“科研成果二等奖”。

颜章智还积极投身于竹编技艺传承，他开设非遗竹编展示馆，创立竹编研学基地，还将竹编引入课堂。为让更多人了解传统竹编技艺价值，领略竹编文化，他每年到10余所中小学现场授课，开设竹编体验课30余场次。此外，他还积极参加各种公益活动，传播竹编技艺。2021年12月，在丰泽区举办的“世遗泉州，魅力丰泽”非遗进商圈活动中，颜章智现场传授竹编技艺，现场观众无不惊叹于竹编非遗工艺的魅力。

守住指尖上的“乡愁”

对于颜章智来说，竹编不仅是他“吃饭”的手艺，更是他心底最深情的坚守、最浓厚的乡愁。蓝田乡山内寨村地处安溪县中东部，竹林资源丰富，拥有连片“竹海”2300亩。山内寨村盛产的翠竹坚韧挺拔，毛竹材质不易开裂，破篾性能好，非常适宜做竹编。自元代开始，生活在这一带的村民们就以编制竹产品为生，家家户户都会“砍竹破篾织竹篮”的竹编手艺，山内寨村也成为远近闻名的“篾匠村”。

随着时代的发展，竹制器具需求量下降，山内寨村传统竹业生存空间不断缩小。同时，传统竹制品工序烦琐，利润不高，难以开拓市场，很多年青人不愿意从事这一行业，竹工艺从业人员日趋老龄化，山内寨村的传统竹编逐渐没落。对此，颜章智暗下决心，要利用好家乡丰富的竹林资源，传承和弘扬竹编手艺，做大做强“竹”文章，让乡亲们富起来，让山内寨村兴起来。

“竹屋”建筑、绿色景观走廊等现代竹业新产品（来源于“紫气蓝田”公众号）

编织指尖上的“财富”

对面对山内寨村竹编制品市场萎缩的现实，为突破竹产业的营销瓶颈，章智拓宽销售思路，采取“竹编＋线上”相结合的发展模式，将原先的“生产再销售”，改为“先下单再生产”的销售模式，这一思路的改变，大大带动了竹编制品的市场销量。同时，他积极参与安溪县政府、泉州晚报社主

通过网络直播介绍、销售竹编工艺品（来源于“紫气蓝田”公众号）

办的“国庆中秋嗨购安溪好货”“安溪县非遗购物节”直播、“安溪产品促消费扶贫”等活动，搭建展现山内寨村竹工艺品的窗口，开拓竹工艺品的销售市场，将家乡的竹编工艺品销往全国各地，使竹编成为当地群众稳定增收的“金钥匙”。

2019年，富山阁竹业专业合作社竹子使用量达到120万公斤，直接带动村民增收100多万元；2020年，竹子使用量130多万公斤，签订竹艺工程订单765万元，带动村民制作工艺品销售总额达872万元。合作社也从最初的5个社员，增加到105人。社员不仅仅局限在山内寨村，还辐射周边5个村落，初步实现颜章智心中“强村富民、振兴乡村”的愿望。

千磨万击还坚劲，任尔东西南北风。承载悠悠历史的竹编，也蕴藏着竹编艺人执着无悔的匠心。多年来，颜章智像竹子一节一节奋发向上生长一样，一步一步做大做强家乡竹产业。他相信，只要坚守匠心、不断创新，竹编艺术定能走向全国、走向世界。

（安溪县委党史和地方志研究室供稿）

破竹成丝　巧编成器

——安溪竹编工艺传承人钟振昆

传承人名片

钟振昆，中国民间手工工艺家，“竹编（安溪竹藤编）”安溪县级代表性传承人，自幼研习竹编，技艺精湛，能够融合传统与现代元素，创新竹编艺术品，并因此获奖无数。作为产业带头人，他积极传授技艺，致力于推广竹编文化，为乡村振兴贡献力量。

在竹编文化熏陶中编织人生

钟振昆出生在安溪湖上一个畲族村里，受家中长辈的影响，从小非常喜欢竹藤编，大人编竹藤时，他就跟在一旁学，很快掌握了竹编技巧。12 岁起，钟振昆正式跟随家人从事竹藤编织，至今已有 30 余载。虽然年龄不大，但钟振昆的竹编手艺相当高超，可以在 1 厘米的竹篾上分出 15 根竹丝，每根竹丝厚薄均匀宛如发丝，又十分有韧性。

日复一日地破竹，年复一年地编织，不知道划破了多少次手指、付出了多少艰辛。终于，钟振昆基本功样样扎实、件件通晓，一手竹编绝活挥洒自如，不仅竹篮、竹篓等传统竹制品做得好，还创新性融入历史元素、现代元素，佐以畲族风情，编制出各类具有观赏、实用为一体的竹工艺品。如其制作的“名相杯”，将李光地文化与安溪传统竹编文化相结合，集创新性、观赏性及收藏价值于一体，是绝佳的旅游伴手礼；作品“格格篮”则是一款造型别致的挎篮，为纪念畲族祖先“三公主”而制作，造型别致饱满，优美时尚，可以用作女性的挎包，里面可以摆放小件物品，十分小巧美观。此外，还有包括手镯、耳环、腰带、挎包、头箍等一整套竹子和布相结合的竹编作品……传统工艺与现代创意相融合，将竹编从原来的生活用品变成工艺品，打造具有特色畲族文化、竹

钟振昆常年教授盛富小学学生竹编技艺

文化的文创产品、旅游纪念品，为传统工艺注入生命力，钟振昆希望通过文化赋能，让竹编这门手艺一直传承下去。

2019年10月，钟振昆团队创作的《明清故事》获第三届“匠心杯”中国（安溪）藤铁工艺现场创作大赛创意铜奖并申请外观专利；2019年12月，钟振昆获评安溪县级非物质文化遗产“安溪竹藤编”代表性传承人；2020年，荣获第二届安溪工匠选拔赛二等奖。

在竹编历史沉淀中感受魅力

安溪是中国乌龙茶之乡，唐朝末年，安溪就大量使用竹藤制茶器皿，如茶筛、笳篱、簸箕、焙笼、箩筐、竹笼等。宋元时期，安溪竹藤编种类进一步增多，有筛、笼、篱、斗箕、桌椅、蒸笼等14类40多种。明清时期，竹藤编已发展为安溪农村的家庭副业，竹编艺人不断增多，工艺水平不断提升，器物品种日益繁多，如香篮、小提篮、花篮、藤椅、藤箱等。湖上乡盛富村竹编历史悠久，钟氏祖先钟德富于明正德年间（1506—1521年）从汀州府上杭县迁来此地繁衍生息，其后世有人从事竹编生产，至今已有近400年历史。

故乡的风情，先祖的技艺。随着时光流转，传到钟振昆手里，于他而言，竹编不只是一门讨饭的手艺，更是生活里不可缺少的味道。为发展竹编特色产业，十几年来，钟振昆同社员、村民一起探索出一条积聚旅游资源、强村富民的新路子，他们围绕“游铜锣古地、赏畲族文化、品特色美食、购盛富竹编”发展思路，建设形成独具特色的山门、畲族竹编展示馆、畲族文化馆和畲族文化广场，浓浓的畲族风情，为少数民族村换上了“新装”。

在竹编工艺传承中传承手艺

作为安溪县毛竹节节高专业合作社（盛富村）成员、村竹编产业带头人，钟振昆积极带领社员、村民等探索竹编编织技艺，通过“师带徒”，培养竹编人才。近年来，钟振昆积极参加各类活动，向村民、中小学生以及慕名而来研学的大学生、游客等现场讲解竹编技艺，手把手教授编织动作和技巧。在他的带领下，节节高专业合作社成员越来越多，富有畲族风情的创新竹编工艺品类也越来越多，创新设计的竹编产品“名相杯”作为世界藤铁工艺博览会嘉宾礼品，深受宾客喜爱。此外，他们还通过直播带货，讲述盛富竹编非遗故事、推介非遗好物，助推产业发展，2020年盛富村（竹编）获评省级“一村一品”示范村。

在困难中坚守，在社会中推广，在保护中力求发扬光大。作为竹编非遗传承人，30多年来，钟振昆不遗余力，身体力行做好竹编工艺传承工作，“做竹编和做人一样，勤劳刻苦手艺才会熟练，老祖宗的手艺不能丢”钟振昆说，他将继续坚守这项传统技艺，不断钻研创新，让竹编这项古老的手工艺在新时代焕发出勃勃生机。

（安溪县委党史和地方志研究室供稿，钟振昆供图）

钟振昆部分竹编作品

汲古出新　一脉“香”传

——永春香传统制作技艺传承人曾建全

传承人名片

曾建全，全国发明创业“人物奖”获得者、福建省级技能大师工作室带头人、福建省级金牌工匠、“永春香制作技艺”福建省级代表性传承人、泉州市技能大师。他匠心独运，研制的香品种类丰富，多达几百种，并荣获国家发明专利奖2项和实用新型专利奖7项，成就显著。

一念执着　香方重现

曾建全在制香（康庆平摄）

福建永春，被誉为“中国香都”。生于1966年的曾建全从小就爱香、做香，立志从事“一支香”事业。12岁时，他利用课余时间向邻里制香师傅学制香。1983年，初中毕业的曾建全进入永春汉口制香厂，师从制香大师蒲昌誇。由于他勤奋聪慧，尽得蒲师傅的厚爱与真传，迅速掌握了传统制香技艺精髓，熟练制作各类香。18岁时，他便自立门户，创办“曾氏香行”。1987年，“曾氏香行”更名为“曾氏香庄”。1993年，曾建全注册“彬达”商标，寓意“一脉‘香’传，世代永续”。

相传，明成化年间（1465—1487年），永春时有瘟疫发生，曾家先祖曾配制出避疫药香方——众生香方，使百姓免遭瘟疫侵袭，但因年代久远，香方遗失。后因机缘巧合，曾建全重获残破的祖传香方。出于对祖辈制香技艺的深厚情感与对祖传香方的执着追求，曾建全暗自立誓，一定要把这纸香方研制出来，重现于世。他如饥似渴地沉浸在药书的世界中，不断查找相关资料，夜以继日地研究各种药材的药性和香材的独特属性。同时，他广泛搜集古今中外关于香与中药配伍的香方，力求博采众长。他无数次走访香农，深入了解香料的来源与特性，面对一次次失败，他从未言弃，而是屡败屡试，不断积累经验。终于，在祖传香方和古籍经典中的药方、香方以及制作技艺的启示下，他通过巧妙的创新融合，成功研发出既符合祖传“众生药香”基底，又具备杀菌、净化空气等功效的独创香方，命名为“乌沉香”。

创新发展　领香转型

永春香，其渊源可追溯至唐宋时期移居泉州的阿拉伯人蒲氏家族后裔，他们在明末清初将这一技艺引进，并在永春县达埔镇汉口村发扬光大。汉口村作为永春香发源地，大部分村民世代以制香为生，香产业也成为该村的标志性产业。

从事制香40多年来，曾建全坚持传统制作技艺，理法严谨、工艺考究，对香材的选择与炮制近乎苛刻，时间掌控的精准更是其技艺的一大亮点。他利用收藏的许多上百年香方、香谱等资料，苦心钻研，不断探索，独创“手力强弱法”“手势刚柔克制法”篾香制作技艺，以及“密度、盘数、粗细时控法”的盘香制作技艺，突破性地解决了传统制作篾香表面不够圆润、有坡口等难点，赢得业界广泛赞誉与推广。曾建全研制的数百种香品，也获得多项专利，其中，荣获国家发明专利奖2个，实用新型专利奖7个，外观设计专利奖45个。他的作品在国际与国内各大展览与比赛中屡获殊荣，荣获国际金奖5枚、

乌沉香（来源于永春香道）

银奖2枚、铜奖3枚、列宾专项奖1枚，国家级金奖1枚、银奖1枚、铜奖1枚，省级金奖2枚、一等奖1枚、三等奖2枚。

曾建全更大的愿景在于改变大众对香品的传统认知，推动香文化融入日常生活。他深入研究古法与中医制香技艺，融合曾氏祖传香方，通过不断改良与创新，成功研发出居家养生保健香，其中，檀香系列产品经福建省卫生防疫站检测证实，能有效消灭空气中的自然菌、净化空气、改善环境；“乌沉香”系列产品，经福建中医药大学、福建医科大学研究证实，对过敏性疾病有预防作用，对呼吸道有保健功效，可以安全长期使用，实现制香领域从宗教朝拜用香向居家养生香的转型。在2003年“非典”和近年的新冠肺炎疫情期间，“乌沉辟疫香”等产品备受广大消费者青睐，创下清仓销售的佳话。

匠心授艺　香技永续

作为非遗传承人，曾建全始终秉承制香行业之责任，延续正统、践行正源精神，他坚持亲自示范，以身作则，将永春香制作技艺无私传授。他创立匠艺传承工作室，收了数十名徒弟。在他的悉心指导下，徒弟们系统学习沾、叩、浸、甩、搓、抡、切、跺、搕、晾、染、晒等传统制香技艺，技艺日益精进。经过不懈努力，徒弟中已有4人荣获制香中级专业技术职称，16人获得初级专业技术职称，更有10多位徒弟在掌握技艺后，自己创办制香厂，成为制香行业的新兴企业家，为永春香的传承与发展注入新的活力。曾建全及其匠艺传承工作室的卓越贡献也得到广泛认可，于2020年荣获“省级技能大师工作室”称号。

此外，曾建全还投资创建永春彬达香文化创意园。该园以“一脉香传”为主题，全方位展示永春香史及传统古法制香工艺，以香为媒，打造工业文化旅游载体，实现产业链多元发展。在创意园里，游客不仅可以观看香道表演、品尝香料茶水，沉浸式感受香文化，又能亲自动手掷香花、制作天然熏香，体验制香的过程和乐趣，还可以了解观看搓香、盘香等传统工艺制作方法。据统计，彬达文化创意园每年接待来自天南海北的游客达二三十万人次。

爱香做香，一脉“香”传。香早已成为曾建全生命中的一部分，“我将始终秉持匠心，精心雕琢每一款香品，让这缕跨越时空的芬芳成为连接过去与未来的桥梁，引领更多人走进香文化的广阔世界，感受其博大精深与独特韵味。”曾建全说。

（永春县委党史和地方志研究室供稿、供图）

改良提质　味浓香永

——永春佛手茶制作技艺传承人王生秀

传承人名片

王生秀，“永春佛手茶制作技艺”永春县级代表性传承人，茶叶加工高级职业技能师，永春县茶叶同业公会理事。王生秀以其精湛的制茶技艺和对茶文化的深刻理解，赢得业界的广泛赞誉，其茶叶作品屡获国内外大奖。

技艺传承与革新

王生秀出生于佛手茶的故乡——永春县苏坑镇，他的家庭，世代以制茶为业，技艺精湛，是当地远近闻名的“制茶之家”。在这样的环境中耳濡目染，王生秀十几岁便已展现出非凡的制茶天赋，成为一名佛手茶制茶能手。

步入青年时代，王生秀更是心怀壮志，决定深入学习并传承这一宝贵技艺。他有幸拜入佛手茶制茶名师王国与（黑猫茶厂厂长）的门下，进一步锤炼自己的制茶技艺。在王国与的悉心指导下，王生秀不仅扎实掌握佛手茶的传统制作工艺，更将弘扬技艺视为己任，致力于保护、传承茶文化。同时，王生秀积极投身于茶科技研发与应用，力求在传承传统的基础上，做出突破创新。

2018年，王生秀创立泉州市恒义茶业发展有限公司，积极推动土地流转政策，有效整合土地资源，将荒山变为宝地，通过精心挑选并移植优良老茶树株，为茶叶品质的提升奠定基础。同时，他注重生产设备的更新换代与技艺的持续优化，不仅提升茶叶加工效率，更在保留传统风味的基础上，赋予茶叶更加卓越的品质。在茶园管理方面，他致力于打造标准化智慧茶园，引入先进的设备监控系统，实现对茶园温度、湿度、空气质量的精准调控，促进茶叶生长环境优化，为培育高山名茶提供有

王生秀在茶园采摘茶叶（来源于“恒义茶业”视频号）

力保障。这一系列举措不仅推动茶产业转型升级，还使得产业规模逐步扩大，实现集约化、规范化经营。

此外，王生秀深知品牌与创新对于企业发展的重要性。他创立品牌，并注重产品的包装设计，通过自主设计外包装，赋予茶叶产品独特的文化内涵与市场辨识度。同时，他不断探索技艺创新之路，成功研发出佛手红茶、白茶、正山小种、老枞等一系列新产品，不仅丰富产品线，也满足市场多元化需求，进一步提升企业的市场竞争力。

2019 年 7 月，王生秀荣任永春县茶叶同业公会理事，他积极参与茶叶增产提质培训活动，利用多种渠道推广茶叶知识与技能。2020 年 1 月，公司与万春寨星创天地签订战略合作协议，探索家庭农场 + 茶农 + 星创天地发展新模式，助力乡村振兴。

桃源山水育精品

佛手茶树属大叶型灌木，因其树势开展，叶形酷似佛手柑，因此得名“佛手”。早在清康熙四十三年 (1704 年)，永春狮峰岩建成，初“僧种茗芽以供佛，嗣而族人效之，群踵而植，弥谷被岗，一望皆是”。

北纬 25 度是世界公认的黄金气候生态圈，最宜茶树种植。永春地处北纬

25° 13′ ~ 25° 33′，山清水秀，朝雾夕岚，泉甘土赤，以其得天独厚的自然条件孕育了品质卓越的佛手茶，故特称“永春佛手”。苏坑镇作为永春佛手茶的核心产区，有着300年的栽培历史。这里的佛手茶条紧结肥壮、色泽砂绿乌润、香浓锐味甘厚、汤色橙黄清澈、馥郁幽芳、耐冲泡。

苏坑镇现有佛手茶园1万多亩，茶叶初制加工厂128家、市级农业产业化龙头企业1家，茶产业从业农户1220户，从业人员达3800余人，年产值约5亿元。佛手茶俨然成为永春人生活中不可或缺的一部分，“永春佛手茶之乡”成为许多人对苏坑的第一印象。

茶香远播绽光彩

王生秀深耕苏坑的山野之间，踏遍茶山茶园，传承与创新并举，不仅精心创作茶叶精品，更致力于弘扬深厚的茶文化，在“茶乡”这片沃土上绽放光彩。他严格遵循传统制茶方法，却又不拘泥于旧规，针对鲜叶原料叶片宽大、水分易散、蜡质层薄且做青时易红变的特点，巧妙调整制茶流程，融入多次轻摇、适度厚摊及缩短摊青发酵时间等创新手法，使制茶工艺更加科学精细，茶叶品质也愈发鲜爽可口。自2005年起，王生秀凭借卓越的制茶技艺与不懈追求，在省市级乃至国家级的多项茶叶赛事中屡获殊荣，包括第十二届上海国际茶文

王生秀在制作永春佛手茶（康庆平摄）

化节金奖、第四届中国世界功夫茶大赛茶王赛银奖、第六届海峡两岸茶文化季茶王赛佛手优质奖等，并在泉州、永春等地举办的斗茶大赛中多次摘得茶王桂冠，如永春县侨联杯茶王赛清香型佛手银奖茶王、第九届泉州闽南茶都杯斗茶大赛清香型佛手茶王、第二届泉州墨香茶韵文化节清香型佛手金奖，永春县茶王赛清香型永春佛手金奖等。

王生秀不仅个人成就斐然，更将茶艺传承视为己任。为培养更多优制茶人才，共同推动永春佛手茶文化繁荣发展，2010 年，他正式开始收徒。在他的悉心指导下，徒弟张丽梅迅速成长，不仅在制茶技艺上取得显著进步，所制茶叶更是赢得社会各界广泛赞誉，荣获“永春佛手茶王制茶能手”“永春县三八红旗手”“永春县金牌工人”等殊荣，并在县级评茶员职业技能竞赛中荣获二等奖。

从事佛手茶制作以来，王生秀始终秉持“改良提质，味浓香永”的初心，将满腔热爱倾注于每一片茶叶的精心培育与制作中，使得源自桃源山水间的那份香醇，香飘四海，历久弥新。

（永春县委党史和地方志研究室供稿、供图）

永春苏坑嵩山村茶园（来源于“海峡农业杂志社”公众号）

“桃源一绝” 漆篮“盛”祥

——永春龙水漆篮制作技艺传承人郭小谦

传承人名片

郭小谦，永春县龙水漆篮工艺有限公司负责人，泉州市工艺美术协会理事、泉州市高层次人才（第六层次）、永春县工艺美术师。其创作的漆篮作品多次获得国家、省、市级奖项，常年致力于永春漆篮文化传承与创新，为推动漆篮产业发展、助力乡村振兴作出积极贡献。

精准施策 富民兴村

作为龙水漆篮工艺有限公司的掌舵人，为把漆篮这一传统特色产业打造成惠及全村的富民产业，郭小谦推出“强龙头、建基地、提质量、打品牌、拓市场”等一系列精准有力的措施，通过延伸产业链，公司不仅推出简约实用的漆篮竹编制品，成功抢占日用品市场份额，还不断创新研发高端漆篮新品，将传统工艺与现代审美巧妙融合，使漆篮产品从日常用品向工艺品乃至收藏品转变。

在市场营销方面，郭小谦不仅在泉州市区新门街、悦华酒店等繁华地段设立展销馆，还充分利用电商平台，拓宽销售渠道，提升龙水漆篮的品牌知名度和市场占有率。如今，龙水漆篮工艺有限公司已拥有扁篮、格篮、盛篮、盘盒和盘片等五大类、超百种漆篮产品，远销至新加坡、马来西亚等 20 多个国家和地区，影响力日益增强。

这一系列举措不仅带动漆篮产业的蓬勃发展，更为整个龙水村带来翻天覆地的变化。漆篮产业相关从业人员数量激增，从最初的 200 多人增长至 380 多人，从业者的收入也实现了质的飞跃，从 1.5 万元跃升至 4.5 万元。整个漆篮产业的年产值更是从 170 万元飙升至 2000 万元，成为推动当地经济发展的重要引擎。

重振漆篮　续写辉煌

龙水漆篮，亦称永春漆篮，源自永春县仙夹镇龙水村，其历史可追溯到明正德年间（1506—1521年），历经500余年风雨洗礼，被誉为“桃源一绝”，是福建民间独树一帜的传统竹漆工艺瑰宝。在闽南地区的民俗庆典中，无论是结婚寿诞、走亲访友，还是迎神祭祖，龙水漆篮都成为最独特的存在。

随着18至19世纪闽南人的广泛迁徙，龙水漆篮的使用习俗也跨越海峡，传播至中国台湾及东南亚地区。其耐酸、耐碱、耐用的实用特性，以及高雅古朴、端庄大方、精巧玲珑的艺术风格，使得龙水漆篮不仅深受民众喜爱，还成为福建省博物院、泉州市博物馆等众多博物馆的珍贵藏品。

然而，随着城市化进程的加速推进和农村劳动力的大量外流，传统漆篮产业发展曾一度陷入困境。在此关键时刻，致富能人郭志煌回乡创业并担任龙水村党支部书记，全力带领龙水村民重振漆篮产业。郭小谦自幼便深受父亲郭志煌的影响，耳濡目染之下，对漆篮制作产生浓厚的兴趣，十几岁便开始认真学习漆篮制作技艺，将家族传承视为己任，用实际行动践行着对传统文化的尊重与传承。

在郭志煌与郭小谦等人的共同努力

郭小谦在制作龙水漆篮（康庆平摄）

下，龙水漆篮产业逐渐焕发出新的生机。2009年，“永春漆篮制作技艺”被列入第三批福建省级非物质文化遗产代表性项目名录。2013年，原国家质检总局批准对“永春漆篮”实施地理标志产品保护。此后，“永春漆篮”接连斩获轻工部全国旅游工艺品评比一等奖及福建省工艺美术百花奖优质产品等殊荣。此外，龙水漆篮还多次在国内巡回展出，并远赴意大利、日本、波兰等30余个国家展览，赢得国际社会的广泛赞誉。

龙水漆篮（含冰摄）

文旅融合　传承创新

近年来，永春县全力打造“全域旅游”，发展“特色文化型”旅游。郭小谦作为漆篮文化的传承者与创新者，积极投身于龙水村的文化旅游建设之中。他精心策划并建成漆篮历史文化展示馆、精品展销馆及竹编馆，全面展示永春漆篮500余年的悠久历史与文化底蕴。同时，他还通过现场讲解、播放专题宣传片等方式，生动地向游客讲述漆篮的发展历程、历史价值及在现代社会的广泛应用，有效促进漆篮文化的传承与发扬光大。

此外，郭小谦还设立漆篮制作体验基地，为游客提供亲手制作漆篮、体验竹艺等文化研学产品的机会。基地同时还为大中院校、中小学校师生量身打造制作漆画贴金装饰盘、竹编杯垫、竹报平安挂件等丰富多彩的研学体验活动，让参与者在实践中感受传统文化的魅力。如今，龙水村每年吸引着超过8万名游客前来体验漆篮文化，为当地的经济社会发展注入强劲动力。

人才培育　持续发展

随着漆篮产业的蓬勃兴起，人才成为推动其持续发展的关键要素。郭小谦深谙此理，他积极践行乡村人才振兴战略，将构建漆篮产业人才梯队视为核心任务。在市人才办的支持下，他组织村内手工艺人积极参与省市级漆艺大师、工艺美术大师的评选活动，提升其社会认可度。同时，还与华侨大学、泉州师院等高等院校建立合作关系，设立大师工作室，通过校企合作，引入前沿的设计理念和技术支持，促进产学研深度融合，为漆篮产业注入新鲜血液和创新活力。

此外，郭小谦成立匠艺传承工作室，定期举办漆篮技艺培训班，邀请工艺专家和技术能手进行授课指导，以“传帮带”的模式提升从业者的工艺水平，有效壮大漆篮产业的人才队伍。

经过不懈努力，龙水村在漆篮产业人才培育方面取得显著成效。培育福建省工艺美术大师 1 名、福建省级非物质文化遗产代表性传承人 1 名、泉州市工艺美术大师 6 名、泉州市高层次人才 11 名、泉州市级非物质文化遗产代表性传承人 3 名、泉州市传统手工艺名人 2 名，漆篮制作能手 100 多人。另有多人获得中华老字号始创产品时尚创意金奖和中国工艺美术协会“金凤凰”创新产品设计大奖赛金、银、铜奖。

从指尖技艺到指尖经济，短短几年间，龙水村的漆篮产业蓬勃发展，不仅弘扬了中华优秀传统文化，更成为助力龙水村实现蝶变的重要产业。郭小谦表示，今后还会尝试把漆篮制作工艺运用到茶具、衣饰等领域，拓宽产业链，让永春漆篮的路越走越宽，越走越好，将永春漆篮文化发扬光大。

（永春县委党史和地方志研究室供稿、供图）

龙水漆篮（含冰摄）

古园野枞　醇厚幽长

——永春闽南水仙制作技艺传承人黄茂德

传承人名片

黄茂德，泉州市高层次人才（第七层次），拥有高级评茶员资格，被誉为永春县技术能手、制茶技能大师、永春工匠、永春县农村创新创业带头人、“闽南水仙制作技艺”永春县级代表性传承人，三十多年来一直致力于永春水仙的发展与推广事业。

茶脉相承　演绎水仙传奇

黄茂德，一位地道的闽南人，生长于茶香萦绕的永春制茶世家，自小便在茶香中浸润。祖父黄季江以种茶制茶为生，是远近闻名的制茶师傅；父亲黄光钻则子承父业，熟练掌握了水仙、佛手、观音等茶种的制茶技术。

自幼对茶产生浓厚兴趣的黄茂德，高中毕业后便跟随父亲全身心投入到种茶制茶的事业中。然而，他并不满足于现状，而是怀揣着更大的梦想——将永春水仙茶推向更广阔的市场。于是，他远赴深圳开设茶庄，拓展茶业事业。

黄茂德在查看茶叶长势（康庆平摄）

在近三十年的制茶与销售生涯中，黄茂德从未停止对传统水仙制茶工艺的探索。他广泛吸取广东凤凰水仙、闽北武夷水仙等品种的种植与制作经验，并结合永春地域特色，创新制作出浓香型永春古枞水仙茶。

近年来，黄茂德更是与福建农业职业技术学院、福建农林大学多位茶叶专家、教授紧密合作，不断精进永春水仙制作工艺，并悉心传授技艺，已培养出10余名徒弟。

传承发扬　打造水仙精品

永春水仙，又称闽南水仙，其历史可追溯至19世纪中期。当时，永春湖洋仙溪乡的郑世报父子从闽北引种水仙茶树至湖洋，至今已有170余年历史。

作为在外漂泊的游子，黄茂德心中始终牵挂着家乡。2013年，他毅然选择回到永春，继续钻研并传承永春水仙的制作技艺。2019年，黄茂德承包了桃城镇洋上村玳瑁山的古枞水仙百年古茶园。这片茶园占地150亩，其中的古枞水仙茶树始种于清末民初，树龄已逾百年。而茶园所在的洋上村，正是《乡愁》作者余光中先生的故乡。黄茂德秉承前辈们的精神，让这片沉睡的山场重新焕发了生机。

在茶园管理上，黄茂德坚持道法自然的管理理念，采用农法原生态种植方式，不施化肥农药与化学除草剂，全部

黄茂德在制作闽南水仙（康庆平摄）

采用人工除草，以保护古茶园的生态环境。在制茶方面，他更是匠心独运，对应不同季节、天气、地域、品种的茶叶加工都有独特而丰富的工艺技术。他善于利用同一茶种研发多样产品，提高本地茶种的多样性，创造更高经济价值。

工人采摘水仙春茶（来源于“永春县融媒体中心”公众号）

黄茂德特别研制的永春野放古枞水仙干旱季节制优工艺，每年仅取春季鲜叶茶青，通过精心采摘一芽一二叶和一芽二三叶野放古枞水仙鲜叶，结合优化的古枞水仙制茶工艺，创新制出了浓香型永春古枞水仙茶。这种茶条索紧结壮实稍扭曲，色泽乌褐油润带宝色，木质枞韵显著，滋味醇厚，香气浓郁，入口绵绸，韵味悠长，回甘持久，比传统闽南水仙茶的口感更加醇厚，枞韵木质香更为明显，且更加耐泡，深受茶友们的喜爱与赞誉。

拓展事业　传递水仙茶香

黄茂德不仅致力于提升永春水仙茶的品质与知名度，还积极拓展茶业事业，将这份来自闽南的茶香传递给更多的人。他通过参加各种茶叶展会、举办茶艺表演与品鉴会等方式，不断推广永春水仙茶的文化与魅力。同时，他还与多家茶叶企业建立合作关系，共同开发新产品、拓展新市场，为永春水仙茶的发展注入新的动力。

黄茂德制作的水仙茶凭借其卓越的品质，在各大茶叶赛事中屡获殊荣，先后获得省级“海丝国际杯”2020首届茶王赛（水仙）金奖、优胜奖，“中国好茶”第十三届春季茶王争霸赛“岩茶水仙”金奖，“闽宁杯”第七、八届中国海丝名师茶王争霸赛水仙铜奖、银奖，第十届中国海丝名师茶王争霸赛水仙铜奖，以及海峡两岸文化季暨第十届两岸春季茶王擂台赛“岩茶水仙”铜奖等。

回顾过去，黄茂德在茶业道路上留下了坚实的足迹；展望未来，他将秉承匠心精神，继续钻研、创新制茶技艺，将永春水仙制茶工艺传承好、发扬好。他深知，只有不断创新，才能让永春水仙茶产品保持优质优产，才能让这份来自闽南的茶香飘得更远、更久。

（永春县委党史和地方志研究室供稿、供图）

红面番鸭　味美汤鲜

——永春石鼓白鸭汤制作技艺传承人黄恒鹏

传承人名片

黄恒鹏，永春石鼓白鸭汤第四代传承人，“石鼓白鸭汤制作技艺”永春县级代表性传承人，在地方美食文化领域深耕多年，获得社会广泛认可。2015年，其经营的天源饭店被永春县有关部门认定为“农村旅游特色饭店”；2021年，又被评定为“经典永春菜特色餐厅”。

继承父业　不断改良

出生于永春桃溪畔石鼓镇卿园村的黄恒鹏，其家族曾祖黄荣汀早在清同治年间（1862—1875年）就制作石鼓白鸭汤售卖，祖父黄茂湖、父亲黄升授相继在卿园村三郊线边经营小吃店，主营原味白鸭汤。黄恒鹏的父亲黄升授继承父业，把自家老字号加以发扬光大，兴建了卿园东大饭店，从源头上承接白鸭食材，主营石鼓白鸭汤，烹饪技艺日臻成熟。

黄恒鹏是石鼓白鸭汤制作技艺第四代家族传承人，师从其父黄升授，自1988年起从事餐饮业。他先后在石鼓天江、天源饭店经营石鼓白鸭汤。黄恒鹏秉承“诚信为本、品质优良、厨艺精湛、继承传统、力求创新”的经营宗旨，刻苦钻研，以李时珍《本草纲目》里“白鸭肉最良，药食最佳”等理论为指导，采用石鼓“红面番鸭”为主料，配上13种中草药精心烹制药膳，不断改良，不断创新，精心打造出永春美食第一汤——石鼓白鸭汤。他调制的石鼓白鸭汤深受广大顾客青睐，美名远扬。

永春石鼓白鸭汤先后被泉州市烹饪协会评定为“泉州名小吃”、福建省烹饪协会评定为“福建名菜”“永春十佳名菜”。2015年，黄恒鹏经营的天源饭店被永春县相关部门评定为“农村旅游特色饭店”“经典永春菜特色餐厅”。

黄恒鹏制作石鼓白鸭汤（康庆平摄）

营养丰富　广受青睐

永春石鼓白番鸭汤具有丰富的营养价值。因纯选农家“红面白番鸭”，鸭肉中所含B族维生素和维生素E比其他畜类高，100克鸭肉有B族水溶性维生素10毫克、维生素E90—400微克，还含有0.8%—1.5%的无机物，每100克鸭肉最高含有300毫克钾，此外还富含铁、铜、锌等微量元素。加上药膳的配合，使白鸭汤具有极为丰富的养生功能，强身健体，滋阴壮阳，男女适用，老少皆宜。如今，永春石鼓白鸭汤已成为到永春观光旅游客人必选的一道热菜，也是众多游子和侨亲回乡必选的一道佳肴。

白鸭汤在石鼓镇的发展具有独特的地理优势，三郊线（三明至仙游郊尾连莆田通福州）从镇区穿过，客流源源不断，而石鼓镇的东安、大卿、半岭、吾江、马峰、洑江及紧邻的吾峰镇梅林、培民、吾顶、蓬壶镇观山等10多个山村向来有饲养白鸭的传统，这一带的白鸭经过精心烹制后清甜可口，营养极为丰富，深受广大顾客青睐。2024年，“石鼓白鸭汤制作技艺”被列入第七批泉州市级非物质文化遗产代表性项目名录。

认真传授　规模经营

黄恒鹏研制烹饪的石鼓白鸭汤，因

香滑细嫩、肥而不腻、汤浓味美、选料精细、调料全面、火候到家、色香味俱全而荣登“中华美食群英榜”。他在烹制技艺上有着独到之处，选料、刀工、焖煮、熬制、收尾五个环节都颇为讲究。首先，选料贵在“纯”，挑选吃谷米、野虫、饮山泉、放养于水库山林饲养六个月以上的“红面白番鸭”；其次，刀工贵在“精”，娴熟发挥烧毛喷火器、大骨刀、片刀的作用处理鸭子；再次，焖煮贵在“巧”，将洗净的鸭肉放进沸水锅内飞水，时间要掌握好再捞出，冲洗干净后在热油锅里与姜片同焖煮去水；从次，熬制贵在“调”，在焖煮后的鸭肉里加入秘制的白鸭汤药膳调味，主要成分为枸杞、黄芪、当归、故纸、熟地、香藤以及独家佐药等；最后，收尾贵在“添”，鸭血是石鼓白鸭汤中不可或缺的“珍品”，出锅前10分钟添加，煮5分钟左右即出锅。

永春石鼓白鸭汤（来源于“桃源永春文旅之声”公众号）

黄恒鹏的白鸭汤事业蒸蒸日上。石鼓白鸭汤的盛名也吸引了众多厨界学徒前来学习制作技艺。对于学艺者，他向来认真指导传授，培养了厨师百余人，为永春石鼓镇白鸭汤产业的发展壮大和市场开拓做出了积极贡献。据统计，在泉州市区、厦门、香港等地及新加坡、马来西亚等国家已开设永春石鼓白鸭汤餐饮公司连锁店300多家，形成了规模化经营。

（永春县委党史和地方志研究室供稿、供图）

瑞狮舞新　迎福纳祥

——永春青狮制作工艺传承人吕荣树

传承人名片

吕荣树，中国管理科学研究院雕塑智库专家、国家级高级技师、国礼艺术家、福建省工艺美术名人、省轻工行业技术能手、泉州市工艺美术大师、技能大师。从事雕塑创作30多年，多次荣获福建省、全国工艺美术专业比赛金奖，作品被各级博物馆、工艺美术精品馆收藏。

技艺精进　融合创新

吕荣树的爷爷师从永春白鹤拳百岁传人郑文存，他从小目睹爷爷与其师傅制作青狮的过程，从设计、选材、制模、裱纸、脱胎、上色等，完工后那栩栩如生的狮子令其小小年纪就对青狮制作产生了极大兴趣。村庙宇里保存着爷爷当年制作的青狮，他时常去仔细研究一番。

数十年来，吕荣树认真钻研，努力提升完善自身技艺。其制作的青狮既有传统风格，又融入台湾民间狮子艺术的创作风格。他特意在青狮头脑门中间装了一个半圆的不锈钢，如一面凸镜般把世间万物包含其中，既生动地展现雄狮威武风貌，又细腻地呈现作品艺术细节，给人以当代艺术美感。凭借对艺术的深刻理解，吕荣树创作出一批既有传统民族文化底蕴又彰显时代精神风貌的雕塑作品。

2019年，吕荣树制作的《青狮（刣狮）》获评福建省工艺美术“百花奖”一等奖；2021年，其作品《妙手传神雕珍品　匠心留韵塑春秋》入编《记录中国》大型文献史册；2022年，其作品入编“奋进新征程、建功新时代——庆祝党的二十大”主题邮册；2023年，其事迹刊登于“学习强国”学习平台。其他作品分获福建省两届的“争艳杯”金奖、铜奖，还获得两届福建省工艺美术创意大赛金奖。

吕荣树正在制作青狮（康庆平摄）

近年来，吕荣树致力于传统艺术的创新突破。他搜集资料，参考台湾艺人的一些新创意，创作出新的《青狮（刣狮）》作品，受到各方人士的广泛好评，“中国今日头条”“中国聚焦新闻网”“财经中国”以及内蒙古卫视《记录中国》栏目对其进行了采访报道，福建省市县各级新闻媒体也都相继报道。

追溯历史　知其源流

舞青狮，也叫“刣狮”，又称“武狮”“南狮”“弄狮”“打狮”，是盛行于民间的武术竞技活动。春节、元宵节或是村里各类祈福活动都会派出狮队表演，表演时两个人操控狮子，套上由狮头、狮身、狮尾组成的狮衣，腾空、翻滚。其他人扮成武士，手持刀、枪、剑、戟、盾牌等十八般兵器，包围着狮子“大打出手”，刀光剑影，吼声阵阵，惊心动魄，观赏性极强，成为当地百姓庆丰收，保平安，驱邪正气的一种民间文艺表演形式。

永春青狮的传统面谱比较特别，有着青面、红眼、剑眉、黑须与獠牙，额头画有火焰形状的“王”字。永春的青狮根据武艺的高下不同，分为“乌狮”“青狮”和“青狮白目眉”几个等级。最具威名的舞狮道具是“青狮白目眉”。此为南少林舞狮的万狮之宗，因武艺技巧要求高，舞狮人要身怀绝技。以青狮兼画白眉毛的青狮队武艺为最高强。闽南地区流传一句俗话：“青狮白目眉，要打任你来”，意即谁敢以“青狮白目眉”出阵，就必须经得起各路武林高手的挑战，而且能战而胜之。

青狮的制作全为手工，工艺复杂，当前的青狮制作可分为传统制作方式和现代制作方式。传统制作方式没有雕塑造型这一环节，而是在泥块挖出阴雕作为模具，用废纸一层层裱出坯体，然后上色，过程较烦琐，时间周期长。现在的制作方式是先用泥巴雕出青狮模型，再用硅胶等材料制成模具，这个模具可以反复脱胎成形，坯体成形快。

师徒传承　匠心永续

随着时代的发展，传统技艺行业面临着前所未有的挑战，许多年青人纷纷转向新兴领域，导致部分珍贵的艺种逐渐淡出人们的视野，甚至面临失传的风险。2019 年，吕荣树毅然回到家乡永春石鼓有着“美丽乡村”之称的吾江村，创立自己的工作室，誓要将源自爷爷之手的青狮制作技艺发扬光大，让“舞青狮”这一传统艺术焕发新生。

自工作室成立以来，吕荣树不仅致力于青狮作品的创作与丰富，更积极寻求与高校及中小学校的合作，将工作室打造成为集教学、实践、研学于一体的多功能平台。不但为高校学子提供宝贵的实践机会，也让更多青少年在亲身体验中感受传统文化的魅力，为青狮艺术的传承播下了希望的种子。

吕荣树始终将培养新一代手工艺人视为己任，新徒入门，他亲授技艺，从选材至成品，每一个步骤都倾囊相授。他讲述工序背后的文化故事，让徒弟们在技艺传承中领悟青狮艺术的深厚底蕴。同时，他还鼓励徒弟们勇于创新，结合现代审美和技术手段，为青狮艺术注入新的活力。在他的引领下，徒弟们设计创作出既符合传统韵味又具时代特色的青狮作品，展现了青狮艺术的无限可能。

传承之路虽长且艰，但通过收徒传艺，吕荣树不仅成功培养一批批技艺精湛、热爱传统文化的青年手工艺人，更为青狮艺术的传承与发展奠定了坚实的人才基础。他始终默默耕耘，无私奉献，用实际行动为乡村振兴贡献着自己的力量，2023 年，吕荣树工作室被评为“泉州市工艺大师工作室”，为“美丽乡村”吾江增添了一抹亮丽的文化色彩。

吕荣树的青狮作品（吕荣树供图）

（永春县委党史和地方志研究室供稿）

厚积薄发　守正出新

——德化瓷烧制技艺传承人林建胜

传承人名片

林建胜，中国工艺美术大师、高级工艺美术师，国家一级技师、轻工大国工匠、金砖国礼大师、福建省陶瓷艺术大师、“德化瓷烧制技艺”福建省级代表性传承人，自幼与陶瓷艺术结缘，四十几年来始终秉持工匠精神，在传统与创新间探索突破，成为德化陶瓷艺术领军人物。

传承与创新

林建胜生于德化，长于德化，从小便对陶瓷制作产生浓厚兴趣。1981 年，17 岁的林建胜走进德化职业中专学校，开始了他的陶瓷艺术人生。他先后师从陈德卿和杨剑民，学习陶瓷雕塑和陶瓷器皿制作，通过临摹、揣摩到创新、创造。从学校毕业后，林建胜留校任教，成为一名陶瓷雕塑教师。

林建胜创作作品

林建胜始终秉持“在传承中创新，在发展中传承”

的理念。1985年夏，受电影《滴水观音》启发，他梦想能做出真正滴水的观音瓷像。历经一个多月苦思冥想与数十张设计稿的尝试，终于在一次偶然观察瓷厂车间用水系统时获得灵感。他将陶瓷雕塑与陶瓷器皿设计有机结合，巧妙设置上下蓄水池及循环滴水系统，经过半年多工艺实践，最终创作出保留传统造型特征的“滴水观音”。此作品寓意财源滚滚、永不枯竭，迅速风靡海内外。一位台湾客商慷慨出价4万元，一次性订购2400尊，为林建胜带来人生第一桶金。此后，“滴水观音”迅速走红，成为德化陶瓷的畅销品种，引领了一股模仿烧制风潮。

林建胜作品《滴水观音》

2003年，当新加坡佛教总会会长惟严法师访问他的公司时，提出一个特别的要求——制作一尊面带微笑的观音像。传统德化瓷塑观音都是庄严肃穆，表情含蓄的。从庄严到微笑，不仅仅是菩萨神情的变化，雕塑造型、衣褶线条、装饰手法等都必须随之变化。带着困惑与思考，林建胜深入研究，查阅大量资料，精选一批历代经典微笑菩萨重新临摹，经过多次设计与创作尝试，最终成功创作出“微笑观音”作品。这一全新风格的佛像作品一问世，就受到东南亚华人信众的热烈欢迎，并持续热销至今。

荣誉与成就

德化窑烧瓷历史悠久，始于夏商，兴于宋元，盛于明清。宋元时，随泉州海洋贸易繁荣，德化窑崛起，瓷器远销海上丝绸之路沿线。明代，“德化白”瓷名扬天下，以何朝宗、张寿山、林希宗、林朝景、陈伟等为代表的一大批德化瓷塑艺术家，把德化窑瓷塑艺术推到前所未有之高度。清代，德化窑技艺更趋成熟精美，青花瓷成为主流。千年来，窑火在德化生生不息，制瓷工艺在德化代代相传，德化陶瓷文化孕育了众多大师。

从事德化陶瓷雕塑四十多年来，林建胜荣誉满载，近百件作品屡获国家级、省级奖项，包括《一代天骄》荣获第九届全国陶瓷艺术设计创新金奖，《杜甫》《相思为荷》分别夺得第三、四届中国陶瓷“大地奖”金奖，《自在观音》赢得第六届中国工艺美术博览会金奖，以及《坐岩如意观音》在第十届中国(国家级)工艺美术大师精品博览会上摘得金奖等。更有13件佳作被国家级、省级博物馆珍藏。此外，他的工作室被授予“中国工艺美术传承与创新基地”“福建省技能大师工作室及福建省特色文艺示范基地”称号。

挑战与突破

多年来，林建胜深耕传统烧瓷技艺，创新设计出“滴水观音”“微笑观音”等作品，为德化瓷塑开创新天地。2017年，他带领团队设计的《五福茶具》入选金砖国家领导人厦门会晤国礼，团队也荣获“金砖国家领导人厦门会晤礼品研制贡献奖”。

近年来，林建胜挑战以陶瓷塑造藏传佛像，面临诸多挑战。藏传佛像塑造需严格遵循仪轨，且其形态特点易导致烧制失败。林建胜不畏艰难，深入研究藏传佛教文化，虚心向专家请教，实地

金砖国礼《五福茶具》

林建胜作品《千手观音》

走访西藏、青海、甘肃等藏区佛寺学习。经过反复揣摩尝试，他成功塑造出既符合藏传佛像仪轨又具德化瓷塑韵味的系列作品，获得权威藏学家肯定，《释迦牟尼等身像》等十几件瓷塑作品被知名寺庙收藏或展出。这得益于他40多年的经验积累和技艺锤炼，以及对创新的不懈追求。

林建胜不仅擅长宗教题材雕塑，还勇于尝试新题材。他带领创作团队历时4年，完成《华夏贤哲——百子瓷韵》大型瓷塑系列，塑造了100尊高达52厘米的古代贤哲像，这一壮举填补了中国陶瓷史、美术史上大型系列历史人物创作的空白，并荣获中国工艺美术“百花奖”金奖及全国陶瓷艺术与设计创新评比金奖。

始于传统，基于创新；严承正统，恪守匠心。林建胜坚守传统与创新，几十年如一日专注于陶瓷创作，匠心独运。他说，“几十年如一日搞陶瓷创作，一生只做一件事。不只是做陶瓷，从事任何行业都要有匠心。”在戴云山脉腹地，正是因为有着林建胜这类能工巧匠，百折不挠、矢志不渝地坚定前行，德化这片土地才能继续演绎薪火相传的神话。

（德化县委党史和地方志研究室供稿，林建胜供图）

甘做绿叶　助瓷腾飞

——德化瓷烧制技艺传承人颜杰林

传承人名片

颜杰林，德化县飞腾陶瓷有限公司经理，“陶瓷泥釉料配制技艺”德化县级代表性传承人，其在陶瓷领域深耕多年，凭借卓越的专业技能和创新能力，赢得广泛认可，其公司于2018年被列为“探寻德化陶瓷前世今生研学基地”，为传承和弘扬德化陶瓷文化提供了重要的平台和支撑。

于瓷的沃土中发展

颜杰林成长于陶瓷世家，自小就与陶瓷结下了不解之缘。幼时的颜杰林即参与倒修坯、瓷泥釉料配制、雕塑等陶瓷各生产流程。青年时期开始学习陶瓷技术，先后师从德化瓷厂第一代配方师傅刘元居、德化红旗瓷厂配方组技术骨干李文忠等，系统学习陶瓷雕塑、陶瓷机械、瓷土加工、瓷泥釉料配方研制等知识。颜杰林熟练掌握陶瓷制作技艺，尤其擅长瓷土、釉水的研发生产。此后，

颜杰林在配制陶瓷泥釉料

颜杰林在陶瓷泥釉料生产基地研究与配制陶瓷泥釉料

他发挥所长，为德化传统陶瓷大师配送或指导配制瓷泥釉料，有力推动了德化陶瓷产业的发展。

颜杰林还很注重德化瓷烧制技艺的传承。他通过家族企业举办的现场实训等传习活动，带动村级人才 40 多名参与瓷泥釉料生产并致富；通过外聘其他企业人员，为瓷泥釉料企业培训输送配方人才。颜杰林还设立陶瓷泥釉料传习基地，自 2009 年以来，平均每年在德化实验小学、德化第二实验小学等学校举办学生研学活动 12 场，截至 2023 年，累计组织研学超 100 场。

于瓷的沃土中传承

根据记载，德化陶瓷最早可追溯至 3700 多年前的夏商时期，兴于唐宋，盛于明清，技艺独特，传承未断，是中国重要的对外贸易品。德化瓷在名扬中外的同时，也为德化人民带来了可观的经济收益。如今德化县有 1400 多家陶瓷企业，产业集群化发展，很多大企业将分公司设到美国、德国、英国等国家，成就了“世界瓷都”的美名。

颜杰林在配制陶瓷泥釉料

颜杰林的家乡泗滨村，有丰富的高岭土矿藏资源，制造陶瓷的历史悠久。唐代，泗滨多姓居住，并烧制陶瓷。唐至明初，泗滨村民沿上寮、尾林、大垅口、内坂一带依溪建碓，加工淘澄瓷泥，陶瓷业是该村的传统支柱产业。据考古发掘，泗滨村宋元明清的古窑址有十多处。清初，泗滨村已是德化较大的陶瓷产区。目前，泗滨村有大小厂家100多家，陶瓷从业人员近2000人，瓷产品达7000多种，产品畅销国内外，全村企业产值1.543亿元。

几十年来，颜杰林不遗余力地为传承、创新德化瓷烧制技艺而努力，为德化陶瓷生产和发展作出贡献。2021年12月，他被认定为“陶瓷泥釉料配制技艺”德化县级代表性传承人。2014年2月，颜杰林创立的飞腾陶瓷有限公司被德化县人民政府授予“扶优扶壮企业”称号；2018年3月，公司被列为“探寻德化陶瓷前世今生研学基地”，为传承和弘扬德化陶瓷文化提供了重要的平台和支撑。

（德化县委党史和地方志研究室供稿，颜杰林供图）

黄花绽放　生活更美

——德化黄花菜干制作技艺传承人陈祖武

传承人名片

陈祖武，“德化黄花菜干制作技艺”德化县级代表性传承人，拥有40多年的制干花技艺经验。其沿用传统的种植、采摘和晾晒方式，不断探索提高干花质量技术，并积极传徒授艺，为这一手艺的传承与发展贡献力量。

黄花深处　匠心独运

德化县春美乡，因其悠久的黄花菜种植历史，被誉为“黄花菜之乡”。在这片充满希望的土地上，黄花菜不仅是经济作物，更是许多家庭生活的依托和希望。陈祖武，便是这众多黄花菜农家庭中的一个代表。

陈祖武，春美乡梁春村人，自记事起便与黄花菜如影随行。他的家庭，与春美乡的大多数家庭一样，依靠种植黄花菜支撑起一家老小的生计。幼时的陈祖武便要帮着父母干农活，尤其在酷夏时期，天刚蒙蒙亮，他就背着妈妈用装猪饲料的尼龙包装袋改装的单肩包，穿梭在田埂间，

十八格黄花菜（来源于“泉州农情”公众号）

忙碌地采摘黄花菜，只为在中午之前将黄花菜全部采摘回家。在耳濡目染之中，陈祖武年纪轻轻就掌握了黄花菜从种植、采摘到制干的全部技巧，成为春美乡远近闻名的黄花菜干制作高手。

春美乡地处中海拔地区，气候温和湿润，生态环境优越，无污染源，土壤偏弱酸性，富含多种矿物质和维生素，非常适宜黄花菜生长。这里生长的黄花菜不仅产量高，而且香甜可口、色泽鲜美，尤其是十八格黄花菜，更是市场上的抢手货。黄花菜种植已成为春美乡的传统产业，几乎家家户户都种植黄花菜。

然而，随着时代发展，许多传统产业都面临着“老龄化”的困境，黄花菜种植也不例外。黄花菜从种植到制干，过程漫长且艰辛，从种下幼苗到采摘、蒸煮、晾晒，每一个步骤都需要倾注大量的时间和心血。年轻人不愿再像老一辈那样在烈日下挥洒汗水，等待“鲜花”变“现金”，更愿意前往城市发展，寻找更快的赚钱途径。但陈祖武却选择坚守在这片土地上，继续种植黄花菜。

巧手制花　绽放年华

勤耕厚积，春华秋实。陈祖武继续种植黄花菜，并不断扩大规模，目前已成为村里乃至乡里的黄花菜种植大户。每到采摘季，他都需要雇用当地农民才能完成采摘任务。凭借四十几年的种植经验，陈祖武已成为乡里有名的黄花菜种植专家，尤其是他的制干技巧更是令人称道。他亲自蒸煮、晾晒的黄花菜干，火候掌握、晾晒时长都十分精准，成品色泽金黄、干度适中，属黄花菜干中的上品。

陈祖武虽扎根黄花菜田间，远离城市，但是隔绝的是城市的喧嚣，而不是先进的生产技术。他一方面沿用传统的种植、采摘和晾晒方式，另一方面也积极探索缩短制干时长、提高干花质量的先进技术。在政府的支持和帮助下，他还引进先进的大棚晾晒技术，不仅有效避免天气因素的影响，还利用温室效应缩短晾晒时间。

陈祖武也十分注重黄花菜干制作手艺的传承与发展。他深知，这是推动黄花菜产业持续发展的关键。因此，他积极传徒授艺，对徒弟毫无保留地传授制作技艺，从种植、采摘到制干、储存，每一个环节都悉心指导，确保徒弟能够全面掌握黄花菜干制作的全套流程。陈祖武相信，只有通过传承，才能让这门古老的手艺焕发新的生机，为黄花菜产业的繁荣发展注入源源不断的动力。

对于陈祖武而言，他与黄花菜是一种“双向奔赴”的关系，他把黄花菜作为自己一生的事业来做，黄花菜对他来说已不仅仅是一项谋生的手段，而是让他实现了人生价值的“黄金花”。在未来的日子里，他将继续坚守在这片黄花丛中，用巧手制花，绽放属于自己的“花”样年华。

（德化县委党史和地方志研究室供稿）

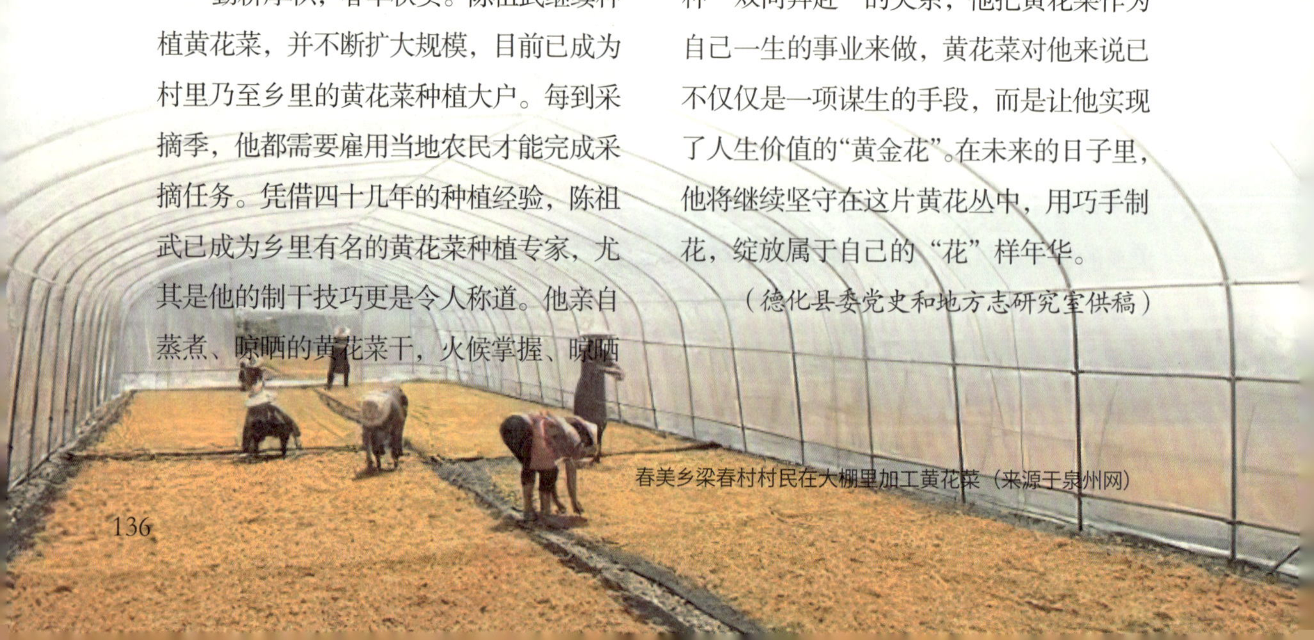

春美乡梁春村村民在大棚里加工黄花菜（来源于泉州网）

掌中弄巧　戏里乾坤

——德化布袋木偶戏传承人陈其章、陈素贞

传承人名片

陈素贞，自幼便对木偶戏表演怀有浓厚兴趣。2010年，她因木偶戏与陈其章结缘，并步入婚姻殿堂。婚后，夫妻俩志同道合，携手并进，不余遗力地传承和发扬布袋木偶戏这一传统艺术，共同为德化县木偶戏文化发展作出贡献。

因戏结缘　偶韵薪传

出生于德化的陈素贞，父亲陈巨勋是德化县戴云木偶剧团（原德化民间木偶剧团）创始人。受父亲影响，陈素贞从小喜欢木偶戏，跟着父亲走南闯北，到处演出。在父亲的悉心指导下，陈素贞逐渐成长为一名技艺精湛的木偶戏艺人，更加积极参加各种“偶戏”活动。

陈素贞现场作示范

2010年，陈素贞受邀到桂阳乡彭坑村参加演出，在表演过程中与陈其章相遇，两人因对木偶戏的共同爱好产生情愫，第二年便结为夫妻。

婚后，陈其章夫妇相互扶持，不断精进木偶戏表演技能，并将这份艺术视为终

木偶戏表演现场

身奋斗的事业。慢慢的，父亲的木偶剧团也传到他们手中。十几年来，夫妻二人多次受邀带领木偶剧团参加各类演出及文化活动，足迹遍布泉州、三明各地，他们用心演绎传统剧目200余出，精湛技艺得到观众的喜爱和赞誉。如，2013年，受邀参加CCTV-1“寻宝·走进德化”活动进行木偶表演；2019年6月，受邀参加福建省“文化和自然遗产日”及“偶韵薪传”布袋木偶戏展演节专场演出；2019年8月，受邀参加泉州市第三十届“威远楼之夏”戏剧节演出等。

精湛的技艺和真挚的情感，也使得剧团在各类木偶戏邀请赛中屡获佳绩，如2012年1月，荣获“闹元宵·闽南文化周”第三届泉州民间布袋木偶戏邀请赛二等奖；2013年，荣获“古城新韵元宵系列活动”第四届泉州民间布袋戏邀请赛二等奖等。

代代相传　繁盛至今

世界瓷都德化不仅盛产瓷器，而且地方戏曲种类繁多，布袋木偶是其中一个主要种类。布袋戏又称“掌中班”，即掌中木偶戏。清乾隆《晋江县志》载：“木头戏俗名傀儡，近复有掌中弄巧，俗名“布袋戏”。民间视木偶戏为大礼之戏，婚丧喜庆、迎神赛会、宫观寺庙落成“庆工”、宫庙祠堂迎神、“加冠晋禄”、神佛诞辰千秋等均聘请木偶戏班演出。清光绪元年（1875年）至民国35年（1946年）间，德化先后出现的戏班有雷峰肖坑“瑶金班”、霞碧碧潭“协成部”、雷峰村“生春班”、蕉溪“新春班”，赤水西洋、小铭、东里“掌中班”，

木偶戏表演现场

美湖“聚成班”“龙腾班”。德化布袋木偶戏代代相传，延续至今。如今，在德化，尤其逢年过节时，木偶戏仍然是主要观赏娱乐项目之一。

为响应弘扬中华优秀传统文化的号召，培养布袋木偶戏潜在传承人，自2013年以来，陈其章夫妇积极参加传统文化进校园活动，他们多次带领剧团深入德化县各大幼儿园，借助活泼生动、趣味盎然的现场表演，将布袋木偶戏的精髓以寓教于乐的方式呈现给孩子们，让孩子们在欢声笑语中领略到中华文化的博大精深与独特魅力。陈其章夫妇及其剧团的辛勤付出，不仅丰富孩子们的课余生活，更为弘扬传承中华优秀传统文化贡献了不可或缺的力量，赢得师生及家长们的广泛赞誉。

此外，陈其章、陈素贞夫妇高度重视对传统布袋木偶戏实物及相关资料的搜集与保护工作，珍藏有历代相传的数百个珍贵木偶以及众多连台戏的手抄剧本。为确保这些优秀剧目得以延续和传承，他们主动肩负起传统剧目整理、搜集和修订工作，迄今已完成《陈光蕊进京（唐三藏出世）》《狄仁杰进京》《三看亲》《洪瑞华得宝（又名进宝状元）》《天下多财王》等多部经典剧目的修订工作，为德化县布袋木偶戏的保护传承作出了贡献。

随着时代的变迁，文化技艺的传承方式也在不断创新。陈其章夫妇紧跟时代步伐，充分利用网络平台，通过微信和抖音等社交媒体分享布袋木偶戏小视频，成功吸引了众多爱好者的关注与赞誉，收获广泛好评。如今，他们的家庭已成为木偶戏技艺的忠实传承者，每一位家庭成员都积极参与其中，使得他们家在德化县乃至周边地区声名远扬，被誉为“木偶戏之家”。

（德化县委党史和地方志研究室供稿，陈素贞供图）

执旗游乡　彰显荣光

——德化龙虎旗表演传承人郑玉汶、郑友高

传承人名片

郑玉汶、郑友高，德化桂格村郑氏龙虎旗第三十四代传承人，上涌镇龙虎旗表演队队首。2020年，“龙虎旗”被列入第六批泉州市非物质文化遗产代表性项目名录。2021年，在郑玉汶、郑友高的精细组织和带领下，龙虎旗表演队成功登上中央电视台《乡村大舞台》栏目，向全国观众展示了龙虎旗文化的独特魅力和风采。

研习旗艺　传承文化

在家乡龙虎旗文化的熏陶下，郑玉汶、郑友高从小就喜欢参与龙虎旗活动，对龙虎旗表演产生了浓厚的兴趣。20世纪80年代，他们跟随师傅郑新奖、郑禄文学习龙虎旗表演技艺，从此踏上传承龙虎旗文化的道路。经过不懈努力，郑玉汶、郑友高继承了师傅的衣钵，成为桂格郑氏龙虎旗第三十四代传承人，并担任龙虎旗表演队首，他们的表演得到大家的一致认可和赞誉。

郑玉汶和郑友高的学习过程充满艰辛，他们不仅要学习各种表演乐器，还要深入研究龙虎旗的历史文化知识，以及如何组织一场盛大的龙虎旗表演。从执旗动作、扬旗步骤到队伍走位，每一个细节都需要反复练习。但正是凭借着对龙虎旗文化的热爱和传承发扬的初心，他们坚持了下来，为龙虎旗文化的传承与发展作出贡献。

上涌镇，昔称“上壅”，因地处涌溪上游，水势湍急，后改名为“上涌”，别称“涌邦”。五代后汉乾祐二年（949年），上涌划归德化县。桂格村郑叔琚于唐大中十二年（858年）迁徙上涌定居，是开发上涌的先驱。

龙虎旗起源于北宋年间，郑氏家族以祖制规定，凡里仁各姓氏家族，有培养出一名秀才以上功名者，可授一面龙旗；有出武举人武状元者，可授一面虎

龙虎旗表演现场（一）

旗。这一习俗世代相传，至今已传承了三十四代。

如今，在郑玉汶、郑友高的带领下，桂格村的龙虎旗文化焕发出新的生机。他们不仅传承了龙虎旗的表演技艺，还积极推广龙虎旗文化，使其成为上涌镇的一张亮丽名片。每逢十月初一龙虎旗活动，龙虎旗队就在两人的带领下，旗鼓协调，配合紧凑，扬旗呐喊，龙腾虎跃，展示着龙虎旗文化的魅力与风采。

兴文重教　鼓励上进

龙虎旗从旗的形式、表演队形的组成到踩街仪仗均有固定制式。龙虎旗队由 69 人组成，其中龙旗队员 25 人，穿黄色服装，执黄色龙旗；虎旗队员 25 人，着深蓝色服装，执红色虎旗。表演时，龙旗在前，虎旗在后；龙虎旗后面是户旗（每户 1 面）和五颜六色的彩旗；旗队之后是狮队、三通鼓、南音队、花鼓队、大钹队、西乐队。游乡踩街仪仗包括响铳、龙彩、“好命人”领队、大灯、大锣、名旗、龙旗、虎旗等多个部分，整个仪式庄重而热烈。演练时由 3 面大鼓、6 对大钹指挥排兵布阵，阵容变化灵活，阵势磅礴，威武雄壮，展现出“文安邦，武定国”的中华民族国威。

龙虎旗是家族荣耀与人才辈出的象征。龙虎旗的数量直接关联到家族中培养出的人才数量，每一面龙旗或虎旗都代表着家族中一位秀才或武举人的辉煌成就。因此，龙虎旗的多少成为衡量一个村庄、一个姓氏教育成就和人才储备的重要标志。沿袭至今，演变成按大学生多少、对社会贡献大小和社会知名度以及在村民心目中的威望等新标准，来认定设置多少面龙旗或虎旗。要求有资格的人一定要参与出旗，每人一面，文职扛龙旗，武职挂虎旗。名旗则具备特殊资格，由该“甲份”中的名望人士和家族中有三代以上同堂的人物执持。

在上涌“十班”之间，龙虎旗数量的竞争成为一种无声的激励，鼓舞人们发愤图强，立志成才，为家族争光。同时，龙虎旗文化也成为当地社会和谐与文化繁荣的重要推动力。每逢龙虎旗活动，村民们齐聚一堂，共同见证家族荣耀的时刻，增进彼此之间的凝聚力和归属感。

2020年，“龙虎旗”被列入泉州市级非物质文化遗产代表性项目名录，这不仅是对龙虎旗文化的肯定，也是对郑玉汶、郑友高等传承人的认可。他们将继续秉承初心，为传承和发扬龙虎旗文化贡献自己的力量，让这一独特的民俗文化在新时代绽放出更加绚丽的光彩。

（德化县委党史和地方志研究室供稿，图片来源于德化网）

龙虎旗表演现场（二）

“云”程万里 “溪”窗共剪

——德化刻纸技艺传承人林长聪

传承人名片

林长聪，“德化杨梅刻纸”德化县级代表性传承人，其代表作品有《虎啸》《母乳喂养好》等，其中《母乳喂养好》获2012年中国计生协会首届刻纸作品评选展览活动刻纸类三等奖。2020年，林长聪创办德化县数云斋文化传播工作室，致力于进一步推广和传播刻纸文化，为这一传统艺术的传承与发展作出了积极贡献。

方寸之间的精彩

生长在德化县杨梅乡云溪村的林长聪，受云溪村刻纸文化的影响，10岁出头就会刻纸。1978年，林长聪开始系统学习剪纸（刻纸）、装裱、纸狮、纸龙等技艺。2017年，获评德化县级非物质文化遗产“德化杨梅刻纸”代表性传承人，此后其一直传承创新刻纸技艺。

林长聪（左）正在刻纸

与剪纸艺术相比，剪纸是去细留粗，而刻纸正好相反，需要留下图案的轮廓线条，其余全部剔除。刻纸时需要十分专注，要做到胸有成竹，还得掌握好力度。一般刻复杂的图案时，都要事先将图画在纸上。“一刀都不能刻错，否则就作废了。”林长聪说。

近年来，林长聪刻纸作品的内容越来越丰富，除了常见的吉祥字、动物画外，他还结合时事，刻出时代味道。

林长聪刻纸作品《虎啸》

农耕文明的遗珍

云溪村位于德化县杨梅乡北部，被列入第五批中国传统村落名录。这里的刻纸技艺独树一帜，当地称为“云溪刻纸”“德化杨梅刻纸”，于2016年被列入第五批泉州市级非物质文化遗产代表性项目名录，被誉为“农耕文明的遗珍”。

云溪村刻纸技艺世代相传，至今已有600多年的历史。相传，明永乐年间（1403—1424年），云溪村的林慧六在舞狮的基础上，创办了“迎龙灯”活动。“迎龙灯”将舞狮、游龙、花灯、剪纸、刻纸等工艺融汇，刻纸在其中扮演了极其重要的角色。每逢云溪闹元宵时，村里举办裁刻、剪纸等比赛，更是发挥人人会刻纸的优势，村民们自制形态奇异的纸龙、纸狮花灯，花灯上的联文周围配有剪纸图案。每年大年初一、初二过后，村民们就全力以赴裁刻纸花，赶在闹元宵前完成作品。

林长聪刻纸作品

林长聪（前排右三）传授刻纸技艺

纸上雕刻的传承

近年来，致力于云溪刻纸产业化发展的同时，林长聪一直思考如何传承发展这门技艺。目前，云溪村近千人口中，能熟练掌握刻纸技艺的只有50多人，而且几乎都是中老年人。他希望，刻纸能作为村里未来产业来发展。

为进一步传承刻纸技艺，2000年起，林长聪开始到多所小学、场所开展剪纸（刻纸）教学。2013年9月，他被德化县上涌中心小学聘为剪纸（刻纸）辅导员。2020年3月，林长聪成立了德化县数云斋文化传播工作室，经营范围包括刻纸、剪纸、花灯、三通鼓、纸狮、纸龙、装裱制作，文化传播、技艺传承、教学培训、交流合作等。

如今，云溪村已建成云溪刻纸人家、数云斋文化传播工作室、非遗展览馆等多个刻纸场所，通过举办刻纸培训班，以传帮带的方式培育刻纸能人，吸引众多刻纸爱好者前来学习。

（德化县委党史和地方志研究室供稿，林长聪供图）

师徒接力　守桥传史

——台商投资区洛阳桥传说故事传承人陈德杉、陈东梅

传承人名片

陈德杉，泉州台商投资区洛阳镇文史研究会会长，“洛阳桥传说”泉州市级代表性传承人。他义务讲解洛阳桥30余年，收集资料编著多部书籍，培养众多讲解员，为传承洛阳桥文化不遗余力，被誉为“守桥老人”。

陈东梅，洛阳镇宣传办工作人员，2018年拜陈德杉为师，成为洛阳桥义务讲解员。她注重提升自己，丰富讲解内容，与陈德杉一起，坚持传承洛阳桥故事，深受群众好评。

“守桥老人”的使命

“洛阳桥建于北宋，初建时桥长360丈，阔1.5丈，桥两侧有500栏柱，28只石狮，9座石塔……”“民间传说，菩萨雕像额头镶嵌着番客所赠的夜明珠，入夜后，夜明珠发出的光芒像月光一样，故而得名月光菩萨。”在千年古桥洛阳桥畔，经常看到有位耄耋老人中气十足地向游客讲述洛阳桥的故事。

陈德杉对洛阳桥有着执著的热爱（来源于《泉州晚报》）

老人名叫陈德杉，是泉州台商投资区洛阳镇文史研究会会长、福建省级非物质文化遗产“洛阳桥传说”代表性传承人、泉州市乡村记忆传承项目《洛阳桥传说故事》传承人，同时也是一名洛阳桥义务讲解员，这一讲就是三十几年。

时光回溯到联合国教科文组织专家来泉考察的1991年，那是陈德杉第一次讲解洛阳桥，他的讲解，让专家们对

2016 年，陈德杉（左一）为央视主持人李佳明等一行介绍洛阳桥。（资料图片）

洛阳桥促进泉州古代海外交通贸易的繁荣、见证多元文化交融等有了深刻印象。当时，陈德杉萌生了一个念头：我要把洛阳桥的故事传承下去，让更多的人了解这座桥。

此后，陈德杉一发不可收地当起了洛阳桥义务讲解员，从史料到民间传说，从筏型基到船型墩，从“浮运架梁”到“种蛎固基”，从业余到专业，他坚持尽一己之力传承洛阳桥文化。同时，他四处寻找、收集、核实散落在民间的洛阳桥资料，编著《洛阳桥撷趣》《洛阳桥传说》等十多本有关洛阳桥文史书籍，其中，《洛阳桥传说》于 2011 年被列入第四批福建省级非物质文化遗产代表性项目名录，《洛阳桥古今诗词选》被国家图书馆收藏。

洛阳桥现全长 834 米，边走边讲，1 个多小时才能走完，通常一趟下来衣

陈东梅为外国游客介绍洛阳桥历史（陈东梅供图）

服都要湿透了。游客一批一批来，他就一遍一遍地讲。暑假两个月，陈德杉要顶着烈日在桥上跑个十几二十趟。有人认为这是活受罪，陈德杉却说这是责任，是使命和荣光。三十几年来，他先后为中美英联合摄制组和法国、斯里兰卡、泰国、俄罗斯、中央电视台、台湾、香港等各电视台做介绍上百次，接待各级领导、中外专家学者、各地新闻记者、学生团体等无数次，群众亲切地称他为“守桥老人”“洛阳桥的活字典”，联合国教科文组织授予他“联合国非遗贡献奖”和“联合国人类文化贡献奖”，以嘉奖其在积极传播洛阳桥文化助力泉州成功申遗上所做的努力。

师徒接力传承

“洛阳桥承载着历史的记忆，蕴藏着时代的辉煌，我们要将这段历史展现给世人，把洛阳桥传说传给下一代。”陈德杉说。随着年龄增长，他精力不比从前，开始从年青人中挑选传承人。从2008年起，陈德杉开始向区内社会志愿者、中小学生推广洛阳桥义务讲解，培养“小讲解员”。他每培养一批讲解员，就要在教室与实地授课5次以上。他不知道今后会有多少人来传承洛阳桥的故事，也不知道自己还有多少年的光阴可以继续坚守。他只知道自己一定要这么做，而且还要不遗余力。

陈东梅（左一）为游客介绍洛阳桥历史（陈东梅供图）

陈德杉在洛阳桥边开展宣讲（陈东梅供图）

陈东梅是洛阳镇宣传办的一名工作人员，孩童时期她曾在电视上看到过歌仔戏《蔡端造洛阳桥》，在幼小的心灵中留下了不可磨灭的印象。2018 年，她拜陈德杉为师，成为一名洛阳桥的义务讲解员，无数次跟着陈德杉的脚步踏上千年古桥，听着老师抑扬顿挫、声情并茂的讲解，感受着他对家乡这座名桥的热爱，更是深深被吸引了。陈东梅努力提高自身业务素质，积极参加业务培训，并利用业余时间阅读相关书籍、查阅相关资料，认真做好笔记，遇到疑问就往陈德杉老师办公室跑，以此丰富自己的讲解内容、提升讲解技巧。如今她已接过陈德杉的衣钵，能独当一面，并受到了群众好评和同志们的认可。几年来，她共完成讲解近百场，接待群众超千人次。

对于陈德杉和陈东梅来说，传承洛阳桥文化不仅仅是一份职业或爱好，更是一份沉甸甸的责任和使命。他们深知，洛阳桥作为世界文化遗产的重要组成部分，承载着丰富的历史信息和文化价值。因此，他们不遗余力地收集资料、编著书籍、培养讲解员，努力将这座古桥的历史与文化传播给更多的人。在陈德杉的眼中，传承不仅是为了留住过去的记忆，更是为了启迪未来、激励后人。他相信，只要有人愿意倾听、有人愿意讲述，洛阳桥的故事就会永远流传下去。而陈东梅则接过师傅的接力棒，继续在这条传承之路上坚定前行，用实际行动诠释着对文化的尊重与热爱。

（台商投资区档案馆供稿）

传习所

舞随火跃　美好祝愿

——鲤城火鼎公火鼎婆传习所

传习所名片

鲤城火鼎公火鼎婆传习所，成立于2015年9月，致力于非物质文化遗产项目“火鼎公火鼎婆”传统舞蹈传习，“火鼎公婆”福建省级代表性传承人吴润珠担任常驻教师，成立以来，已培养160多名“火鼎公婆”传承人和众多文化爱好者。

“浓妆艳抹媒婆痣，宽袖阔腿摇摆姿，熊熊烈焰烧妖氛，公婆抬鼎留乾坤……”火鼎公火鼎婆是流传在泉州一带的一种古老民间舞蹈，是迎神赛会、喜庆节目中常见的舞蹈表现形式。其作为泉州民间传统文化的瑰宝，寄托着泉州人民对美好生活的向往和期盼，那“烧去千灾，迎来百福”的美好祝愿，更是深深扎根于人们的心中。2007年8月，这一传统舞蹈被列入第二批福建省级非物质文化遗产代表性项目名录。

2015年9月，在有关部门的协调推动下，泉中职业中专学校成立闽南传统民间舞蹈火鼎公婆传习所。传习所聘请火鼎公婆省级非遗传承人吴润珠老师担任常驻教师，通过课堂教学、专题讲座及

2020年12月10日，参加泉州市泉中职业中专学校第47届校运会暨第10届校园体育节开幕式

火鼎公婆表演现场（来源于“初读精选”公众号）

丰富多彩的表演活动，系统整理、研究并传授这一独特的艺术形式，为“火鼎公婆”非遗项目的长远传承奠定基础。

吴润珠，自14岁拜师学习“火鼎公婆”至今，已扮演整整43年的“火鼎婆”，不仅技艺炉火纯青，更将这份文化瑰宝视为生命的一部分。她以满腔热忱致力于火鼎公婆这一闽南传统民间表演技艺的传承与推广，不仅在国内舞台大放异彩，参与了如全国乡村“亿万农民健身活动”特色项目展示、中央电视台元宵晚会等重要文化活动，还远赴澳门妈祖旅游节及马来西亚进行民间文艺交流等，先后被认定为“火鼎公火鼎婆”泉州市级代表性传承人和福建省级代表性传承人。40余年来，她矢志不渝地坚守在传承之路上，怀揣着将“火鼎公婆”这一传统文化瑰宝推向全国乃至国际舞台的宏伟愿景。

而传习所的成立，不但实现了吴润珠的心愿，更是为火鼎公火鼎婆的传承注入新的活力。传习所将课堂教学、实践表演与文化传播相结合，定期举办教学活动与培训班，面向全校师生及社会各界开放，吸引众多文化爱好者的积极参与。吴润珠老师以其深厚的艺术功底和丰富的表演经验，不仅亲自示范传授“火鼎公婆”舞蹈的每一个细腻动作与情感表达，还深入讲解其背后的历史文化内涵，让学员们在技艺精进的同时，也深刻感受到这一非遗项目的独特魅力与文化价值。在吴润珠等老师的悉心指导下，传习所每学期为学校培养8对以上“火鼎公婆”，8年多来，共培养160余名“火鼎公婆”传承人和众多文化爱好者。作为传承“火鼎公婆”非遗技艺的重要平台，传习所于2021年被评为泉州市第三批市级非物

2022 年 1 月 3 日，在泉州关帝庙参加闽南歌曲《帝爷公》视频录制

质文化遗产传习所，成为为数不多的校园非遗传习所。

“火鼎公婆”的舞蹈形式自由奔放、气氛热烈、风格独特。表演中，火鼎公、火鼎婆和村姑的精彩互动，充满幽默戏谑和生活情趣。他们或快或慢、或颠或顿的舞步，以及运用道具表演的各种技巧身段，不仅让观众忍俊不禁，也深深感受到传统文化的魅力。那火焰的跳动、舞姿的灵动，仿佛是历史长河中的一抹绚烂色彩，永不褪色。

面对新时代的挑战与机遇，鲤城火鼎公火鼎婆传习所始终坚持守正创新的发展理念。在保留传统舞蹈精髓的基础上，传习所积极探索与现代审美理念的融合之路，创作出既保留传统韵味又符合时代潮流的新舞蹈作品。同时，传习所积极拓宽传播渠道。此外，从参加全国社区网络春晚录制，到民间艺术节文艺会演；从代表学校参加会演，到在媒体上的专题报道，鲤城火鼎公火鼎婆传习所不断加强与社会各界的合作与交流，让越来越多的人了解并爱上了火鼎公火鼎婆这一独特的文化遗产。

（鲤城区委党史和地方志研究室供稿，图片来源于“泉州市泉中职业中专学校”公众号）

2022 年 1 月 19 日，参加鲤城区闽南民间舞教师传承研修班阶段性成果汇报演出

鼓声催进　赛龙奔腾

——鲤城龙舟文化促进会

传习所名片

鲤城龙舟文化促进会，成立于2015年，致力于传承“泉州扒龙船习俗（笋江）”，弘扬龙舟文化。近10年来，促进会秉持“坚守、传承、向上”精神，成功复兴并推广龙舟文化，获评为市级“非遗传习所”，推动“泉州扒龙船习俗（笋江）”入选福建省级非物质文化遗产代表性项目名录。

扒龙船，这一流传已久的民俗活动，其历史可追溯到古越族人祭祀水神或龙神的庄严仪式。而后，为纪念爱国诗人屈原，逐渐演变为端午节的重要活动。特别是在鲤城区浮桥街道，这一习俗更是根深蒂固。

2023年5月27日，传习所举行新龙舟点睛仪式

明清时期便已兴起的笋江扒龙船习俗，有龙船鼓、请龙、献江、祭神、竞渡等独特而富有魅力的环节，充满浓郁的闽南民俗特色。龙船鼓雄浑壮美、节奏鲜明，如同穿越时空的号角，唤起人们对古老传统的记忆。

然而，历史的车轮并非总是一帆风顺。抗日战争时期，笋江扒龙船活动被迫中断，加上后来的洪水冲走老旧龙舟，曾让笋江扒龙舟活动一度中断，甚至濒临消失。面对困境与挑战，鲤城区的龙舟爱好者们没有放弃，他们凭借着对龙舟文化的热爱与执着，经过近20年的不懈努力，终于让笋江扒龙船习俗重新焕发生机。2015年夏，泉州市鲤城区龙舟文化促进会应运而生，为这一传统习俗的复苏注入强劲的动力。

促进会的成立并非偶然，它凝聚了众多龙舟爱好者的心血与汗水。促进会由原浮桥龙船队老队员发起，如今已有近百名会员和十多名管理人员。他们来自浮桥街道的各个角落，既有经验丰富的老队员，也有充满活力的新成员，年龄最小的仅20岁。他们跨越了年龄和职业界限，共同为龙舟文化的传承与发展贡献着自己的力量。

在传承过程中，促进会也注重龙舟竞渡精神传承。自1984年国家体委将龙舟赛列为体育比赛项目以来，扒龙舟活动迎来了新的发展机遇。在笋江扒龙船第四代传承人周天明的带领下，龙舟队刻苦训练，积极参加中国龙舟公开赛、全国青少年龙舟锦标赛、省运会等国内各类龙舟赛事，不断磨炼和提升自己。浮桥龙舟队也从最初的二三十人规模，逐渐发展壮大为一支实力雄厚的队伍，并在各类赛事中取得优异成绩。如今，第五代、第六代、第七代传承人已经接过发展重任，继续书写辉煌。

为吸引更多年青人参与到非遗文化的传承中来，促进会积极与泉州经贸学院、福建经贸学校、泉州五中、福师大泉州附中、泉中职校等教育机构合作，定期开展“龙舟文化进校园”活动。通过举办讲座、培训、赛事等活动，不仅

2023年6月，传习所参加中国龙舟公开赛

激发学生们对龙舟文化的兴趣与热爱，更为他们提供实践锻炼舞台。在2022年福建省第十七届运动会群众比赛中，鲤城浮桥龙舟队代表泉州市取得优异成绩，正是这一合作成果的生动体现。

2022年6月，传习所代表泉州参加省运会龙舟总决赛

2023年夏天，传习所指导泉州经贸学院参加全国青少年龙舟锦标赛，获男子乙组总成绩第一名

一群人，一项非遗，一腔热血。鲤城区龙舟文化促进会的故事仍在继续。促进会成立的近10年来，始终秉承“坚守、传承、向上”精神，不仅成功唤醒了人们对龙舟文化的深刻记忆，更通过一系列创新举措，将龙舟精神融入现代生活，为龙舟文化的繁荣发展贡献力量。2021年，促进会被授予泉州市第三批市级“非遗传习所”。在促进会的努力下，2022年1月，“泉州扒龙船习俗（笋江）”入选第七批福建省级非物质文化遗产代表性项目名录。

（鲤城区委党史和地方志研究室供稿，鲤城区龙舟文化促进会传习所供图）

百年船艺　传奇再现

——丰泽蟳埔黄氏造船传习所

传习所名片

蟳埔黄氏造船传习所，由“泉州木帆船（螃蟹船）制作技艺”丰泽区级代表性传承人黄阔创立，专注于传承百年福船技艺，尤其是蟳埔抓蟹船。传习所通过展示福船模型、现场演示和与高校合作等，有效推动福船文化保护与传承，助力泉州文化旅游发展。

扬帆起航的抓蟹船（来源于“花巷”公众号）

黄氏造船传习所，坐落于泉州东海之滨，由蟳埔民间造船世家黄氏第四代传承人黄阔（本名黄秀宝）于2010年创立，专注于建造并传承传统福船技艺。蟳埔黄氏造船历史悠久，其杰出代表——蟳埔抓蟹船，可追溯至清末民国初期。第二代传人黄细炎，面对蟳埔村湾多、暗礁多、螃蟹资源丰富的自然条件，创新性地改造传统小舢板，设计出抓蟹专用船。此船型经黄阔祖父的改良，增设甲板和舱盖，采用水密隔舱结构，显著提升了安全性和捕捞效率，迅速成为渔民们的首选。

然而，随着动力船的普及和相关政策的影响，蟳埔手工木船逐渐退出历史舞台。尽管如此，黄氏造船技艺的传承并未中断。作为长房唯一男丁，黄阔自幼随父亲黄河留（黄氏造船第三代传承人中的老大）承担家族生计，学习造船技艺，虽未接受正规教育不会绘图，却凭借记忆将家传船图深深刻印于心，能根据客户要求设计建造船只。面对螃蟹船停产及技艺濒临失传的现状，黄阔坚守至今，希望将这一珍贵的螃蟹船造船技艺传承下去。

一次偶然的机会，黄阔在良师益友的帮助下，有幸结识了厦门理工学院的刘芝凤教授。彼时，刘芝凤教授正负责国家社科基金重大专项《中国海洋遗产：闽台抢救与传承研究》中的“海洋遗产民间造船传统技艺”项目。在刘芝凤教授及其团队的鼎力支持下，黄阔历经两个月的辛勤努力，成功复原并建造一艘蟳埔抓蟹木船。这一成就不仅让久已失传的螃蟹船重焕生机，更使得拥有百年历史的造船技艺得以重现。

2021 年 2 月 26 日，这艘由黄阔主导建造的木制两桅小帆船“抓蟹船”在满潮时刻迎来了首次下水试航。该船严格按照旧时“抓蟹船”1∶1的比例精心打造，长6.5米，宽 2.1 米，深 0.6 米，全程采用传统工具，纯手工制作。下水仪式盛况空前，全村男女老少纷纷汇聚于海边，共同见证这一历史时刻。众人齐心协力，采用传统滚式将抓蟹船缓缓送入大海。伴随着鞭炮齐鸣、锣鼓喧天，抓蟹船如鱼得水，升起风帆，摇动船橹，在小船的护送和人们的欢呼声中缓缓驶向浩渺的大海。

此后，黄阔在传承福船文化的道路

“螃蟹船”下水试航（陈明华 摄）

蟳埔抓蟹船扬帆起航（陈敬聪 摄）

上不断前行。他在东海之滨创立黄氏造船传习所，展示精美的福船模型，供访客直观感受福船的魅力。同时，他还积极推动福船建造技艺非遗传承，在丰泽区举办的“多彩海丝映云麓——庆祝泉州申遗成功虎年新春”非遗主题活动上，黄氏造船传习所向游客展示了“螃蟹船”，还安排传承人现场演示制作技艺，让市民们得以近距离接触并亲身体验这一非遗瑰宝。

近年来，随着泉州成功申遗以及蟳埔村特色文化旅游的兴起，黄氏造船传习所迎来新的发展机遇。在蟳埔码头设立的抓蟹船展位上，黄阔和他的团队为游客们详细讲解福船的发展历史、制造工艺和特点，进一步加深游客对福船特色文化的理解与认同。此外，黄氏造船传习所还积极与高校、科研机构合作，共同开展福船建造技艺的研究与保护工作。

2024年7月，“泉州木帆船（螃蟹船）制造技艺”被列入第七批泉州市级非物质文化遗产代表性项目名录。然而，对于黄阔和他的团队来说，这只是一个新的起点。他们深知，传统技艺的传承与发展并非一蹴而就之事，需要一代又一代人的不懈努力与坚持。黄阔坚信，“福船”这一古老而又充满魅力的船型将再次扬帆起航，驶向更加广阔的世界舞台。

（丰泽区委党史和地方志研究室供稿、供图）

裁剪见心　针线传情

——丰泽蟳埔女服饰传习所

传习所名片

丰泽蟳埔女服饰传习所，由“蟳埔女习俗”福建省级代表性传承人黄晨创立，致力于蟳埔女服饰文化的传承与发展。传习所不仅坚守传统技艺，更融入现代创新理念，使古老服饰在新时代焕发出新的光彩，成为蟳埔女习俗传承的重要平台。

黄晨正在裁剪布料

在泉州市丰泽区蟳埔社区，不仅有闻名遐迩的“头上花园”，还有承载着深厚历史文化的蟳埔女服饰。而丰泽蟳埔女服饰传习所，即是这一文化传承的重要平台。

走进蟳埔社区，那身着特色服饰的蟳埔女们便映入眼帘。她们头上的鲜花绚丽多彩，与身上的服饰相得益彰，形成一道独特的风景线。蟳埔女服饰有其独特的风格，斜襟掩胸的右衽衣，布纽扣，简朴宽松，以青、蓝为主调，裤子是黑色宽裤筒，裤头比腰围大半尺，多用白、蓝两色。服饰设计并非仅仅为

黄晨展示其制作的蟳埔女服饰

了美观，而是为了方便劳作。为了在劳作时更加方便，蟳埔女服饰多由棉麻粗布制成，斜襟上衣、七分宽袖以及七分阔腿裤的设计，宽松舒适，让她们在劳作时轻松自如。以前，衣服的颜色以蓝色、灰色为主，朴素又耐脏，头发也特意盘成一圈并用骨簪固定，防止低头时影响劳作。

黄晨是蟳埔女服饰制作技艺的第八代传人，也是“蟳埔女习俗”福建省第三批非物质文化遗产代表性传承人。他受舅公影响，从 11 岁起就跟着舅公学做衣服，14 岁便能独立制作一套完整的蟳埔女服饰，而后自立门户开了一间裁缝铺。他制作的服饰突出实用性，简朴宽松、稳重大方，曾在蟳埔女服饰制作大赛中获奖。纯手工制作的蟳埔女服饰，其纽扣都是布纽扣，需要一针针缝制出来，制作一件上衣需要花费 5 个小时，精细繁杂的工序虽耗费时间长，但因其穿起来舒适，深受大家喜爱。

随着时代变迁，穿着传统服饰的蟳埔人多为老人，年轻人则更倾向于流行服饰。面对这种情况，黄晨意识到必须要有所改变。为适应市场发展需求，他在制作蟳埔女服饰时，更注重设计，在原有传统特色的基础上注入时尚设计元素。从图案、色彩、剪裁到造型，都有了新的突破。时新的样式、多样化的布料，加上亮片、扣子等装饰，以及背后

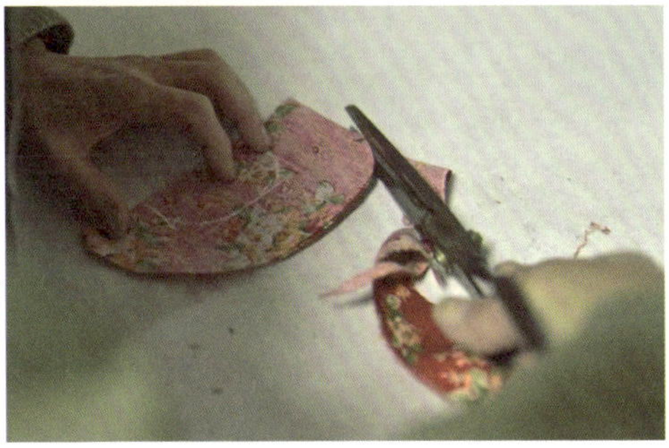

量裁布料

拉链设置，让服饰在保留古朴韵味的同时，又不乏现代时尚气息，吸引了更多年轻人的关注。

在创新的同时，黄晨还坚守蟳埔女服饰创作传统技艺。他创立蟳埔女服饰传习所，收徒弟、办教学班，还走进泉州师范学院、黎明职业大学等高校传授技艺，开展传承。传习所与黎明职业大学轻纺工程学院联合，在校内成立大师工作室，并邀请黄晨定期到校讲课。工作室将蟳埔女服饰设计、制版与工艺制作融入学校服装专业课程教学中，进一步推动传统蟳埔女服饰文化的传承和弘扬。许多学生将蟳埔女服饰元素融入毕业设计中，获得广泛关注和好评。

如今，丰泽蟳埔女服饰传习所手工制作的服饰，除了作为当地人的家居服装外，还受到海内外媒体的广泛报道，被有关专家收藏。在 2011“BMW 中国文化之旅”五周年成果展会上和多部舞台演出节目中，都能看到蟳埔女服饰的风采。此外，蟳埔女走出国门，到海外参加各种文化交流活动，蟳埔女服饰逐渐成为国内外游客的“抢手货”。

蟳埔女习俗成为泉州一张独特的文化名片。一套传统服饰，不仅体现蟳埔当地的风土人情，承载渔家人的情感与历史记忆，更是代代蟳埔女性勤劳奋斗的缩影。而丰泽蟳埔女服饰传习所，就是这项文化遗产的守护者。在这里，传统技艺得以延续，创新理念不断涌现，让蟳埔女服饰在新时代焕发出新的光彩。

（丰泽区委党史和地方志研究室供稿，图片来源于“花巷”公众号）

妙手匠心　推陈出新

——丰泽秦山令漆器髹饰传习所

传习所名片

秦山令漆器髹饰传习所，由“泉州漆器髹饰技艺”福建省级代表性传承人许晓松创立。该传习所不仅积极开展传承活动，培养新一代传承人，还深入挖掘整理非遗项目，并通过多种渠道进行宣传推广，以实际行动诠释了对漆器髹饰技艺的热爱，为非遗文化传承与发展作出贡献。

许晓松漆画作品《佛像》

传统的髹饰技艺，是将大漆配方、原料采摘及炼制方法以及传统髹漆的制作流程、工艺程序，加以去粗取精，结合现代新原料、新工具、新技艺，规范流程，使古老的大漆髹饰传统工艺有法可依，有标准流程可参。具体即打底、裱褙、上漆、打磨、推光、拷贝、莳绘、镶嵌、堆填、上漆、补绘、荫干、剔雕、磨显、推光、揩清等十几道工序。既保证传统工艺的原汁原味，又提高了制漆的效率，增强了髹饰的视觉效果。

千百年来，泉州髹饰艺人遍及城乡各地。惠安漆器髹饰师傅久享盛誉，特别是盛产漆树的惠西黄塘地区，更是名师辈出。许晓松外祖父陈春成及其大舅陈土金，就是其中蜚声惠安的著名髹漆

许晓松漆画作品《南国飞韵》

传承人。二十世纪三四十年代，陈春成、陈土金带领徒弟所做的佛寺髹器髹饰佛像及门神壁画，包括家居用的漆作屋檐、床，至今流传在惠安西黄塘的几个寺观及村民家中。许晓松的漆饰技艺源于外祖父及舅父，后又师从福建泉州画院专业画师、中国美术家协会会员、国家一级美术师陈立德。通过不断学习、潜心钻研，他的髹漆技艺精进，2014年以来，其作品屡获殊荣，个人也成为“泉州漆器髹饰技艺”福建省级代表性传承人。

近年来，许晓松坚持以中国传统漆艺髹饰技艺为规范，采用纯天然大漆，不断推出漆饰新作。在继承髹饰古法的基础上，推陈出新，古为今用，在剔漆雕漆、堆漆、泼漆方面，转变思路，突破以髹漆艺术表现海丝题材、惠安女题材，为弘扬海丝文化及泉州精神，延续泉州海丝之路及多元文化历史记忆作出贡献。

为更好传承修饰技艺，许晓松成立秦山令漆器髹饰传习所。成立以来，传习所积极开展各类传承活动，尤其注重对漆器髹饰传承人的培养。通过参与全国以及省市的各种赛事等相关活动，许晓松指导吕荣树、吴淑英、郑苑宁等传承人投身非遗项目的实践操作，让他们在锻炼中不断成长。这种以实践促传承的方式，为漆器髹饰技艺注入了源源不断的新生力量。

与此同时，传习所持之以恒地配合泉州市、丰泽区文旅、宗教等相关部门，深入且细致地查找、考证有关古建筑以及寺庙宫观、文化书院等涉及非遗项目漆器髹饰的历史渊源、传承状况以及传统技艺。从泉州的清源山魁星阁，到安溪的阆山寺，再到惠安聚龙小镇文化艺术中心，他们对这些地方的大漆髹饰进行细致挖掘和搜集、考究与整理，成功让那些险些被遗忘在历史长河中的精湛技艺和珍贵历史重新焕发光彩。

在宣传推广方面，传习所同样不遗余力。其积极配合泉州市文旅局、泉州古城办开展的“D调泉州”宣传、推介等活动，热情主动参与相关的非遗项目宣传推广。传习所还踊跃加入泉州市民间工艺美术家协会以及泉州古建园林公司所组织的非遗项目调研工作，通过多种途径，让越来越多的人深入了解漆器髹饰这一无比珍贵的非遗瑰宝。传习所成员参与泉州古城办“D调泉州”系列丛书的宣传推广，投身于泉州文旅局、泉州古城办开展的非遗泉州古城游推介活动，组织学生一次又一次走进古城，深入认识非遗，为非遗文化传播贡献力量。

传习所的传承方式丰富多样且别具一格。许晓松不但自己言传身教，手把手地悉心教导3名徒弟，还踊跃参与泉州市民间工艺美术家协会以及泉州古建园林公司的民间传习活动，积极鼓励学生们参与各种非遗传习实践活动。传习所还引领外地漆艺同行深入非遗产教融合基地进行观摩学习，促进不同地区之间文化的交流与碰撞。

秦山令漆器髹饰传习所用自己的行动深刻地诠释着对非遗文化的深厚热爱与执着坚守，扎实推进传承、挖掘、推广等各项工作，让漆器髹饰这一古老技艺绽放出全新的活力。

（丰泽区委党史和地方志研究室供稿，许晓松供图）

许晓松漆画作品《惠女迎旭》

许晓松漆画作品《田园牧歌》

指尖艺术　妙手传神

——泉州布袋木偶戏（洛江）传习所

传习所名片

泉州布袋木偶戏（洛江）传习所，由"泉州布袋木偶戏（洛江）"泉州市级代表性传承人、金牌讲古人黄德模于2015年9月牵头成立。该传习所拥有一支专业性强的传承队伍，包括传承人黄德模、黄余福（黄德模之子）、赖秀珍等，常年开展各种传习活动，为布袋木偶戏传承与发展作出贡献。

泉州布袋木偶戏，作为木偶戏中的稀有剧种，以其"指尖艺术，妙手传神"的魅力令人赞叹。偶高尺余，由精致的头、上肢和服装构成，樟木雕头与巧妙的机关设计，让木偶能展现出丰富的表情和生动的肌肉运动。表演者凭借精湛的技艺，能让木偶做出各种高难度动作。布袋木偶剧目更是丰富多样，涵盖传统、现代、神话、童话等诸多题材。

黄德模展示布袋木偶戏

黄德模，这位土生土长的罗溪人，与布袋木偶戏结下了近40年的深厚情缘。从高中毕业后进入泉州木偶剧团学艺，他的足迹遍布永春、德化及周边地区。尽管早年布袋戏的生存环境并不乐观，甚至

传习所工作人员到校园内开展布袋戏传习活动

不足以养家糊口，但他始终坚守着这份热爱。时代的变迁让许多剧种走向没落，而黄德模却将布袋戏视为难以割舍的情怀与沉甸甸的使命。

2015年9月，黄德模牵头成立泉州布袋木偶戏（洛江）传习所。传习所拥有一支专业性强的传承队伍，在他的带领下不断成长壮大。他们不仅每年应邀参加市、县举办的公益性活动演出，还在实践与练习中不断钻研提升表演艺术，形成独树一帜的表演风格，赢得众多忠实观众。

传习所将传统艺术与现代生活相融合，创作出《宝珠记》《弓鞋记》等一系列题材丰富的新戏目，深受好评。在抗疫期间，通过掌中木偶戏宣传防控知识，以闽南四句的形式创作的《疫情防控知识》小视频，通俗易懂，迅速在当地引起热烈反响，大大提高布袋木偶戏的社会知名度。在各类活动中，他们巧妙地将木偶表演与宣讲相结合，如宣传党的十九届六中全会精神活动，让群众在欣赏艺术的同时，也深刻领会了会议精神。

“旅游搭台，文化唱戏”，传习所还积极与各个平台合作，将传统文化与旅游紧密结合。这种模式不仅助力旅游发展，也让更多的人有机会接触和了解泉州布袋木偶戏，有效促进非物质文化遗产的保护与宣传。

同时，传习所开设传习班，开展掌中木偶戏进校园等活动。传习人员持续多年在奕聪第一中心幼儿园授课表演，让孩子们从小就感受传统艺术的独特魅力。那一个个栩栩如生的布袋木偶，在艺人手中活灵活现地演绎着各种精彩故事，在孩子们心中悄然种下热爱非遗文化的种子。每周两次课程，如同春雨般滋润着孩子们的心田，让他们在欢乐的氛围中逐渐熟悉并喜爱上这项古老技艺。在奕聪中学“非遗进校园”活动中，传习所工作人员详细的介绍让同学们对布袋木偶戏有了更深入的了解。学生上台参与互动，体验操控木偶的乐趣，拉近与非遗的距离。

多年来，传习所多次为学生演出授艺，不仅激发学生们学习非遗文化的热情，培养对文化遗产的兴趣，提升文化素养，更让这些年青的心灵深刻认识到保护和传承非遗的重要性，为非遗技艺的延续奠定基础，相信在未来，布袋木偶戏会在这些孩子的手中绽放出更加绚烂的光彩。

（洛江区委党史和地方志研究室供稿，黄德模供图）

黄德模到校园内开展布袋戏传习活动

十音回响　一锤定音

——洛江双溪铜锣厂

传习所名片

洛江双溪铜锣厂拥有悠久的历史，专注于十音铜锣锻造。其传承技艺精湛，制作出的铜锣造型美观、音质纯正优良。面对传承过程中的种种挑战，传承人积极应对，勇于打破传统束缚，培养新一代传承人才，努力传承和保护这一宝贵技艺，使其在新时代依然能够展现出独特的魅力与价值。

十音铜锣锻造技艺，起源可追溯到明万历年间（1573—1620年）。罗溪人黄瑞台曾不幸被拐卖至广东潮州，却又幸运地被铜锣制作能手收养并师承其艺，而后历经波折被营救回老家，自此开始在罗溪专心经营起制铜生意，而他所居住的村子也因此得名“铜寮村”。黄瑞台苦心钻研，在原有铜锣技艺的基础上，成功发明“十音铜锣锻造技艺”。十音铜锣与南音“下四管”结合，为泉州南音增添一番别样的雅致与悦耳。

黄金城正在打造铜锣

十音铜锣，由十个内径为8厘米、外径为11厘米、厚度约为

1毫米的帽形铜锣精巧组成，需按照特定的要求进行排列，而后用琵琶线穿挂在那特制的十格木架之上。其演奏方式可谓独特而充满趣味，演奏者左手持特制锣架，右手拿小橄榄锤富有节奏地敲打，或者将其平架于腰身处，用绳子系挂在脖子上进行演奏。每个铜锣都能分别敲出一个独特音节，十个铜锣分别敲出十个音节，如此共同奏响出无比美妙的旋律。

平面锣

十音铜锣的制作过程艰辛，其精湛技艺令人叹服。在化铜之时，温度必须稳稳地保持在1600℃左右，从而将铜块成功熔成铜液；压形步骤需使铜液塑造成铜坯；打片则需要反复进行加热与锻打；锤型则要将铜坯做圆定型；抛光则是为了让铜锣展现出更为美观的模样；而定音无疑是最为关键的一步，锻造师傅必须举锤熟练，对轻重的把握精准有数，这一锤定音直接决定着铜锣音质的优劣。十音铜锣制作的每一道工序都凝聚着工匠们的心血与无尽的智慧，唯有扎实的功底，才能够制作出造型美观、声音美妙动听且高低音分明的铜锣。

传习所进校园传播十音铜锣文化

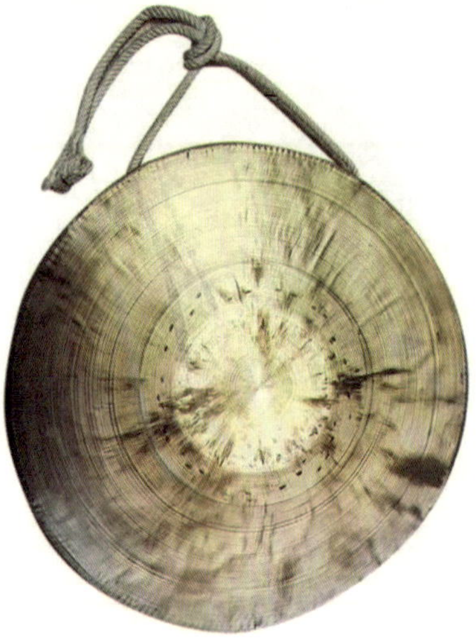
武锣

然而，社会的飞速发展以及群众文化生活的巨大变化，使得十音铜锣的市场不断萎缩，甚至濒临消失，其制作技艺亟待被抢救与保护。第十四代传承人黄金城勇敢打破“传男不传女、传内不传外”的传统规矩，大胆培养新一代传承人，将这项精湛技艺无私传授给铜锣厂工人。他开放工厂，热情地为游客免费讲解锻造工艺，让更多人了解这一传统技艺的独特魅力。他还设置十音铜锣展厅，作为展示十音铜锣文化的重要窗口，让人们在观赏的同时，切身感受传统手工技艺与现代设计的完美融合。此外，他还受聘在奕聪中学开设课程，悉心传授十音铜锣锻造技艺，在年青一代的心中种下传承的种子。

十音铜锣锻造技艺，不仅仅是一门单纯的手艺，更是一种深厚文化的传承。“我们有责任和义务去守护这份无比珍贵的文化遗产，并将其传承下去，让这古老的技艺在现代社会中继续绽放出璀璨的光彩，让十音铜锣的声音永远悠扬而动听！”传承人黄金城满怀深情地说道。

（洛江区委党史和地方志研究室供稿，图片来源于泉州网）

活态传承　古韵新篇

——泉港郭厝北管传习所

传习所名片

郭厝北管传习所成立于2005年，自成立以来，一直积极开展各类传承活动，成功培养了大批学员，为推动北管的传承与发展作出贡献。此外，传习所还多次走出国门，参与学术研讨和表演交流，在国内的各项比赛和活动中，郭厝北管传习所更是屡获殊荣。

泉港北管，又名北曲、小曲、小调、曲仔，作为古老传统丝竹音乐的重要分支，拥有着数百年的历史沉淀，它萌芽于明清时期，有着深厚的文化底蕴。

泉港北管作为独特的非物质文化遗产曲目，与南音并称“姐妹花”，其“天子传音”的美誉展现出它的庄重与威严。传统北管乐队最初由七八人组成，有主唱兼打击乐及京胡、伬胡、月琴等多种乐器，20世纪90年代加入大提琴等后发展到十五六人，如今大型乐队可达25人，其编制不断扩大并向民族管弦乐靠近。北管乐队常参与民间红白喜事以及春节庙会等活动。

郭厝北管有着悠久的传承历史，历经300多年风雨，流传曲目众多。抗战时期的郭顺花，凭借精湛技艺和爱国热情成为一代名师；新中国成立初期，素有“郭厝三九”之称的北管艺人郭阿九、郭刊九、郭圆目九（郭宗兴），也在北管艺术传承的画卷上留下了浓墨重彩的一笔。

2005年，郭厝村的北管艺人们积极响应号召，成立郭厝北管乐社，这也成了郭厝北管发展的重要里程碑。乐社组建多支乐队，从艺人数众多，在国内外各种交流和比赛中屡获佳绩。2015年，郭厝北管乐社正式更名为“郭厝北管传习所”，目前，传习所有执教老师5人、学员30人。

活态传承是郭厝北管传习所的核心使命。传习所由郭厝老人协会组织开展活动，利用寒暑假开办北管培训班，面向全村北管爱好者免费培训，每年平均培训场次达10场以上。在这里，经验丰富的老师们通过生动讲解和亲身示范，引领学员深入了解北管独特的节奏、旋律和演奏技巧。教学活动既有着“一对一”的精心指导，帮助学员纠正细微动作和发音，也有集体教学课程，让学员们在相互交流与协作中共同进步。学员们在专门的教室里专注聆听，认真练习，从乐器握持到音符表达，每一个环节都备受重视。同时，传习所还不定期举办实践演出活动，让学员们有机会在舞台上展示所学，提升表演能力和艺术素养，进一步激发他们对北管艺术传承的热情。

在教学中，传习所整理资料、自编教材，让教学更系统高效。在老艺人的悉心指导下，学员们逐渐掌握北管技艺，使这一优秀的非遗文化得以代代相传。政府文化主管部门也给予了大力支持和指导，通过组织各类活动，促进了北管的生态保护，巩固和壮大了传承队伍。郭厝北管传习所成为区级北管乐团的骨干之一，为打响对外文化交流新品牌贡

2006年5月20日，泉州北管被列入第一批国家级非物质文化遗产名录（来源于“人民艺苑”公众号）

北管常用乐器（含冰摄）

献力量。

曾经，北管的记谱方式存在局限，阻碍了音乐的交流与传承。但自郭厝北管乐社成立后，成员们积极查阅、收集旧的北管古籍并整理成册，如《峰尾镇郭厝村南头弦管谱册》，记录了《梅花三弄》《将军令》《五更串》等诸多传统演奏曲目。这不仅加强了内部交流，也增进了与其他乐社的学习交流。

郭厝北管传习所自成立以来，始终不忘初心。在当地党委和政府的领导下，积极配合各时期的中心任务，充当文化宣传的助手。它促进了乡村社会主义精神文明建设，增进了乡邻友好团结，调解了村民之间的矛盾，丰富了人民群众的精神文化生活。泉港北管的发展也取得了辉煌成就，先后被列入民族民间文化保护工程综合性试点项目、首批福建省级非物质文化遗产代表性项目名录、首批国家级非物质文化遗产代表性项目名录。

郭厝北管传习所还曾多次前往日本、新加坡等国家和中国台湾地区开展学术、表演交流，多方展示传统音乐魅力。在国内的各种比赛和活动中，郭厝北管传习所也屡获殊荣。

（泉港区委党史和地方志研究室供稿）

螺贝入画　流光溢彩

——泉港螺钿制作技艺传习所

传习所名片

泉港螺钿制作技艺传习所，由“螺钿制作技艺”福建省级代表性传承人庄细强于2020年6月成立。该传习所依托专业场地，汇聚了一批技术骨干力量。在庄细强等核心人物的带领下，传习所既注重传统技艺的传承，又积极寻求创新发展之路。通过开展校企合作和国际交流活动，为保护和发展传统螺钿制作技艺作出积极贡献。

螺钿，是一种源于中国古老的镶嵌工艺，它将螺壳与海贝磨制成各种形状的薄片，再巧妙地镶嵌于器物表面，形成典雅美观、制作精巧、永不褪色的独特效果。螺钿技艺不仅具有高度的审美价值，更蕴含着丰富的文化内涵和历史价值，是中国传统文化瑰宝。

螺钿起源于商代，成熟于唐代，繁

庄细强螺钿作品《丝竹遗韵》

荣于明代，清代达到巅峰，涌现出许多技艺精湛的名家。泉港螺钿制作技艺正是在这样的历史背景下孕育而生，经过数代人的传承和发展，逐渐形成自己独特的风格。

庄细强，土生土长的泉港人，也是螺钿技艺的代表性传承人。他自幼便对螺钿文化产生浓厚兴趣。自 1991 年开始，他便踏上螺钿技艺学习、深造之路，先后在深圳市龙华镇国大木器有限公司等地学习和实践。经过多年的努力和积累，逐渐成为螺钿制作行业的佼佼者。

2016 年，庄细强的工厂搬迁到泉港区，开始螺钿工艺创新和螺钿家具生产。他在祖传技艺的基础上，刻苦钻研、不断创新，将泉港螺钿制作技艺推向新的高度。

2018 年，庄细强创建螺钿技艺展示中心，为泉港螺钿文化展示和交流搭建一个重要的平台。2020 年 6 月，螺钿技艺展示中心升级为“泉港螺钿制作技艺传习所”。传习所聚集了包括国家一级高级工艺美术大师、泉州市工艺美术大师在内的 7 名技术骨，共同致力于螺钿艺术的传承与发展。

为广泛宣传推广螺钿技艺、培养新一代螺钿技艺爱好者和传承者，传习所积极策划并组织多场展览交流活动，同时深化与各类学校的校企合作，开展研

庄细强在“润物无声”泉州旅游商品设计创作大赛上介绍自己的作品《泉州东西塔》

学交流活动。泉港区庄重文实验小学等多所学校定期组织学生前往传习所进行研学活动，期间，庄细强等大师亲自上阵，悉心传授刨、凿、雕、修、磨等雕刻技艺的精髓，让孩子们亲身感受传统工艺的独特魅力。

传习所定期组织专家团队前往泉港航运职业中专等学校授课，系统介绍螺钿技艺的历史传承、特色技艺，展示成品，为螺钿技艺的传承注入新鲜血液，也为地方文化产业的发展培育了众多优秀人才。此外，传习所还积极参与金砖国家（俄罗斯）博览会、中国工艺美术博览会等各类国内外艺术交流展览，让

螺钿作品《十八罗汉》之坐鹿罗汉

螺钿作品在国内外展销会上大放异彩，进一步提升螺钿技艺的知名度与影响力。

在传承和弘扬螺钿文化的同时，传习所也积极探索创新发展的道路。传习所注重在保持螺钿传统特色的基础上，融入现代设计理念，使作品更加符合当代人的审美需求，从精致的镶嵌挂件、首饰镶嵌，到大型乐器镶嵌、红木家具镶嵌，传习所团队的足迹遍布螺钿艺术的各个领域。他们通过不懈的探索与创新，不断拓宽螺钿产业的发展空间，为螺钿工艺拓展国内外市场奠定基础。

螺钿作品《盐区赞歌》

螺钿作品《黄素石楼》

同时，传习所还积极寻求与其他企业和单位的合作机会，共同推动螺钿产业发展壮大。传习所与扬州漆器厂、国家能源集团、晨艺木雕厂等单位建立合作关系，共同研发新产品、优化生产流程、降低生产成本、提高生产效益，推动产业蓬勃发展。

在泉港螺钿制作技艺传习所里，每一片贝壳都蕴含着匠人们的精湛技艺与深厚文化底蕴。“我们将坚守‘传承与创新并重’的发展理念，将螺钿文化发扬光大，让这项古老技艺焕发出前所未有的生机与活力。”庄细强如是说。

（泉港区委党史和地方志研究室供稿，庄细强供图）

网织千年　一“网”情深

——泉港峰尾渔网具制作传习所

传习所名片

泉港峰尾渔网具制作传习所，由“渔网具制作技艺”泉州市级代表性传承人刘德辉牵头成立，致力于传承具有1300多年悠久历史的渔网具制作技艺。传习所还积极推动渔网具产业发展，通过参与各类活动，充分展现渔网具制作技艺的魅力与价值，对渔文化的传承与发展具有深远的意义。

渔网具成品（来源于“志慧泉港”公众号）

泉港峰尾的渔网具制作技艺源远流长，已有1300多年历史，是中国近海养殖与捕捞生产传统技艺发展历程的鲜活见证。。从唐宋时期的“围堰蓄鱼”“垒石殖蛎”，到元代专门渔网具的应用，再到后来的不断革新与发展，渔网具制作技艺在泉港峰尾的渔民中世代相传。2013年，“渔网具制作技艺”被列入第四批泉州市级非物质文化遗产代表性项目名录。

峰尾渔网具制作传习所由非遗技艺传承人刘德辉于2008年牵头成立。1976年出生的刘德辉，自幼受家庭熏陶，20岁时师承父亲刘锦泉学习传统渔网具制作技艺，并协助父亲经营贸易公司。此后，他不仅收徒6人，还发展起了拥有8名研发人员的产品团队。1998年，他组织创办渔丰渔网厂，招收女学徒传授传统编织手艺，如今渔网厂已拥有128名员工，年产值达400万元，成为泉港区二女户就业基地。

峰尾渔网具制作工艺细致巧妙，制作工具包括网刀子、弯钩网刀、竹造网扣板等十多种。制作工序更是环环相扣、严密精谨，只有一丝不苟地完成备料、滚线、线条扣入网针、绘图计算总目数、尺板织网、制作六道工序，才能得到一张做工精良的渔网。峰尾渔网具具有线体平整、复原性和柔软度好、线体透明一致、线的直径和拉力与标号相符、表面无硬伤和伤痕、弹性佳、无老化变硬现象等特点。

随着时代发展，峰尾渔网具制作技艺在传统基础上进行了革新。从过去的海土堆围捕鱼，使用竹皮、藤草、棕线等材料，到采用渔用塑料单丝及合股线、绳、钢线等现代材料，技艺不断与时俱进。

刘德辉带领下的传习所和渔网厂取得了诸多成果。2010年，国家海洋局开展第四次北极科学考察有关游泳动物调查，所用渔网具便由渔丰渔网厂加工制作，这一荣誉让峰尾渔网在市场中站稳了脚跟，吸引福建、浙江、台湾沿海各地以及越南、柬埔寨、马来西亚、印度尼西亚、乌克兰等国家的渔民前来签订产品代理权。

传习所不仅致力于技艺的传承，还积极推动产业发展。他们依托生产一线，充分发挥实践积累和人才专业优势，大力开展技艺传授、技术指导和科研创新活动，在乡村振兴中发挥了重要作用。

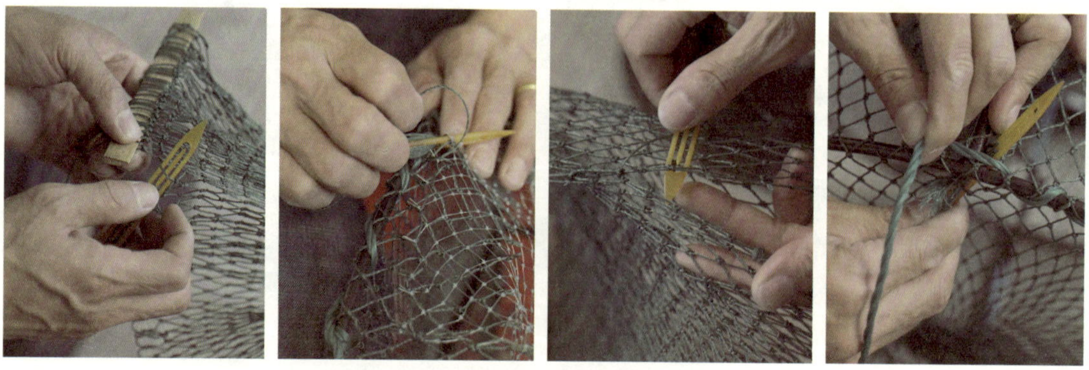

渔网制作步骤之织网、制作网口、合边、包边（来源于“海城峰尾”公众号）

游客现场观摩学习渔网具制作（来源于“微泉港”公众号）

传习所积极参加各类展览赛事，组织推广渔网具制作及特色渔文化，紧跟乡村振兴战略，热心宣传服务文旅，让更多人了解到这一小小渔网背后蕴含的历史沉淀和匠心传承。

在“东亚文化之都 · 2014 泉州”县域活动第四场——“文化之都·山海泉港”文化周活动中，传习所向来宾和观众详细介绍了峰尾渔网具的制作工艺、流程、材料及类型、亮点，多角度展现渔网具制作技艺之精巧，展示了泉港特色文化。2020 年，峰尾镇开展的“携手联欢迎中秋 拥抱祖国庆国庆”之“同织一张网”活动中，传习所团队现场展示制作技艺，让现场观众直观感受非凡魅力。

飞梭走线编织渔网，每天都在渔网具制作传习所和渔网厂上演，她们不仅仅是简单地对一项历经岁月沉淀的古老技艺进行传承，更是以一种深刻而坚定的方式，对泉港那源远流长、底蕴深厚的渔业文化进行传承与弘扬，让其在时光长河中持续散发独特的魅力和价值。

（泉港区委党史和地方志研究室供稿）

狮阵荣耀　奋武扬威

——石狮卢厝狮阵非遗传习所，沙美、东园狮阵武术馆

传习所名片

卢厝狮阵非遗传习所、沙美狮阵武术馆、东园狮阵武术馆是石狮狮阵文化传承的重要平台，它们集传习、表演、交流于一体，培养众多传承人，屡获国内外赛事殊荣，还积极推动文化交流。它们坚持不懈地传承着狮阵技艺和民族精神内涵，在狮阵文化传承道路上不断书写辉煌。

石狮狮阵俗称“刣狮”，发源于福建泉州，源自宋明时期的军事阵法和武艺演练，包括阵法操演、武术演练、弄狮盘打三大部分，是中华武术体系中“他人无、我独有”的大型集体综合武术操演形式，成为石狮独具特色

东园狮阵（一）

的非物质文化遗产。2007 年，石狮狮阵与鲤城泉州刣狮合并为“泉州刣狮”，被列入第二批福建省级非物质文化遗产代表性项目名录；2021 年，泉州刣狮被列入第五批国家级非物质文化遗产代表性项目名录。

石狮的卢厝、沙美、东园等乡村是狮阵传承的核心区。为了给狮阵爱好者提供一个交流切磋、传承发展狮阵非遗文化的平台，2010 年，石狮市建成沙美狮阵武术馆；2011 年，建成卢厝狮阵非遗传习所；2018 年，建成东园村狮阵武术馆。这 3 家武术馆是集狮阵传习、狮阵表演、狮阵文化交流于一体的综合性场所。2011 年，卢厝狮阵传习所被评定为泉州市首批非遗（刣狮）传习所。2013 年，沙美

东园狮阵（二）

东园狮阵（三）

沙美狮阵（一）

狮阵武术馆成为第二批泉州市非遗“泉州剑狮”传习所。目前，沙美狮阵武术馆有泉州市级非物质文化遗产“泉州剑狮”代表性传承人6人、石狮市级代表性传承人5人；卢厝狮阵传习所有泉州市级非遗传承人5人、石狮市级传承人5人。

卢厝、沙美、东园三地的狮阵武术馆长期吸引着学员进行训练与表演，并频繁组队参与各类武术比赛，成绩斐然，捷报连连。卢厝狮阵积极参与多项国内外重要赛事，包括“国际南少林武术邀请赛”“海峡两岸体育交流大赛暨传统武术交流大赛”“世界闽南文化节狮阵大会演”以及“海峡狮阵武术大会演”等，同时还多次选派代表参加全国性的武术比赛，累计赢得137枚金牌、225枚银牌、159枚铜牌及多项荣誉称号。

沙美狮阵（二）

卢厝狮阵参加世界闽南文化节演出

自2006年起，沙美狮阵亦在国际、国内舞台上大放异彩，参与了超过40次的比赛与展演活动，为福建省、泉州市、石狮市及永宁镇赢得了荣誉。特别是在2011年，沙美狮阵在石狮市武术比赛中荣获60金、61银、56铜的佳绩，并在泉州市传统武术锦标赛暨国际南少林武术邀请赛上，与来自世界各地的近千名武术高手同台竞技，斩获54金、65银、69铜的优异成绩。

东园村狮阵自2011年以来，在泉州及石狮的武术比赛中也取得佳绩，累计获得金牌19枚（泉州5枚、石狮14枚）、银牌28枚（泉州12枚、石狮16枚）、铜牌40枚（泉州15枚、石狮25枚）。在2019年，东园村狮阵更是在第十一届海峡论坛海峡两岸舞龙舞狮暨狮阵大会演中荣获优秀奖，并在第四届中国徐州“丝路汉风”国际武术大赛及第八届厦门国际武术大赛中，分别取得9金12银11铜和7金20银30铜的优异成绩。

除了积极参与各类赛事，卢厝、沙美、东园三地的狮阵武术馆还主动承担起文化传承与交流的重任，多次参与举办“世界闽南文化节狮阵大会演”以及石狮市每两年一届的“海峡两岸狮阵武术大会演”，并积极投身于各类大型文体活动和民俗节庆表演。在2011年石狮市非物质文化遗产展示暨首届狮阵武术大会演上，卢厝与沙美两支狮阵联合共计400多人的精湛表演赢得现场万名观众的热烈掌声，这一盛况也被《中国

卢厝狮阵文化展示区

体育报》《中国文化报》《中国武术》等数十家媒体争相报道。同时，这些狮阵武术馆还多次组织回访台湾、赴香港表演等活动，深化海峡两岸及香港地区的文化交流。2023年4月26日，第五届石狮市海峡两岸狮阵武术大会演在卢厝村成功举办，卢厝狮阵传习所与台湾狮阵代表进行狮阵文化交流，并举行卢厝狮阵传习馆落成仪式。卢厝狮阵因此荣获泉州市和石狮市“青年五四奖章”，获评为“农民体育事业先进集体”和“石狮市文明单位”。

为了弘扬与传承中华传统文化，卢厝、沙美、东园三地的狮阵武术馆积极开展狮阵传承人进企业、中小学、幼儿园的文化宣传活动，特别开设阵法演练等特色课程，让更多的未成年人接触和了解狮阵文化。暑假期间，这些武术馆还免费为青少年提供狮阵武术培训，教授棍术、拳术以及阵法套路，以磨炼学生的意志，激发他们的武术兴趣，并加深他们对中华传统文化的热爱，为校园生活增添更多文体色彩。

此外，卢厝、沙美、东园狮阵武术馆还通过建设狮阵网站、微信公众号等新媒体平台，进一步推广狮阵文化。他们整理编撰《狮阵史略》，拍摄狮阵专题片，以全方位、多角度的方式宣传狮阵这一非物质文化遗产。近年来，随着石狮市文化振兴战略的深入实施，三家狮阵武术馆更是积极响应，参与高校狮阵文化传习基地的建设，为狮阵文化的专业研究与人才培养贡献力量，共同书写着狮阵荣耀的新篇章。

（石狮市委党史和地方志研究室供稿、供图）

耕海犁浪　见证岁月

——石狮东埔乡村记忆文化馆

传习所名片

东埔乡村记忆文化馆，是见证东埔渔村变迁、发展，传承海洋渔业文化的重要平台，通过丰富展品与多样手段呈现独特魅力。传承人邱国凹为之不断努力，组织开展诸多活动，影响力不断扩大，荣获众多荣誉。

东埔乡村记忆文化馆

石狮市鸿山镇东埔村，这座拥有600多年历史的渔村，因独特的地理位置和渔业传统而得名，村民们靠海吃海，历经几代人的传习，从传统作业到现代发展，形成丰富多样和别具特色的渔业文化。乡村记忆文化馆的建设，为这些珍贵文化遗产提供了一个重要的展示平台。

走进文化馆，1100多平方米的展厅宽敞而明亮，2个档案室、2个展厅和近1500件展品，错落有致。文化馆通过图片、

邱国凹（前排右一）向前来参观的学生展示渔耕工艺

文字、实物、场景再现等丰富的表现手段，全方位勾勒出东埔渔村发展变迁的历史脉络。

馆内的四个板块各具特色。“源远流长”板块讲述石狮的历史由来、明清民国时期沿海渔业发展以及东埔地名的由来等，让人们穿越时光，感受历史沉淀；“耕海犁浪”板块呈现了船模发展演变史，再现渔业生产情景，各类鱼类标本，展现海洋的奥秘与生机；“乡风民俗”板块介绍了航海保护神图版和出海风俗等，体现渔村文化的独特韵味；“地灵人杰”板块展示东埔村的众多历史名人，他们的事迹激励着后人不断前行。文化馆还陈列着不同年代的劳动工具、生产资料、生活用品等实物或模型，并配以文字说明和情景介绍，生动再现过去的生活、劳作场景。

文化馆传承人邱国凹，多年来坚持不懈地宣传海峡渔文化，科普渔知识，传承渔文化精神。他积极推动记忆文化馆建立，是为打造一个海洋渔业文化教育基地，让青少年群体深入了解石狮丰富的海洋文化，共同守护这份宝贵的文化遗产。这一举措取得显著成效，越来越多的学校和单位走进文化馆，亲身体验渔村与渔业的发展历程，切实践行“传承渔文化之历史，展望渔文化之未来”的创馆初衷。

不仅如此，文化馆还作为“第二课堂”，长期面向中小学生开展研学活动。思明研学营、第三实验小学、石狮市第五中学等多所学校师生到文化馆开启渔业文化研学之旅，感受文化背后沉淀的精神内涵。

在发挥教育功效的同时，东埔乡村记忆文化馆也在持续抢救、收集整理石狮海洋渔业文化遗产，传承弘扬泉州海洋优秀传统文化。早在 2015 年，东埔村就组织老渔民现场演示车大滚、扛鱼、纺线、洗网等传统渔耕工艺，生动再现祖辈们艰辛的渔业生活，成为一道引人注目的文化景观，引起媒体的广泛关注。

多年来，东埔乡村记忆文化馆的影响力与日俱增。不仅吸引社会各界人士、海内外同胞等超 7 万人次前来参观，还在各大媒体平台上频繁亮相。同时，文化馆还积极寻求对外交流与合作，如与泉港区界山镇东张村等地开展互访交流，共同促进文化繁荣与发展。

此外，文化馆还通过举办丰富多彩的活动来丰富文化内涵，如“洒笔墨 迎元宵”文化活动、“勇当主力军，喜迎二十大”、“党建 + 文化”主题党日活动以及国庆特辑新时代文明实践活动等，为文化馆注入了无限活力，制作近百幅展板走进社区开展流动巡回展，并借助《东南早报》、泉州电视台等媒体平台，进一步提升文化辐射力和美誉度。

而作为文化馆重要组成部分的石狮市弘洋渔文化馆，也凭借其卓越的表现荣获“泉州市社会科学普及基地”“泉州市科普教育基地”“石狮市十大研学基地”等众多荣誉称号。

东埔乡村记忆文化馆，宛如一个忠实的记录者和守望者，默默见证着东埔村从过去到现在的发展与变迁。她既承载着东埔村深厚的历史积淀与岁月痕迹，也寄托着东埔村人对过往的回忆与对未来的憧憬……

（石狮市委党史和地方志研究室供稿、供图）

东埔渔文化馆

神秘高雅　历久弥新

——石狮洪厝新潮什音社

传习所名片

石狮鸿山洪厝新潮什音社，由“泉州闽南什音”福建省级代表性传承人洪周景于2005年成立。该社汇聚了大量热心社员，他们积极参与各类活动与比赛，屡获佳绩，赢得广泛赞誉。在传承非遗的道路上，传习所稳步前行，不断探索与创新，使得这一古老艺术形式不断焕发出新的生机与活力。

泉州闽南什音，包括闽南笼吹音乐的“十音吹”，是一种只有乐器演奏且最多有三十多种乐器参与的音乐形式，其乐器分为管乐、弹弦乐和打击乐三种，包括洞箫、品箫、小唢呐等管弦乐器，以及三弦、北月琴等弹弦乐器和硬鼓、响盏等打击乐器。演奏时以鼓指挥，唢呐主奏，多种乐器配合加花演奏形成支

2020年10月，洪厝新潮什音社应邀参加石狮市孝道协会“国庆中秋·行孝团圆”博饼茶话会南音演唱

声复调，并有打击乐渲染，风格独具一格，自成体系。其以独特演奏特色、艺术韵味及优美苍劲的曲牌音乐，在泉州地区流传久远，还被多个闽南戏曲剧种吸收，显示出强大生命力和研究价值，且常参与城乡喜庆活动，深受群众喜爱，在泉州等闽南地区有重大影响。

新潮什音社参加第五届泉州民间音乐邀请赛荣获一等奖

相传，什音起源与唐明皇梦游月宫的传说相关，这为什音增添了几分神秘而高雅的色彩。什音自清咸丰二年（1852年）从浙江温州传入石狮后，便在这片土地上生根发芽，于民间流传。

洪厝什音拥有百余年历史。早在20世纪30年代，杨文远、王诗料、洪从允三位什音先贤就在杨氏古大厝西厅开馆授徒，召集众多青少年学习什音艺术，培养出一批优秀的什音人才，活跃于各村婚丧喜庆及民俗活动中，盛极一时。然而，由于“文化大革命”等原因，加上老艺人年事渐高，洪厝什音曾一度中断近20年，令人惋惜。

但传承的火焰从未熄灭。21世纪初，旅居菲律宾的洪厝乡贤洪世为目睹什音逐渐式微的状况，决心继承父志，弘扬什音艺术。2004年，他毅然回国，慷慨解囊，重新组织什音传习班，捐资购买乐器和服装，并提供一座二层小洋楼作为学习场所，同时聘请名师卢文雄坐馆授徒。在他的大力支持和名师的辛勤教导下，经过一年多刻苦训练，洪厝什音社的弦友们熟练掌握30多首曲目，广泛参与各类表演，获得社会各界赞誉，成功推动洪厝什音的第二次兴起。

2005年5月，在石狮市文化馆的积极推动下，“石狮鸿山洪厝新潮什音社”正式成立，负责人洪周景更是福建省级非物质文化遗产代表性传承人。洪周景19岁便师承本村什音名师洪从允，熟练掌握近百首什音乐曲，尤其擅长三弦、双清演奏，常年活跃在石狮、晋江什音界，积极参与各类艺术交流和迎神赛会活动。

在洪周景的带领下，洪厝新潮什音

社致力于什音曲谱的收集和传习，有条不紊地推进非物质文化传承工作。如今，社内已有 42 名社员，能熟练演奏 50 多首曲目。

洪厝新潮什音社不仅注重队伍建设和业务培训，更积极参与各类活动与比赛，屡获殊荣。从受邀赴台湾台北奉天宫南乐团参加音乐会，到在福建省“第七个国家非遗日”什音专场演奏活动中的精彩表现，再到泉州市民间音乐邀请赛中的三连冠佳绩，洪厝新潮什音社以其独特的艺术魅力赢得了广泛的认可与赞誉。

在非物质文化遗产保护日益受到重视的背景下，洪厝新潮什音社更是迎来了前所未有的发展机遇。社团在保持什音原始风貌的基础上，积极探索将现代元素融入古老音乐形式，使之更加贴近年青一代的审美，焕发出新的时代气息。通过定期在社区、学校举办公益演出和讲座，以及利用网络平台开设线上课程，洪厝新潮什音社成功地将什音文化传播到了更广泛的受众中，吸引大量爱好者的关注与学习。

在洪周景的带领下，洪厝新潮什音社始终秉持“传承不守旧，创新不忘本”的理念。他们深知，只有不断深化非物质文化遗产的保护与传承工作，才能让这份历经岁月洗礼的神秘高雅之音在新时代的舞台上绽放更加璀璨的光芒。未来，洪厝新潮什音社将继续努力，为中华传统文化的传承发展贡献力量。

（石狮市委党史和地方志研究室供稿，洪厝新潮什音社供图）

洪厝新潮什音社参加第五届泉州民间音乐邀请赛演出剧照

管弦一曲　丝竹和鸣

——石狮莲坂万籁南音社

传习所名片

石狮市莲坂万籁南音社于2016年成立。传习所以“传知识，习技能；传新风，习美德”为传习机制，主要开展非物质文化遗产南音的培训与传承活动。现传承人为蔡忠庭，系“泉州南音”泉州市级代表性传承人。

2014年8月，南音社参加泉州市第二十四届中小学生南音演唱演奏比赛

泉州南音又称“南曲”“南乐”“南管”“弦管”，是中国现存最古老的乐种之一，有“中国音乐史上的活化石”之称。南音大约形成于宋朝，发展在明清时期。主要流行于闽南和台湾、香港、澳门以及南洋群岛等华侨居住的地区。

常见南音乐器组合是琵琶、三弦、洞箫、二弦四件构成的“上四管”和以南嗳为主的“下四管”，其中包括四宝、响盏、狗叫、扁鼓等十种乐器，故又称“十音”。其表演一般由五位乐师组成，位置极其讲究，演唱者持拍板居中而歌，琵琶、三弦居右，洞箫、二弦居左。

“管弦一曲万籁音，弦弹千声丝竹韵”，石狮莲坂一直有着非常深厚的南音文化底蕴。2012年8月，在莲坂村蔡向前、

2016 年 2 月 19 日，南音社应邀参加菲律宾“旅菲祥古莲联乡会理监事会暨第四届青年联谊会职员就职典礼”南音表演

蔡奔腾、蔡忠攀等热心人士的倡导组织下，南音公益培训班应运而生，这便是莲坂万籁南音社的前身。其中，蔡向前慷慨出资 10 万元，为培训班的启动提供了坚实的资金支持。培训班聘请了泉州市级非物质文化遗产“泉州南音”代表性传承人蔡忠庭老师执教，将重点放在培养中小学生上。

蔡忠庭自 1965 年接触南音起，便认真研习。他曾师从著名南音老师张在我，又跟随陈四川、杨经济等名师潜心修习，逐渐掌握了系统性的南音技能。此后，他活跃在石狮市及各地的南音舞台上，先后到菲律宾和中国台湾、香港等地访问演出，成为沟通海内外南音文化交流的重要使者。

蔡忠庭的执教生涯硕果累累。1997 年起，他先后在鸿山锦林小学、祥芝古浮小学、石狮第七中学等多所学校开办南音培训班，还受聘在晋江市永和镇梨星小学授课。几十年来，他培养学员近千人，带领学生在泉州市中小学南音比赛中多次获奖。他本人也先后获得泉州市“南音进校园工作先进个人”荣誉称号，“泉

2018 年 2 月，南音社参加泉州市 2018 年喜庆元宵南音大会唱

州南音”石狮市级和泉州市级非物质文化遗产代表性传承人等殊荣。

2016年，在社会各界有识之士的大力支持和上级政府的关爱下，菲律宾华侨们积极响应，推动成立石狮市祥芝镇莲坂万籁南音社,蔡忠庭被确认为主要传承人。从此，莲坂万籁南音社踏上了新的发展征程，逐渐培育出一批批优秀的新苗。

为进一步推广宣传南音文化，莲坂万籁南音社积极组织学员参加各类交流活动。他们多次参与非遗日活动、石狮市南音大会唱、中小学生南音演唱演奏比赛等。自2017年起，先后参加石狮市第十一届闽台对渡文化节暨“海丝情”国际南音大会唱、非遗日泉州市少儿南音交流会、泉州市2018年喜庆元宵南音大会唱、“李光地与御前清曲”学术研讨暨福建省南音网十一周年庆典会唱、“温陵弦歌庆元宵”泉州市曲艺家协会南音大会唱、石狮市“莲江杯”暨第十五届社团南音大会唱、泉州市第三十届中小学生南音演唱演奏比赛等。通过这些活动，莲坂万籁南音社的影响力不断扩大。

此外，莲坂万籁南音社还与莲坂小学通力合作，把南音引入校园，在莲坂小学成立石狮市莲江南音中心。蔡忠庭被聘请到莲坂小学授课，每周定期在万籁南音社开设南音课，传授技艺，通过与学校开展深入合作，为南音传承奠定更坚实的基础，提供更广阔的空间。

莲坂万籁南音社在众多热心人士和传承人的不懈努力与辛勤付出下，将南音精髓毫无保留地传授给新一代传承人与爱好者，让南音的美妙旋律在石狮市乃至更广阔的天地间回荡。

（石狮市委党史和地方志研究室供稿，莲坂万籁南音社供图）

2019年，庆祝新中国成立50周年暨莲坂万籁南音社专场表演在莲坂举行

2020年8月，参加泉州市第三十届中小学生南音演唱演奏比赛

书院文脉　绵延相承

——晋江安海石井书院

传习所名片

晋江安海石井书院，始建于南宋绍兴年间（1131—1162 年），发展历史悠久，曾闻名全国。书院由鳌头精舍发展而来，与朱熹祖孙三代结缘，历经风雨，多次重修，如今依然散发着浓郁书香，作为传承文化、举办活动的重要平台，是安海古镇的文化地标与精神象征。

石井书院，是泉州地区保存较为完好的古老书院遗址之一，与当时的泉山书院、小山书院、欧阳书院并称泉州“四大书院”。

石井书院的前身为南宋绍兴年间（1131—1162 年）的鳌头精舍，与朱熹

晋江安海石井书院（来源于“人文晋江”公众号）

石井书院每年举行“开笔礼”（来源于“安海侨联华侨之家”公众号）

祖孙三代有着千丝万缕的联系，当地人亲切地称之为“朱祠”。安海古时濒海，贸易繁荣，在宋代已是重要的对外贸易港口。南宋建炎四年（1130年），设立石井镇。朱熹之父朱松曾在石井任职，为镇中优秀士子讲授理学。20年后，朱熹任泉州府同安县主簿期间，常到石井拜访父亲的好友，并在鳌头精舍讲学。每次讲学，学者云集，场景热烈，他赞誉安海为“海滨邹鲁”。嘉定年间（1208—1224年），朱熹三子朱在以荫补官，通判泉州。在泉州知州邹应龙的支持下，朱在对鳌头精舍进行扩建，耗时两年建成石井书院。朱氏祖孙三代与安海结缘，成为历史佳话，“二朱”讲学不仅启迪了文风，更使理学在此传播开来，安海也被誉为“闽学开宗”圣地。

石井书院自建成以来，历经风雨，多次重修。2007年，晋江市、安海镇两级政府按“修旧如旧”原则对其进行重修，恢复了大成殿、两庑、仪门等建筑，保留清代风格。2013年，石井书院被福建省人民政府公布为第八批文物保护单位。

进入现代，石井书院依然发挥着重要作用。2020年的布展提升工程，以丰富的图文形式生动展示书院的历史沿革、朱子之学、宋代理学、书院蒙学等内容，让人们更直观了解其深厚内涵。外廊空间通过时间轴投射叙事场景，记录安海的发展历史，呈现安海教育文化的发展历程。石井书院巧妙结合“朱文郑武”，体现了文与武、儒与商在安海的融合碰撞，成为展示古镇历史的一扇新窗口。

如今，走进石井书院，依然能感受

石井书院内庭

到浓郁的书香。虽然讲堂内不再有昔日的讲学声，但每年都会举办开笔礼，一批又一批的小学生在此传承着尊师重教、热爱读书的美好传统和愿望。近年来，石井书院积极组织承办各类活动，宣传和传承朱子文化。纪念朱子诞辰活动、朱子文化研学会、书法展、社科专题报告会等相继举行。连续三届高规格的朱子文化研讨会也在安海举办，来自全国各地的专家学者齐聚一堂，探讨传统书院文化的传承与发展，以及新时代朱子文化的活态传承等重要课题。

石井书院内“杏坛”碑（来源于“老林之走街串巷”公众号）

石井书院作为泉州最早创建的授徒讲学的书院之一，具有深远的历史影响，几百年来一直是泉南人才的摇篮，更是晋江文化教育重要的发祥地。二朱闽学曾极大地振兴了安海的学风，使得传统文化在石井书院不断积淀。可以相信，这些宝贵文化财富在将来必定会再次如春风化雨般融入人们的日常生活，继续绽放光彩，重新开花结果，为这座古镇增添更多的文化魅力。

（晋江市委党史和地方志研究室供稿）

琢泥雕砖　引人入艺

——晋江磁灶窑“一听陶艺”传习所

传习所名片

晋江磁灶窑“一听陶艺”传习所，由“磁灶陶瓷雕塑技艺”晋江市级代表性传承人吴小清创立。该传习所集教学、研学、技艺传承与文化传播等多种功能于一体，通过收徒授艺、举办研学活动以及传播相关技艺知识等方式，积极推动磁灶陶瓷技艺与红砖雕刻工艺的传承与发展，为传统技艺注入新的活力。

吴小清在创作

磁灶镇，坐落于晋江市西北部，拥有得天独厚的高岭土资源，其制陶历史长达1700多年，“磁灶”之名亦由此衍生。这里是闻名全国的建陶产业主要集聚基地，见证无数精美陶瓷诞生以及诸多陶艺大师涌现。恰是这些陶艺大师的守正创新，让磁灶千年陶瓷技艺和窑火精神得以薪火相传。

生于磁灶陶瓷世家的吴小清，自幼便深受家族陶艺事业的熏陶。他自10岁起便于家族的龙窑作坊“齐边窑”学习陶瓷雕塑技艺，而后持续深造，成为新生代陶艺传承人代表。他将闽南特有的“神兽”元素融入作品，让传统陶瓷艺术品更贴近大众。

他把滴水兽、屋脊兽融入茶具设计里，还将蟾蜍与传统香炉相结合，在泥与火的激情碰撞之下，塑造出传统与新意交相辉映的陶瓷艺术品，使人们在欣赏之际增强对闽南文化的认同感与自豪感。

吴小清在闽南红砖雕刻工艺上也造诣颇深，雕刻的飞禽走兽、花鸟鱼虫、戏剧人物等皆栩栩如生。他还把泉州22个世遗点和狮文化、福文化精心雕刻在红砖之上，将更多的本地文化融入红砖雕刻作品当中。

作为“闽南红砖雕刻工艺”晋江市级代表性传承人，吴小清凭借才华与热忱，在全国及全省展赛中屡次斩获佳绩，其砖雕作品《悲欣交集》先后荣获第十一、十二届中国轻工商品博览会“中轻万花杯”银奖、金奖……他的作品不但获得众多奖项，还被多家博物馆永久性收藏。然而，他并未满足于个人所取得的成就，而是不断思索如何让陶瓷技艺于新时代焕发出崭新的光彩。

于是，他创立磁灶窑“一听陶艺”传习所。传习所位于磁灶镇磁灶社区深丘南路齐仔山下的一栋红砖古厝内，这里曾是百年龙窑“齐边窑”，承载着磁灶窑的悠久历史与深厚文化。传习所包括手工体验坊、陶瓷工艺参观馆、非遗课堂、研学点等，成为传承发展磁灶陶瓷雕塑技艺、闽南红砖雕刻工艺的重要平台。

为更好传承技艺，吴小清和他的传习所梳理整合工艺工序，将技艺整理成册，进行系统化传艺教学。目前，传习所有徒弟十余人，他们在吴小清的悉心指导下，取得斐然成绩，作品在各类展赛中获奖，其中王幼顺的作品《福口常开》《喜上眉梢》荣获2022年福建省工艺礼品及手工艺精

吴小清的雕塑作品《一念放下，万般自在》

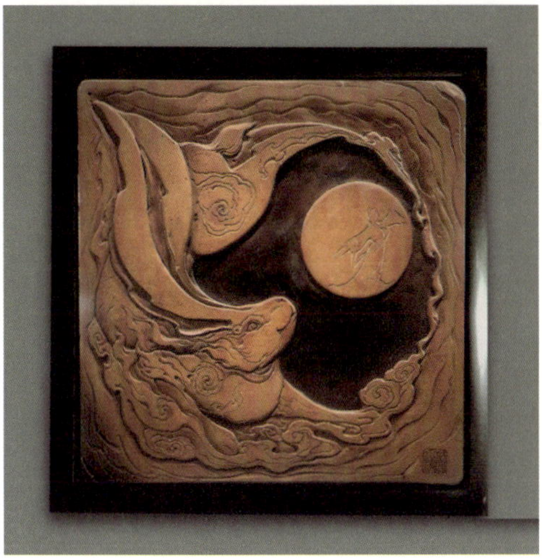

吴小清砖雕作品《玉兔出月欢》

品展暨“福艺杯”优秀作品评比铜奖；吴钰锾的作品《麒麟望月》《草庵瞻礼》获得2022年、2023年福建省工艺礼品及手工艺精品展暨“福艺杯”优秀作品评比银奖……为传习所增添了荣耀。

除了收徒传艺，传习所还积极开展非遗研学体验活动。通过开发主题课程、编写教案，以学创融合的课堂模式，将磁灶陶瓷雕塑技艺与闽南红砖雕刻工艺传授给更多的人。传习所通过参观、展示、制作等形式激发陶瓷雕塑爱好者的兴趣，让参与者在实践、探索、体验中学习制陶手艺，体悟传统文化魅力。

吴小清砖雕作品《剑狮赐福》

吴小清雕塑作品《滴水之恩，涌钱相报》

吴小清还担任泉州市职业技术大学通识教育学院、艺术传媒学院的工艺美术教师，将技艺与知识“传播出去”，前后教授了700余名学生。同时，他还在晋江梧林传统古村落担任艺文导师，在磁灶窑金交椅山古窑址陶艺工坊担任陶艺老师，传授非遗技艺。

一抔黄土，在匠人的手中，化作承载历史与文化的艺术品；一片瓷花，绽放出磁灶窑千年技艺的绚烂光彩；一件陶艺品，勾起的是人们对过去的回忆以及对未来的憧憬。在“一听陶艺”传习所，我们看到了传承的力量，也看到了创新的火花。

（晋江市委党史和地方志研究室供稿，吴小清供图）

古阵套路　“狮”出有名

——泉州刣狮（晋江狮阵）传习所

传习所名片

泉州刣狮（晋江狮阵）传习所创立于2018年，作为泉州刣狮（晋江狮阵）传承的重要阵地，设施完备。传习所常年致力于狮阵传承，积极开展活动，整理拳谱，推广狮阵文化，踊跃参赛并获众多奖项，深受百姓喜爱。

泉州刣狮，又称“武狮”“舞南狮”，其名称中的“刣”字在闽南语中意为“杀”，“刣狮”生动地展现了与狮子搏斗的勇猛之态。其与南少林武术完美融合，成为一项极具吸引力的民间游艺活动。狮阵表演发展于明、清、民国时期，那时民间习武健身抵御匪寇入侵，依照旧时官兵操练的方式形成这一传统体育运动，并在泉南诸县乡村广泛流行。

晋江安海下山后狮阵的创立可追溯

晋江市安海下山后刣狮阵参加安海端午旅游文化节表演

传习所开展传习活动（一）

传习所开展传习活动（二）

至明永乐十二年（1414 年），至今已传承六百余载。其创建基于先辈们的习武传统和军阵操练经验，先辈们多为朝廷命官，有着丰富的战斗经历，他们将精湛的兵法和格斗套路传承下来。为了抵御海盗、倭寇侵扰，九都掌事陈大隐创立狮阵，带动村人习武，既保卫了家园，又强身健体。而后，“刣狮”逐渐演变成武术健身活动和民俗表演项目，深受百姓喜爱。

时光悠悠流转，历经六百余年风雨，许多狮阵套路已遗憾失传，但下山后狮阵独有的秤仔花古阵却流传至今，成为最古老的狮阵之一。秤仔花古阵依照古代军队操练方式演练，其独特的阵法和激烈的对打场面令人赞叹不已。在“刣狮”表演中，长蛇阵、龙摆尾、连环、环螺、龙展须、八卦阵、绕龙门、蝴蝶卷须、双打、群打等武术套路对练精彩纷呈。表演者身着统一服饰，在刀光剑影与阵阵吼声中呈现出惊心动魄的场景，让人仿佛穿越回那个充满热血与豪情的年代。

值得一提的是，在福建闽南、广东、台湾等地都能看到不少由该阵法演变而来的武狮阵法。台湾狮阵中的刀剑巷与下山后的秤仔花古阵极为相似，颇有秤仔花古阵风采。据说早年间下山后狮阵传人前往台湾谋生，将这一珍贵技艺带到那里并传承下来。

然而，随着时代的变迁，泉州刣狮（晋江狮阵）也面临着诸多挑战。有的狮阵器械流失，表演踪迹渐少，濒临失传。但幸运的是，下山后村的狮阵依然保留着完整的表演方式，在重大节庆和民间迎神赛会习俗活动中绽放光彩。

2018 年，泉州刣狮（晋江狮阵）传习所创立。传习所内设施齐全，分为传统武术武狮套路训练区、器械训练区、会客厅、器械道具陈列展示区等以及狮阵文化走廊。

传习所特设初级班、中级班、提高班三阶课程。初级班让学员了解入门武术基本功和晋江民俗刣狮文化；中级班传承传统武术套路及各路兵器；提高班则更注重传授“刣狮”精髓，如各种阵法、对练和刣狮法。通过系统培训，上至九旬老翁，下至5岁稚童，人人都会狮阵，个个带点功夫。这种全民参与的浓厚氛围，让狮阵文化在这片土地上得以生生不息。

自成立以来，传习所便致力于拳谱的搜集整理与套路的精准复原，同时不断拓展传播渠道。不仅将狮阵文化引入校园和社区，通过举办形式多样的文化交流活动，让狮阵文化深入民心，走进千家万户；还在各级武术赛事中大放异彩，屡获殊荣，获得包括最佳运动队、体育道德风尚奖、技术风格奖等众多奖项。此外，传习所还积极寻求合作与交流的机会，将狮阵文化推向更广阔的舞台。

狮阵表演，既是体育竞技的展现，更是蕴含深厚历史底蕴与民族情感的文化符号。泉州刣狮（晋江狮阵）传习所凭借不懈努力，不仅成功守护了狮阵文化精髓，还积极推动其普及与传播，让“狮”之名号响彻四方。

（晋江市委党史和地方志研究室供稿，传习所供图）

央视七套乡土栏目组探索晋江市安海镇下山后村六百年刣狮文化拍摄现场（下山后村武狮训练基地）

五色围头　海峡名村

——晋江围头乡村记忆传习所

传习所名片

围头乡村记忆传习所是传承围头村历史记忆、弘扬两岸文化的重要交流平台。传习所收集保管特色文化遗产，并通过文字、图片和实物，对外展示了围头村自古至今的发展历程，彰显出围头村的独特魅力，也是村民进行学习交流、开展红色爱国教育的场所。

围头八二三战地公园

晋江市金井镇围头村，位于福建省东南沿海围头半岛突出部，北与大陆相连，整个村庄三面环海，与大金门岛相距仅 5.2 海里，是祖国大陆最贴近大金门岛的渔村，被誉为“海峡第一村”，又因一九五八年的“八·二三”炮战而被称为围头战地文化渔村。全村村域面积 3 平方公里，海岸线绵延 6500 米。

围头是一座拥有 1300 多年历史的古村落，自古以来便是兵家必争之地，见证无数风云变幻。唐宋时期，围头便是“南北洋舟船往来的必泊之处”；宋元时期，作为泉州“海上丝绸之路”重要出海口之一，见证了古老东方文明的对外传播。历史的长河在围头留下诸多痕迹，从南宋太守真德秀创设宝盖寨，到明洪武年间（1368—1398 年）江夏侯周德兴修建围头司城，再到明末清初郑成功、清朝施琅将军在此的活动，每一段历史都熠熠生辉。

新中国成立后，围头村更是留下了近 200 位共和国将帅的足迹。从“海防前线第一村”到“海峡炮战第一村”，从“海上贸易第一村”到“海峡两岸通婚第一村”，再到如今的“融合发展第一村”，围头村用一个个“第一”书写着属于自己的传奇。特别是 148 对新人喜结连理、晋江围头向金门通水等故事，演绎了“冤家变亲家·两岸一家亲”“两岸一家亲，共饮一江水”的动人篇章。

为留存这些珍贵记忆，围头村成立围头乡村记忆传习所。传习所收集、保管和展出富有围头特色、活态文化特色和群体记忆特色的文化遗产。通过展示围头的古代、近代、现代和未来，让人们全方位了解村落的变迁与发展。

自成立以来，传习所充分发挥自身“对台、面金、傍海”的区位优势，组织开展了丰富多彩的活动。其中，两年一届的“海峡两岸（围头）七夕返亲节”和“闽台（围头）乡村旅游文化节”，让海峡两岸人民在欢乐中增进交流与感情。海峡两岸少儿“围头古街”闹元宵、围头新娘跨海过“三八节”、海峡妈祖民间交流等活动，更是进一步拉近海峡两岸人民的距离。还有“共同家园”青少年夏令营活动和围头八·二三纪念日，都承载着深深的情感与意义。

传习所还组建一支围头故事宣讲队，通过多种方式开展具有围头特色的宣讲活动。在重要节日里，通过国防知

围头乡村记忆传习所

“战地小老虎”洪建财义务为游客讲述炮战故事

识讲座、形势报告等形式，对重点人员进行爱国拥军、革命传统、拥政爱民等教育。通过“围头故事人人说”，让爱国情怀深深扎根在每一个围头人心中。

同时，传习所将爱国主义教育基地和红色旅游有机结合，组织人们前往“八·二三”战地公园参观瞻仰，追忆历史，缅怀先烈。这种独特的结合方式，不仅让人们更深刻地感受到历史的厚重，也为围头村带来了众多游客。近三年来，乡村记忆传习所吸引全国各地近 200 万人次前来参观，被多家媒体聚焦报道。

围头村以传习所为依托，不断整合资源，深入挖掘文化内涵，致力于打造“红色旅游、绿色渔村、蓝色海湾、白色沙滩、金色产业”的五色围头。如今的围头村，已经成为一个集革命传统教育、休闲观光、旅游度假于一体的海峡旅游名村，荣获全国文明村、中国乡村旅游模范村、中国美丽休闲乡村、全国一村一品示范村、国家级最美渔村等 20 余个国家级荣誉称号。

（晋江市委党史和地方志研究室供稿，围头村委会供图）

守艺传艺　古建新辉

——晋江古建筑彩绘传习所

传习所名片

晋江古建筑彩绘传习所，由“泉州漆器髹饰技艺（黑金推·沥金画）”晋江市级代表性传承人杨桂林创办，专注于传承与发展“黑金推·沥金画”这一独特技艺。传习所通过开设授课课程、组织研学活动等多种方式，成功培养了一大批技艺传承人。传习所还创新推出系列文创产品，探索多点位传承模式，在传承中弘扬传统文化，让古老技艺重焕生机。

红砖红瓦，燕脊凌空，出砖入石，雕梁画栋……当漫步于泉州的大街小巷时，令人过目难忘的，便是那一栋栋精美别致的传统闽南古建筑。泉州在闽南古建筑传统技艺方面所取得的突出成就，向来备受人们称道，而其中最为引人瞩目的，当属于那古朴典雅且神秘悠远的古建筑彩绘。

创作中的杨桂林

“黑金推·沥金画”是闽南古建筑彩绘装饰中不可或缺的组成部分，承载着深厚的历史文化底蕴，在闽南一带素有“宫殿红色，祠堂、祖厝黑色”的俗称。其所采用的材料是漆树分泌的汁液，名称“大漆”，又称“正漆、国漆”，该项技艺主要运用于古建筑和家具。

黑金推画是为数不多的以手为磨具，不断推磨制作的技艺，其复杂且精细的制作过程令人赞叹。从油漆版画制作到最终的彩绘，每一道工序都凝聚着匠人的心血与智慧。

杨桂林便是在学习古床绘制过程中传承了黑金推技艺。他的作品题材丰富多样，尤以闽南文化和民间传统文化为特色。那色彩斑斓、笔触细腻、神情威武逼真的《门神》，便是其代表作之一，生动展现民间艺术魅力。杨桂林生于20世纪60年代，自幼学习绘画，12岁拜师学艺，数十年来坚守技艺，不断钻研与创作。他的作品众多，有室内外彩绘和大型传统壁画等，多次运用在著名的寺庙祠堂和名人故居，如前期修缮的开元寺、闽南古民居建筑、清源山赐恩岩、姻脂巷祖厝、陈庆庸故居，元妙观，灵源胜迹的部分古建筑彩绘工程等。杨桂林不仅自己技艺精湛，更致力于将这门技艺传承下去。

学艺难，守艺更难，传艺更是难上加难。杨桂林迎难而上，通过创办艺林苑文化艺术中心，开展授课传艺、研学创造、非遗体验等一系列活动，并在此基础上成立古建筑彩绘传习所，进行古

杨桂林黑金推画作品《门神》

建筑彩绘教学、收徒授课、宣传推广等各项工作，以便更好地传承“黑金推·沥金画”技艺。至今，传习所已培养传承人17名，其中晋江市级传承人2人、专业技匠2人。

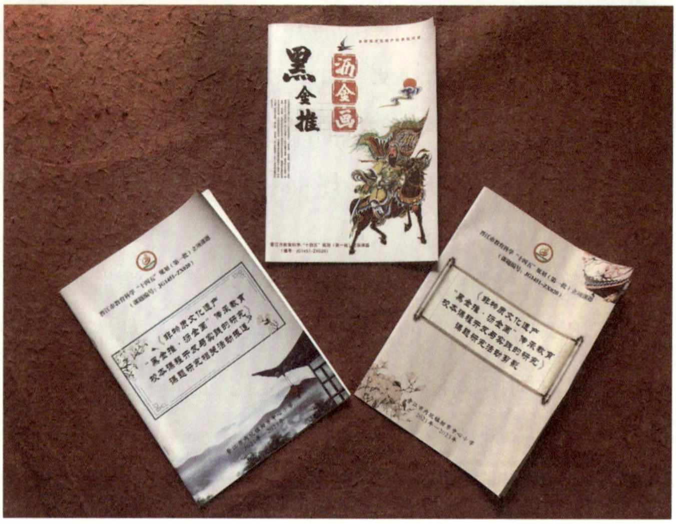

传习所编纂的黑金推画教材

此外，杨桂林还撰写教材，走进小学、高校，针对不同教学对象摸索出适宜的授课方式，让各个年龄段的学生都能接触和了解这门技艺。以传习所为核心，辐射带动了从小学到大学各阶段的学生，使越来越多的人了解并学习“黑金推·沥金画”技艺。

面对传统非遗技艺传承断层的困境，传习所积极探索新路径，将黑金推画技艺与现代元素相结合，制作出一系列文创产品，如冰箱贴、书签、钥匙扣等，甚至还有衣服、家居挂饰和精品艺术摆件。通过“非遗+文创”的形式，让古老技艺融入现代生活，走进公众视野。通过实践，传习所还探索出“研习所+学校+传习基地”的多点位传承模式，通过“师傅传帮带+入校授课+手工体验”的形式，多方面、多渠道、多角度传承发扬古建筑彩绘、黑金推画技艺。杨桂林相信，只有先让人了解、体验，才会有喜欢，进而有学习和传承。

在传承中促进发展，在发展中坚守传统。在杨桂林及其团队的带领下，晋江古建筑彩绘传习所已经成为闽南地区知名的非物质文化遗产传承基地。在这里，匠人们凭借灵巧的双手与非凡的智慧，创作出一幅幅色彩斑斓、绚丽多姿的艺术精品。他们始终不忘初心，坚守着对传统文化的热爱与传承；他们勇于探索，积极创新，创造出更多符合当代审美的作品，让古老技艺在新时代实现华丽蜕变，不仅为古建筑彩绘艺术的传承发展作出贡献，更为传统文化的繁荣与复兴注入新的活力与动力。

（晋江市委党史和地方志研究室供稿，杨桂林供图）

以石为纸　点石成画

——晋江“一门”美术馆

传习所名片

晋江“一门”美术馆由蔡盈盈创立于2019年，是专注于石画艺术的殿堂级场所。蔡盈盈凭借对石画的深厚热爱与精湛技艺，致力于石画艺术的传承与发扬。通过举办丰富多彩的展览与活动，美术馆逐渐成为石画传承的重要基地，吸引众多学员前来学习交流，有力地推动了传统石画工艺的发展，让石画的独特魅力在新时代持续绽放。

晋江“一门”美术馆，由蔡盈盈于2019年创立。走进“一门”美术馆，仿佛进入一个充满奇幻与诗意的世界，一颗颗沉默的石头在蔡盈盈的巧手下焕发出绚烂的光彩，转化成一幅幅精美的石艺画作品。作品或展现闽南古大厝的古朴韵味，或描绘山间乡村的宁静美好，每一处细节都承载着蔡盈盈对家乡的热爱与眷恋。

蔡盈盈，福建省第六届工艺美术名

传习所开展石头画传习活动现场

人、晋江美术家协会会员以及晋江市工艺美术协会理事，有 30 多年从事树脂工艺品设计的丰富经验。而她与石画的缘分，始于一个偶然。远方朋友寄来的形似她曾经养的小狗的石头，激发了她的创作灵感，从此开启了她在石上作画的精彩艺术生涯。

因形造物，随物造型。石画，这门以石头为载体的艺术，看似简单，创作过程则极为复杂。每一块石头都需经过冲洗晾晒，再根据其形态精心构思，接着打底、上色、刻画细节。坚硬的石头不像柔软的纸张，颜料不易渗透，这就需要创作者具备更多耐心，对颜料的选择也格外讲究。即便是有着多年绘画功底的蔡盈盈，完成一件普通作品也需一两天时间，复杂些的甚至要一周或更久。然而，蔡盈盈对石头充满热爱，她利用业余时间四处搜集适合画画的石材。找石头不仅考验体力，还考验眼力与想象力，十年如一日的专注，让她对石头的钻研愈发深入，她仔细把玩每一块石头，根据其纹理、色调、形状、裂痕等特点进行创作构思。她说，石画最难的不是下笔画，而是构思如何让画与石相互交融、相互映衬，只有这样才能赋予石画真正的灵魂。

随着技艺不断精进，蔡盈盈的石画题材日益丰富，从植物到动物，从人物到山水，从节气到脸谱，包罗万象。她深入实践、深入生活，创作出许多具有地方特色和民族风情的石画作品，引起了广泛关注，被福建电视台综合频道、晋江电视台等多家媒体报道。其中，“闽南系列”石头画巧妙融入闽南元素，表达了她对家乡的热爱，也向更多人展示了闽南之美。她的作品屡获殊荣，如 2022 年，作品《古厝》获“中艺杯”工艺美术作品大赛银奖，《草庵》获泉台两地根艺行业职工技能竞

蔡盈盈石头画作品《锦绣前程》

蔡盈盈石头画作品《古厝》

赛综合类工艺优秀奖。2023年，作品《闽南高甲》获福建省工艺美术创意设计大赛银奖。

为让更多人了解石艺画，美术馆开设石艺画体验课和暑期兴趣班，让人们亲身体验石艺画的创作乐趣；与博物馆、图书馆携手共建，举办展览，让石艺画走进大众视野；走进研学基地、小学幼儿园开课授课，培养孩子们对艺术的兴趣和热爱；带着作品出省参赛参展，让石艺画走向更广阔的舞台。蔡盈盈受邀参加的公益活动场场爆满，而每次授课，她都认真备课，提前准备好毛毡布、笔、颜料、调色盘和水桶等材料和工具，每次都需花费不少时间和精力。在她的推动下，“一门”美术馆成为研学基地，吸引大量石画学员，培养众多热爱绘画的孩子。美术馆成员还走进社区邻里，传播石头画、软陶画等传统工艺，让传统工艺在社区焕发生机，进一步推动传统工艺美术的保护和传承。

蔡盈盈石头画作品《蟳埔女》

蔡盈盈石头画作品《世遗草庵》

蔡盈盈以她的执着与热爱，为冰冷的石头赋予了新的生命和意义。在她的精心雕琢下，石画艺术不仅在晋江生根发芽，更跨越地域界限，迈向更广阔的舞台，让越来越多人感悟石画的独特韵味，领略石画的非凡魅力。

（晋江市委党史和地方志研究室供稿，蔡盈盈供图）

古厝砖雕　乡愁符号

——南安闽南红砖雕传习所

传习所名片

闽南红砖雕传习所，由“闽南传统民居营造技艺（南安）”泉州市级代表性传承人杨育鑫于2016年成立。该传习所长期专注于红砖砖雕非遗文化的传承与推广，潜心钻研红砖雕刻技艺，并通过开展多样化的活动，积极将非遗文化引入校园，不仅传承了历史，也让这一传统技艺在新时代持续绽放光彩。

传习所到闽南科技学院开展活动

闽南红砖雕传习所坐落于全国重点文物保护单位南安蔡氏古民居建筑群内，于2016年成立。目前，传习所有泉州市级非遗传承人1名，南安市级传承人2名，学徒5名。传习所负责人杨育鑫，作为泉州市级非物质文化遗产“闽南传统民居营造技艺（南安）”代表性传承人，多年来在红砖雕领域深耕不辍。

福建建筑用红砖的历史源远流长，红砖作为一种富含三氧化铁的黏土烧制而成的建筑材料，为建筑装饰带来了重要的品类——砖雕，形成独具福建地域特色的红砖砖雕体系。在福建南部沿海地区，从北往南包括福清、莆田、泉州、厦门、漳州等地，不同区县在红砖的运用和装饰工艺风格上各有千秋。明清时期，红砖砖雕被大量运用在闽南民居建筑上，而后更是遍及中国台湾地区和东南亚地区，成为中华文化传播的有力见证。

传习所开展传习活动

红砖雕工艺丰富多彩，分为窑前雕和窑后雕。窑前雕以印模为主，利用泥土在湿泥状态的柔软性，塑造各种复杂造型和肌理；窑后雕则是在成品红砖上进行雕刻，图案多为中国传统吉祥图案。红砖雕在传统红砖建筑墙体中发挥着重要作用，以红砖砌做身堵，白石为裙堵，使建筑呈现出红白相间的明快风格，一般民居以墙身正面作为红砖雕的主要展示部位。

闽南红砖雕传习所红砖雕作品（蔡永跃 摄）

杨育鑫从小师从父亲杨振级学习闽南传统建筑营造技艺，在多年实践中，他潜心钻研红砖雕

杨育鑫砖雕作品《双龙戏珠》

刻，不断提升理论素养和实践能力。他先后创立泉州市龙翔古建筑工程有限公司，并被认定为“闽南传统民居营造技艺（南安）”泉州市级代表性传承人。

杨育鑫不仅在技艺上追求卓越，还积极推动传习所的发展。他创建闽南红砖雕传习所和蔡氏古民居建筑群闽南传统营造技艺展示馆，在他的努力下，传习所获得“闽南传统营造技艺传习所”称号，并与福州大学厦门工艺美术学院合作建立雕刻研究创作实践基地。多年来，传习所的红砖雕制品广受好评，在泉州笋江公园、晋江梧林传统村落等地都留下痕迹。

为让下一代更好领略红砖雕非遗文化的独特魅力和深厚内涵，传习所策划开展各类研学和非遗文化体验活动。与南安市大先生研学实践有限公司、北京理工大学珠海学院等合作，举办学生课外体验活动，定期组织学生参观蔡氏古民居建筑群，并在参观过程中进行授课讲解，让学生深入了解砖雕、木雕、石雕等多种技艺以及闽南传统民居建造流程。传习所还与南安博物馆合作，在福建师范大学、闽南科技学院开展砖雕展和学生雕刻体验活动，不仅展示了精美的砖雕作品，还有专家现场指导学生雕刻，真正做到将非遗文化带入校园，让学生切实感受到传统文化的魅力。

（南安市委党史和地方志研究室供稿，闽南红砖雕传习所供图）

昔时书院　今日文苑

——南安金淘书院

传习所名片

金淘书院，始建于清光绪元年（1875 年），拥有悠久的历史和深厚的文化底蕴。书院建筑独具闽南风格特色，承载着无数珍贵的记忆与故事。这里曾培育出众多杰出人物，如今经过保护性开发，已集文化传承、教育交流、旅游观光等多种功能于一体，成为热门旅游打卡胜地和重要的文化展示窗口。

金淘书院

在南安市金淘镇，坐落着一座历史悠久的金淘书院，其前身为“甄陶书院”，始建于清代光绪元年（1875 年），创建者为清朝同治甲戌进士叶应祥。书院采用三落带双边护厝的闽南传统建筑风格，抬梁、穿斗式木构架坚实稳固，硬山顶与燕尾脊彰显着古朴韵味，1200 平方米的建筑面积承载着无尽的历史记忆。书院的八角形门廊顶部悬挂着鎏金的“书院”匾额，前廊墙体下半部分的花岗岩条石与上半部分的闽南红砖相得益彰，四个边角精美的砖雕以及山墙规尖处的彩色祥云瑞兽，无不在诉说着过去的辉煌。

据记载，清光绪元年（1875 年），南安知县程鹏与邑绅叶应祥、洪荣等人募资重建丰州书院后，叶应祥为延续文化血脉、弘扬尊师重教精神，回到故乡发起并创办“甄陶书院”。书院诞生后即有声有色地开展讲学活动，招选首批本地生员近 20 名。此后，书院培养出诸多名人，如曾任南安知县的叶松生，安溪县长叶蕲燕等，他们幼年皆曾在此学习。在不同的时代，金淘书院都发挥着传学育人的重要作用，成为泉州地区教育的重点学府。1945 年，甄陶书院更名为“金淘书院”。

2015 年，金淘镇对书院进行保护性开发利用，致力于让书院文化“可见”。如今，已建成南音室、传统技艺工作室、棋社、文创工作室、书报阅览室、多功能活动厅等。金淘镇非遗项目丰富多彩，通过在书院集中展示、现场观摩金淘盐露豆干制作技艺、泉州木雕、佛像雕刻、

金淘书院开展传习活动

金淘书院内院

2020—2022年，金淘书院开展“朱砂启智”开笔礼仪式、成人礼、文旅活动周，“文化和自然遗产日”等文化传承活动

绿豆饼制作技艺、妆糕人、金淘草席编织技艺等，让孩子们近距离接触非遗，在优秀传统文化的浸润中，学有所乐、学以致用、学有所成，传承中华优秀传统文化。

金淘是著名侨乡，人文资源丰富，海外侨亲、港澳台同胞众多，也是福建省全域生态旅游小镇。近年来，金淘镇高度重视文化产业发展，以打造红色华侨小镇为契机，对金淘书院进行创造性转化与创新性发展，建设综合文化站、非遗体验馆、游客服务中心、农特产展示销售中心等。同时开展书香金淘“朱砂启智”开笔礼仪式、成人礼、文旅活动周、文化和自然遗产日、美食文化节等一系列文化活动，以文塑旅，以旅彰文，使金淘书院成为集文化、休闲、旅游、观光于一体的旅游打卡地，成为展示金淘文化、讲述金淘故事的重要窗口，每年吸引近30万游客前来参观，为金淘的乡村振兴增活力、添动力。

（南安市委党史和地方志研究室供稿、供图）

闽南俗语　简中有理

——南安大兴闽南俗语传习中心

传习所名片

南安市大兴闽南俗语传习中心，坐落于历史悠久的南安市东田镇蓝溪村，由中国语言资源保护工程南安发音人黄印级于 2017 年创立，致力于闽南俗语的传播与传承。传习中心通过进校园普及、免费教习、利用互联网传播等多样化途径，让闽南俗语得以薪火相传，焕发出新的生机。

闽南俗语，是闽南劳动人民在生产生活实践中积淀下来的智慧结晶。这些俗语不仅朗朗上口、生动幽默，更蕴含着深刻的哲理。它们如同一幅幅色彩斑斓的画卷，展现了古代闽南人民的生产生活场景，同时也反映了他们的生活态度、价值观念和社会准则。闽南俗语不仅是闽南人民情感的重要纽带，更是闽南文化的重要标志，广泛流传于泉州、漳州、厦门等闽南地区，甚至传播到了广东潮州、浙江温州、台湾以及海外华侨聚居地。

黄印级，这位土生土长的南安东田

传习中心编纂的闽南俗语教材

人，自幼便对闽南话文化怀有浓厚的兴趣。年轻时，他当过兵，干过文宣工作。2009年，58岁的黄印级产生了一个强烈的愿望：用书面的形式记录并传承闽南话。为此，他开始闽南俗语的搜集与记录工作。经过不懈努力，2012年，他成功编纂出版了《闽南话俗语》一书，该书收录千百年来在闽南地区广为流传的常用俗语、谚语、成语、歇后语等共计1200多条。

传习中心开展传习活动（黄进龙 摄）

鉴于闽南话与普通话在音节读音上存在显著差异，黄印级在搜集俗语的同时，也着手研究如何用拼音字母来标注闽南话的发音。在泉州、厦门等地有关专家教授的悉心指导下，他创新性地研究出了汉语拼音字母与汉语拼音法拼读相结合的方式，并特别创新了9种特殊的发音标注，从而有效解决闽南话速成学习的难题。2017年，黄印级个人编著并自费出版了《闽南俗语教学》一书。该书内容丰富，涵盖闽南话汉语拼音法、快学闽南话、常用谚语、歇后语等9个板块，共收录近3700条俚俗语，字数达到62万。此后，他还从这部巨著中精选内容，编印了《闽南俗语教学青少年初学读物》和《初学闽南话》等书籍，以便更好地满足不同层次学习者的需求。

为更有效地传播闽南俗语并推广闽南话，2017年，黄印级先生毅然创立了大兴闽南俗语传习中心。自成立起，传习中心便秉持着寓教于乐的教学理念，通过一系列生动有趣的教学活动，将闽南俗语中蕴含的为人处事原则、农耕智慧以及社会和谐准则深深烙印在学员们的心中。在这里，学员们不仅能够学到地道且准确的闽南话发音，还能深入挖掘闽南俗语的丰富内涵与广泛外延，充分领略其独特的文化魅力。

为了进一步扩大影响力，传习中心走进南安四中、东田中学、东田中心小学等多所学校，开设“闽南俗语兴趣班”，通过系统化教学，提升学生们的闽南话口语表达能力和对闽南俗语的理解能力，学生们从最初的懵懂无知逐渐成长为能够熟练运用闽南话进行交流的佼佼者。此外，学生们还积极参与各类闽南语配音比赛、闽南歌谣比赛以及闽南俗语比赛等活动，不仅锻炼自己的实践能力，更成为了传承和弘扬闽南语文化的生力军。

除了走进校园，传习中心还积极面向社会开展免费教习活动。自2018年起，传习中心便在本部及泉州各地免费教习广大学生和群众闽南话和闽南俗语。这些活动不仅吸引大量本地居民参与，还吸引众多外地游客前来体验。至今，传习中心已开展300多场次免费教习活动，受益人数超过2万人次。

南安市第一中心小学到传习中心开展研学活动

在传承过程中，传习中心不断探索和完善教学模式。他们通过“请进来”和“走出去”相结合的方式，邀请厦门大学、泉州师范学院、闽南科技学院等高校专家教授前来指导、研讨交流闽南话教学；同时积极参加各类闽南文化交流活动，与其他传承人和爱好者共同探讨闽南俗语的传承与发展。

针对闽南话发音复杂的问题，传习中心采取了循序渐进的教学方法。他们先通过闽南话汉语拼音法教学，让学员们掌握基本的发音技巧；再进行简单释义，降低学习难度，提高学习兴趣和积极性。同时，传习中心还注重将古人的经验教训与现代生活紧密结合，选择适合的闽南俗语进行讲解教学，让学员们深刻理解闽南俗语的内涵与价值，并在日常生活中灵活运用。

此外，传习中心还积极利用新媒体平台传播闽南文化。他们通过抖音、微信视频号等短视频平台发布各类闽南文化解析视频，吸引大量粉丝关注和点赞。这些视频不仅展示了闽南俗语的独特魅力，还传播了闽南文化的深厚底蕴。通过新媒体的传播力量，传习中心成功地将闽南俗语这一珍贵的文化遗产推向了更广阔的舞台。

文化传承，山高水长。南安市大兴闽南俗语传习中心在黄印级先生及全体师生的共同努力下，不仅成功地将闽南俗语传承给下一代，还将其发扬光大，成为闽南文化的一张亮丽名片。“未来，传习中心将继续秉承‘传承闽南文化，弘扬闽南精神’的宗旨，不断探索和创新教学方式和方法，为闽南文化的传承与发展贡献更多的力量。希望更多的人一起讲闽南话、闽南俗语，共同守护泉州文脉。”黄印级说。

（南安市委党史和地方志研究室供稿、供图）

乡土乡音　牵情结缘

——南安东田南音协会

传习所名片

东田南音协会于2012年成立，致力于南音文化传承与发展。在会长陈忠购的带领下，协会通过丰富多彩的活动和专业培训，不断提升会员的技艺水平，积极培养南音人才，还走进校园，推广南音文化，为当地的旅游发展贡献力量。

南安市东田镇，作为省级历史文化名镇和宋元时期泉州外销瓷最大的生产基地之一，见证无数辉煌的过往。精美的瓷器从这里运往世界各地，南音也成为东田窑工和船工生活中不可或缺的一部分。民国时期，东田南音界的三位杰出人物陈拈农、刘甲士和黄衍瓦，以其非凡的技艺成为泉州南音发展的重要推动者，他们的学生遍布各地，其中包括原中国南音学会副会长、泉州南音界泰斗林文淑，为南音传承发展奠定基础。

时光流转，2012年6月，南安东田镇南音协会应运而生。会长陈忠购是“泉州南音”南安市级代表性传承人，自

东田南音协会参加演出照

2023 年 6 月 30 日，东田南音协会参加东田镇庆祝中国共产党成立 102 周年文艺晚会演出现场

2004 年起，便师从退休小学教师刘民权刻苦学习南音。源于对南音的热爱与执着，2012 年，他放弃北京的高薪工作，毅然回乡投身南音表演中。他一路拼搏，在众多比赛中屡获佳绩，从“春生堂杯”南音大奖赛到厦门第十八届南音比赛，从福建省第二届曲艺“丹桂奖”业余组一等奖到香港全国戏曲大赛铜奖，再到泉州市“五少芳贤”选拔赛老年组“新时代五少芳贤”称号，每一个奖项都凝聚着他的勤奋与努力。

在陈忠购的带领下，协会骨干们全力以赴抓好三件大事。常规训练让会员们不断提升技艺，每周六的集中排练为参加红旗片区季度演唱会做足准备；培训中小学生学员，利用节假日开班教学，为少先队活动、市级中小学生南音比赛以及各类才

会长陈忠购（右一）到南安四中为南音爱好学生授课

2021年12月2日，东田南音协会进南安湖山小学开展传统文化宣传活动

艺演出输送人才；开办成年人兴趣班，招收成人南音夜班，普及传统文化，扩充南音队伍。协会的不断努力，使得东田南音的社会影响力日益提升。

为弘扬南音文化，南音协会走进南安四中、东田中学、东田中心小学等学校，开展各种形式的南音传承活动，不仅丰富校园文艺生活，还激发孩子们的文艺潜力。孩子们在南音的熏陶下茁壮成长，斩获不少奖项，成为南音传承的新生力量。

近年来，东田镇全力打造全域旅游产业，发展“文化＋农业”特色旅游，南音协会也积极投身其中。协会通过讲解南音发展历史，拍摄宣传片，开展文化研学活动，设置特色展厅，成立南音研学基地等，以独特文化氛围吸引众多游客。每周六下午定期举办的南音会更是成为文化亮点，不仅满足村民精神文化需求，还带动当地文旅产业发展。

南音不仅仅是艺术，更是闽南乡土情怀的象征。自成立以来，东田南音协会凭借其精湛技艺，与仑苍、英都、翔云南音协会合作举办南安市红旗片区南音大会唱活动，受邀参加南安建市20周年暨南安市南音协会成立20周年会演、天津东田同乡会演出、福建省文化厅主办的世界非物质文化遗产日南音会演，以及代表南安市参加印度尼西亚第二届世界南音大会演等，让南音走出东田，走向更广阔的舞台。

（南安市委党史和地方志研究室供稿，东田南音协会供图）

扎根民间　走向时代

——南安锦德木偶艺术传习中心

传习所名片

锦德木偶艺术传习中心，前身为1982年创建的南安市锦德木雕厂，由“泉州木雕（南安木偶头雕刻技艺）”泉州市级代表性传承人苏清良创立，常年致力于木偶头雕刻技艺的传承发展。中心汇聚专业人才，与多所专业院校合作，拓展市场，创新产品，成为南安的文化名片，书写传统艺术与现代市场融合新篇章。

苏清良和他的木偶头作品

南安木偶头雕刻，作为泉州木偶雕刻系列的重要组成部分，其历史渊源可追溯至秦汉时期，至今已有两千多年历史。其制作工艺精湛，所塑造的木偶头造型生动且富有美感，不仅保留了唐宋时代绘画的典雅韵味，还植根于泉州地区丰富多彩的民间雕塑艺术之中，实现历史传承与地方特色的完美融合。

苏清良，1959年出生于南安市康美镇梅元村的木雕世家，自幼耳濡目染，十来岁便拿着刻刀模仿，长大后又四处求学，有幸跟随多位非物质文化遗产传承人深入学习，技艺不断精进。木偶头雕刻技艺极为复杂且精细，主要有雕刻和粉彩两大主要工序，细分之下则涵盖选材、开坯、定形、精雕、裱纸、磨光、补土、粉彩、开脸、盖蜡、梳头以及装活眼等多道流程，每道流程都严谨细致。

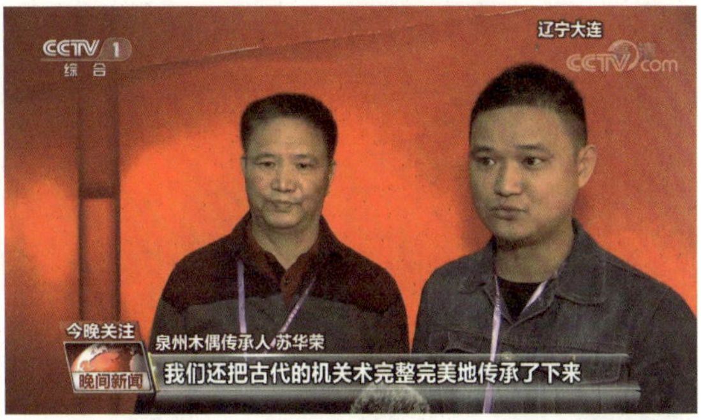

苏清良（左一）、苏华荣（右一）接受中央电视台采访

从艺四十几年来，苏清良不仅全面继承传统木偶制作方法精髓，还在此基础上不断探索与创新，逐渐形成自己独树一帜的艺术风格。他的作品轮廓鲜明、简练含蓄、造型生动、刀法洗练，在粉彩上重线条表现，精巧细微。

传习中心内，苏华荣向同学们讲解木偶雕刻工艺

为更好适应现代审美趋势与市场需求，苏清良与时俱进，不断开拓创新，将传统木偶头雕刻技艺推向新的高度。他先后获评“泉州木雕（南安木偶雕刻技艺）”泉州市级代表性传承人、泉州劳动模范、泉州工艺美术大师、泉州工匠、福建省五一劳动奖章、福建省工艺美术名人等。

然而，随着时代变迁，木偶戏表演除了福建和台湾地区，在其他地方不多见，与之相关的传统木偶制作工艺更是岌岌可危。面对这一现状，苏清良不忘初心，于 2019 年 1 月率先在南安市成立锦德木偶艺术传习中心，保护、传承濒临消失的活态文化。在他的带领下，传习中心聚集了一批高素质专业人才，包括大学本科以上学历 3 人、高级职称 2 人、高级技师 2 人、初级职称 2 人。

自创立以来，锦德木偶艺术传习中心致力于木偶艺术的传承与发展。中心全年无休且公益对外开放，通过免费参观、讲座，让群众近距离接触、体验木偶文化的独特魅力，与中央戏剧学院、上海戏剧学院、中央美术学院和北京工美集团等专业院校及社会团体建立深度合作关系，定期组织海峡两岸的木偶艺术家进行交流，接待来自日本、美国以及马来西亚、印度尼西亚、新加坡等多个国家考察团的参观访问等等，为扩大木偶头艺术影响力、培养木偶艺术人才、促进海峡两岸民间文化合作交流、推动中外文化交流融合作出贡献，逐渐成为南安一张亮丽的文化名片。

苏清良木偶头作品

让苏清良欣慰的是，儿子苏华荣在他的影响下，自幼便对木偶艺术产生浓厚的兴趣。苏华荣凭借着年轻朝气和文化优势，全身心投入到木偶雕刻技艺的学习与研究中。经过多年努力与积累，如今已是“泉州木雕（南安木偶雕刻技艺）”南安市级代表性传承人，不仅擅长设计独具匠心的木偶作品，还培养了一批年青的木偶艺术爱好者。同时，苏华荣还频繁参与国内外的艺术交流活动，在各类展览中展示精湛的木偶雕刻技艺。

多年来，锦德木偶传习中心在苏清良和苏华荣的带领下，坚守文化传承初心，注重产品创新，积极拓展市场。通过精准把握市场趋势，构建布袋戏木偶、提线木偶、杖头木偶、掌中木偶、台湾电音三太子等多种类型的产品线，满足不同客户需求。2022 年，中心承担了北京冬奥会特许商品——“暖手葫芦”的设计制作任务。同时，传习中心不断钻研新技术，解决木偶表演中的技术难题，以提升观众的视觉体验。

锦德木偶艺术传习中心在梅元村蓬勃发展，让传统技艺的薪火得以熊熊燃烧。这里不再是传统技艺面临困境之地，而是充满生机与希望的传承之地，为泉州木偶艺术的传承与发展留下浓墨重彩的一笔，书写着新时代下传统艺术与现代市场融合发展的新篇章。

（南安市委党史和地方志研究室供稿，锦德木偶艺术传习中心供图）

以錾为笔　玉出丹青

——惠安卢铭澜玉石画工作室

传习所名片

卢铭澜玉石画工作室，由福建省工艺美术大师、雕刻艺术大师卢铭澜于2015年创立。工作室汇聚了一支技艺精湛的工匠与专家团队，创作的作品在国内外屡获殊荣。卢铭澜不断创新，开创玉石画艺术，还积极致力于技艺的传承，在她的卓越领导下，工作室赢得诸多荣誉，为惠安雕刻艺术增添了亮丽的光彩。

惠安雕艺历史悠久，起源于中原汉文化，融合多种元素经长期发展形成的独特风格与深厚内涵，是中华优秀传统文化的独特瑰宝。它注重神韵之美，是南派雕艺代表，分为石雕、影雕、木雕三大类，风格别具一格。如今，雕艺已然成为惠

卢铭澜指导学生创作（陈镠帆摄）

安的支柱产业，惠安在中国雕艺业中规模最大、生产加工能力强且极具活力，获评为“中国雕艺之乡”。

卢铭澜，1967年出生于雕艺之乡惠安。经过专业石雕学习与积累，卢铭澜在木雕、石雕、玉雕和雕塑等雕艺领域广泛涉猎，并巧妙地将几个领域的技术相互融合，不断探索雕艺新境界。2003年，她与丈夫陈锦珊创立惠安县螺城侯卿玉品厂。

卢铭澜玉石画工作室（陈镠帆摄）

在众多雕艺门类中，影雕以其独特的魅力和极高的难度而备受瞩目。影雕需要工艺师用钢錾在光面石头上一点一点敲打出图案，以达到形神状物宛然天成的效果。而影雕中最为艰难的当属神形各异的人物肖像雕刻，其对技艺的精湛要求和对神韵的精准把握，让许多人望而却步，但卢铭澜却擅长于此。她曾为众多名人政要雕像，还为巾帼英雄邱二娘设计并雕塑石像，每一尊雕像都形神兼备、惟妙惟肖，赢得有关领导和专家的高度赞誉。

然而，卢铭澜并未满足于已有的成就，她在艺术之路上不断追求突破。经过十几年的艰难探索，于2012年成功创作出玉雕中的新艺术品——玉石画。玉石画是根据玉石的天然纹理和色差，采用钢錾在玉石上进行点击形成图画，是一项独特的玉雕新工艺，糅合惠安影雕、绘画艺术和人文思想等元素，不仅属国内首创，更是世界首创，填补了影雕技术领域的空白。凭借此项发明，卢铭澜获得国家专利，还在各类展览和比赛中屡获殊荣。

卢铭澜在工作中精益求精，她的玉石画作品在各大雕艺比赛中频繁折桂。从《渔江飘绿》获得第七届海峡两岸(厦门)文化产业博览交易会“中华工艺精品奖”金奖，到《磻溪传奇》获得中国工艺美术“百花奖”金奖，再到《日暖草长正闲适》等作品在不同赛事中屡获金奖，这些荣誉见证了她卓越的艺术才华。她的多幅作品入选国家博物馆展览，被中国工艺美术

卢铭澜玉石画作品《绿满千山万壑泉》（陈镠帆摄）

作品《苏武牧羊》（陈镠帆摄）

作品《晓岚盈岫春常在》（陈镠帆摄）

馆收藏。中国工艺美术协会评审专家对玉石画赞不绝口，称其“不是一般大师傅能做出来的”，中国工艺美术大师郑国明也给予高度评价，认为玉石画是新的玉雕品种和绘画作品。国学大师田一可更是对卢铭澜的玉石画作品表达了深深的震撼和喜爱。

一枝独秀不是春，卢铭澜深知传承的重要性。2015年，怀揣着对玉石画创作技艺更好传承的决心，卢铭澜毅然成立了自己的工作室。工作室规模可观，拥有着400多平方米的创作场地，为创作者们提供广阔的施展空间，还有60多平方米的玉石画作品展示区域，让精美作品得以完美呈现。工作室还拥有一批奋发图强的工匠队伍和专家团队，其中高级技师2人、中级职称3人。教学上，卢铭澜采用师徒座谈与实操相结合的方式，不仅传授玉石画创作技艺，还包括石雕、泥塑及相关人文知识等。在她的悉心教导下，学员素质不断提高，并且在各类活动中斩获诸多荣誉。

如今，卢铭澜工作室已获评泉州市级大师工作室，但卢铭澜并未满足于此，她仍以满腔热情继续带徒授艺，她的目标是带领更多人创作出更优秀的玉石画作品，让更多人能欣赏到更多多姿多彩的高端艺术品，同时努力发展玉石画产业，为社会创造出更为可观的财富。她就像一位默默耕耘的园丁，用心浇灌着玉石画这朵娇艳的花朵，期待它在未来开得更加绚烂夺目，为惠安雕艺增添一抹亮丽的色彩。

（惠安县委党史和地方志研究室供稿、供图）

今日精品　明日胜迹

——惠安闽南传统民居营造技艺传习所

传习所名片

闽南传统民居营造技艺传习所，由“闽南传统民居营造技艺”国家级代表性传承人蒋钦全创立。传习所汇聚各界人才，以弘扬工匠精神、培养闽南传统建筑营造技艺人才为宗旨，是闽南传统建筑营造技艺传承发展的重要阵地，在技术攻关、技术创新、技术交流及传授技艺方面发挥积极作用。

蒋钦全在传习所工作室构思创作（邓文祥摄）

红砖白石、燕尾屋脊、传统石雕……在泉州市惠安县崇武镇，有这么一栋6层楼的闽南传统民居建筑，从外观到内设集中展示、推介闽南传统民居营造技艺。这就是“闽南传统民居营造技艺”国家级代表性传承人蒋钦全的闽南传统民居营造技艺传习所。

传习所依托福建省泉州市古建筑有限公司成立，团队成员包括各级闽南传统民居营造技艺非遗传承人、泉州古建筑技术专家、工艺美术大师、技术能手等，是闽南传统建筑营造技艺传承发展的重要阵地。

蒋钦全出生于惠安县崇武镇五峰村的石雕世家，是清代“蒋源成石铺”的

木雕展示馆（陈剑摄）

第六代传人。蒋钦全的父亲蒋建发石雕技艺精湛，曾参加“毛主席纪念堂”门廊、门厅及大立柱石的安装，还参与承建八一南昌起义纪念碑等多个重大项目。在祖辈的精心教导下，年少的蒋钦全便开始学习石雕基础技艺。他刻苦钻研，不仅认真观察生活的方方面面，甚至在镜子前研究身体轮廓和肌肉走向，只为让石雕作品更加栩栩如生。经过不懈努力，他的作品展现出浓郁的闽南乡土气息和独特的技艺风格，赢得众多赞誉，中国雕塑家协会会长钱绍武称赞其作品“泉声咽危石，日色冷青松”。中国当代古建筑大师杜仙洲也曾不吝赞誉：“凿刀似毛锥，落笔便生风；造像出神采，全凭意匠功。”

然而，蒋钦全的追求不止于此。出于对闽南传统红砖建筑的热爱，他在1998年转战古建筑界，先后师从张由芳、杜仙洲等名匠大师，潜心研习仿古建筑营造和文物建筑修缮。他巧妙地利用自己在石雕方面的专业知识，开启闽南传统民居营造技艺的探索之旅。

2002年，蒋钦全承接并重组福建泉州古建筑有限公司，提出“今日精品工程，明日文物胜迹”的经营理念。多年来，他主持众多具有重要意义的项目，如泉州本土的东海观音禅寺、元妙观、刺桐阁、安平桥保护修缮等，还包括厦门南普陀天王殿、莆田湄洲妈祖平安塔、永定承启楼、江苏省昆山慧聚（天后宫）广场、澳门妈祖文化村、印度尼西亚巴东西兴宫、新加坡后港斗母宫等诸多传统建筑工程，这些项目不仅展现他高超的技艺，也为保护和传承闽南传统建筑文化做出卓越贡献。2013年12月，第三届央视乡土盛典——2013乡土文化风采榜年度人物颁奖盛典在北京举行，蒋钦全凭借对闽南红砖建筑完美的演绎，成为该年度10位获奖人物之一。

为更好地传承闽南传统民居营造技艺，蒋钦全打破传统技艺秘籍不外传的规矩，投资2000多万元成立“闽南传统民居营造技艺传习所”。传习所建筑面积达4150平方米，设有集理论学习、文化浸染、工地实践等于一体的多个功能区，成为现代化立体式传习所。传习所常年开展理论研修和技艺演练，蒋钦全带领团队传承发展传统营造技艺，出

外墙剪粘、石雕（蒋钦全摄）

外墙雕刻（蒋钦全摄）

版个人专著《闽南传统建筑营造技艺》作为教材，通过言传身教，培养了蒋施恩、蒋武强、李泽平、康光森等多位传承人，带出一支支技艺高超的团队。其间，蒋钦全曾带领团队在省、市两级古建匠师技能大赛中摘得桂冠。同时，蒋钦全也受聘为福建工程学院、泉州信息工程学院、黎明职业大学、泉州华光职业学院等院校客座教授，入校为学生授课。2019 年 2 月，还在黎明职业大学设立“闽南传统民居营造技艺”蒋钦全大师工作室，按照现代学徒制的办学模式，通过现场授课、开设讲座等方式传承闽南传统民居营造技艺，发挥了“传、帮、带”作用。

自成立以来，传习所不仅为企业培养大量的技能人才，也在社会层面产生广泛影响。培养国家级文物保护责任工程师、省级文物保护责任工程师、古建筑专业技术工人以及泉州市高层次人才等众多优秀人才。它还被认定为“社会科学普及基地”，获得“中国闽南传统建筑营造技艺研习基地”称号，并与多所高校进行共建，成为传统建筑工匠交流中心和培训基地。随着传习所知名度的提升，吸引了众多高校、中小学学生以及各单位、社会团体和闽南建筑爱好者前来参观学习。

传承之路漫长而孤单，但蒋钦全依旧积极寻求发扬和传承这项技艺的有效方式，希望能有更多年青人走进“闽南传统民居营造技艺大楼”，了解并从事古建营造行业，将闽南传统民居营造技艺推向全世界。

（惠安县委党史和地方志研究室供稿，蒋钦全供图）

立足传统　再造传统

——惠安国明雕刻艺术园雕刻技艺传习所

传习所名片

国明雕刻艺术园雕刻技艺传习所，由中国工艺美术大师、中国木雕艺术大师、高级工艺美术师、“惠安木雕技艺”福建省级代表性传承人郑国明牵头创立，以传承雕刻艺术为使命。该传习所肩负着传承雕刻艺术的使命，致力于融合传统技艺与现代创新，已培养出一大批优秀人才，为惠安雕刻艺术的传承与发展作出重要贡献。

郑国明在雕刻作品

泉州木雕，源于中原文化的雕梁画栋，与建筑雕刻紧密相连，历经世代传承与创新，逐渐形成以建筑雕刻、家具雕刻及工艺品雕刻为核心的木雕技艺。此技艺始于唐、五代，于宋元时期渐趋成熟，明清时期达到辉煌。在创作过程中，泉州木雕深度融合闽南地区的风俗习惯，形成独特的艺术风格，既保留中原文化古朴淳厚、线条流畅、刚劲简洁、人物造型端庄的艺术特点，又巧妙吸收南方雕刻文化细腻繁复的工艺精髓，成为南派雕刻艺术的典型代表。惠安木雕是泉州木雕的重要组成部分，于 2007 年被列入第二批福建省级非物质文化遗产代表性项目名录。2021 年，为进一步弘扬保护这一传统技艺，“惠安木雕”“潘山庙宇木雕”“泉州木雕（张坂木雕）”合并以“泉州木雕”申报并成功列入第五批国家级非物质文化遗产代表性项目名录。

郑国明木雕作品《同心酒》

郑国明，1957 年出生于泉州惠安，自幼便对雕刻艺术有着浓厚的兴趣，他苦练基本功，雕刻技艺精湛，尤其擅长“巧雕”。他突破传统木雕雕木的限制，将天然木抱石、根雕、拼贴、镶嵌等手法综合运用，因材施艺，随形就势。他的作品，无论是人物造型还是场景描绘，都栩栩如生，充满生命力。

从业几十年来，郑国明始终坚信“立足传统，再造传统”，他在继承传统技艺的基础上，不断创新，他巧妙运用写意与写实、繁复与简约、抽象与具象的对比，既保留传统木雕的神韵，又融入现代艺术理念，将传统技艺与现代审美完美融合。他的作品屡获殊荣，其中《永恒》在国际展中摘得金奖，《全家福》《霸王别姬》等也在国内外展赛中大放异彩，多件作品被国家、省、市级博物馆收藏。他个人也先后荣获中国工艺美术大师，中国木雕艺术大师，高级工艺美术师，德艺双馨雕刻艺术大师，“惠安木雕技艺”市级、省级非物质文化遗产代表性传承人等荣誉称号。

“匠心的根本在于传承。”作为惠安木雕的代表性传承人，为更好培养非遗传承人、建设传承中心、促进校地合作，郑国明升级师徒传承工作室为惠安国明雕刻艺术园传习所。传习所与多所高校合作，设立教学点、举办培训班，提供正规教学，为学徒开辟进修通道。与集美大学、西安美院等高校建立实习基地，已接收近千名学生，有效激发了学生的学习热情，成为非遗传承的新标杆。

传习所还投资设立技能大师工作室，配备完备设施，并融合高校资源，为传承搭建坚实平台。坚持人才为先，通过口传身授和师带徒方式提升技艺，同时组织参与学术交流、雕塑论坛会议、高峰对话等活动拓宽视野。传习所还带领学徒参与《福建省传统工艺的历史、现状与资源开发》《惠安雕刻产业文化生态研究》《浅谈浮雕透雕的艺术》课题研究和论文撰写，培养中、高级以上专业技术人才100多名，技术工人1000多名，成为行业中坚。在对外交流上，传习所也表现出色，赴白俄罗斯交流并获“中白友谊勋章”，成功传播中国雕刻艺术。

雕刻作品《赤壁赋》

雕刻作品《白云深处》

木雕作品《磨剪刀》

在新时代背景下，郑国明对惠安木雕技艺的传承与发展有着新的感悟和期待。“我将充分发挥自己的专长和优势，加强对雕刻艺术人才的‘传帮带’，培养更多有理想的、有信念、懂技术的新一代专业雕刻技术人才，架起惠安传统雕刻技能人才成长的新阶梯。”他希望通过自己的努力，推动惠安木雕从传承进入创新阶段，让这项古老技艺在新时代焕发出更加绚丽的光彩。

（惠安县委党史和地方志研究室供稿，郑国明供图）

石上耕耘　匠心独运

——惠安吴德强石雕工艺传习所

传习所名片

惠安石雕工艺传习所由中国工艺美术大师、国务院政府特殊津贴获得者、全国五一劳动奖章获得者、“轻工”大国工匠、全国技术能手、首届中国石雕艺术大师吴德强于2018年6月牵头成立，传习所拥有强大的师资队伍及专家团队，长期致力于惠安石雕艺术的传承和发展。

创作中的吴德强（唐德恭 摄）

惠安石雕艺术源远流长，起源于黄河流域，融合中外技艺精华，形成独具魅力的艺术风格和丰富内涵，是中华优秀传统艺术的重要组成部分，也是闽南文化的重要载体。同时，惠安石雕还以其独特的艺术魅力影响着中国石雕艺术的半壁江山，并较早传播到海外，在中国台湾及东南亚国家倍受推崇。惠安石雕技艺涵盖圆雕、浮雕、线雕、影雕、沉雕、彩雕六大类，代表作品众多，如位于湖南长沙橘子洲的毛泽东青年面容巨型雕塑、美国华盛顿国家广场的马丁·路德·金雕像、中国人民解放军海军博物馆雕塑《走向深蓝》等。

吴德强，成长于惠安崇武，自幼

便在工匠们的熏陶下对石雕产生浓厚兴趣。他先后师从闽南石雕名匠蒋智锦和中国美院洪世清教授，潜心钻研，不断进取，逐步成长为行业内的佼佼者，并获得众多荣誉，如轻工大国工匠、全国技术能手、全国五一劳动奖章、中国工艺美术大师、“惠安石雕”福建省级代表性传承人等。

作品《同心协力》（唐德恭 摄）

随着时代的发展，石雕行业面临着新的挑战。老一代石雕艺人逐渐退休，工匠群体萎缩，传统的传承方式已难以适应需求。作为中国工艺美术大师和惠安石雕福建省级非遗传承人，吴德强以弘扬传承南派

作品《钱学森》（唐德恭 摄）

作品《乐在其中》

耕石艺术馆

2020 年 11 月，举办“雕与塑的互融”研讨会（唐德恭 摄）

雕艺为己任，于 2018 年成立工作室，开始向学徒传授石雕技艺。

传习所最初主要招收本地学徒，后来打破地域限制，走进各高校和企业中，将教学活动融入高校的雕塑课程和企业实践中，扩大收徒范围。成立以来，传习所培养了 300 多名徒弟。传习所定期举办“丰盈韵”全国高校毕业生石雕创作营活动，选拔和培养精英，为惠安雕艺的提升发展做出有益尝试。

吴德强始终倡导艺术创作与时代精神相契合，展示中华民族独特的精神标识，传递中国价值。多年来，传习所在他的带领下，广泛涉猎各类学科知识，从机械、材料到文学、历史等，不断积累，厚积薄发，成功发明多项专利，突破一个又一个难关。他个人出版的艺术专著和发表的专业论文，也在业内广受好评。

日积月累的努力换来了累累硕果。工作室先后获得“福建省技能大师工作室”“国务院政府特殊津贴专家工作室”等荣誉称号。吴德强本人也相继被聘为中国非物质文化遗产研究院、福州大学工艺美术研究院、西安建筑科技大学等众多院校的客座教授、特聘研究员；并先后荣获福建省文化系统先进工作者、福建省创业导师等称号，被认定为福建省高层次 B 类人才、泉州市第二层次人才，还上榜“福建好人”。

惠安石雕工艺传习所在吴德强的带领下，不仅传承了技艺，更在创新中不断开拓未来。在这里，传统与现代交融，技艺与智慧碰撞，孕育出一件件精美的石雕作品，向世界展示着中国石雕艺术的魅力。

（惠安县委党史和地方志研究室供稿、供图）

茶者匠心　根脉传承

——安溪乌龙茶铁观音非遗制作技艺传习所

传习所名片

安溪乌龙茶铁观音非遗制作技艺传习所，由“乌龙茶（铁观音）制作技艺“国家级代表性传承人魏月德于2015年创立，常年致力于铁观音非遗文化的传承发展。传习所有众多师傅带徒授艺，培养了大量制茶能手，为乡村振兴服务。同时，传习所积极举办活动，提升了铁观音知名度，为安溪茶文化传承与推动作出贡献。

现场理论教学

安溪，是中国乌龙茶之乡、世界名茶铁观音的发源地，有千年产茶历史。明末清初，安溪茶农经过长期生产实践，发明了乌龙茶半发酵制作技艺，经过世代传承，成为中华民族宝贵的文化遗产。2008年，乌龙茶制作技艺（铁观音制作技艺）成功列入第二批国家级非物质文化遗产代表性项目名录。2022年，安溪铁观音先后入选全球重要农业文化遗产名录和世界文化遗产名录，成为中国茶界的“双世遗”。

魏月德，这位土生土长的安溪人，出生于西坪镇松岩村，是铁观音发现传说“魏说”魏荫的第九代传人。作为乌龙茶（铁观音）制作技艺的国家级代表性传承人，他将所有的热情与执着投身于制茶业，传承弘扬安溪铁观音茶文化。2015年12月，他在安溪县城东开发区魏荫名茶文化园创立了安溪县乌龙茶铁观音非遗制作技艺传习所。

学徒举行拜茶祖仪式

传习所的工作内容丰富多样，涵盖了优良纯种茶树苗木繁育、茶叶种植、采制加工、审评拼配，以及制茶技艺传授、茶文化整编与传播、茶文化休闲体验等多个方面。它在魏荫名茶文化园、松岩村铁观音发源地和西坪茶禅寺设立了3个传习点，设置教室、展览室、展示馆、制茶空间等，为开展传习活动提供坚实的基础。

传习所拥有以魏月德为核心的各级非遗传承人和制茶大师等十多名师傅，常年开展带徒授艺活动，免费对外招收学员。传习所的教学方式为理论与实践相结合，开启非遗技艺文化传承新模式。成立以来，传习所以各种形式收徒1200多人，学徒来自全国各地，其中不乏知名人士。学徒学习三年出师时，传习所按照古代传统茶俗，在安溪、上海、福州等地举办隆重的“茶者匠心 根脉传承”出师仪式，这一独特的带徒授艺仪式，也成为安溪铁观音申报全球重要农业文化遗产的重要礼俗内容。

制作技艺实践教学

传习所培训出的众多学徒，不仅成为茶乡的制茶能手，还带动当地茶农提高茶叶制作水平，成为兴茶富民的骨干力量，有力地服务当地的乡村振兴。

自2018年以来，安溪启动安溪铁观音申报全球重要农业文化遗产工作，传习所充分发挥自身优势，积极参与举办各种形式的特色茶文化活动，热情接待海内外非遗专家，全力配合申报过程的各项工作。安溪铁观音申遗成功后，传习所获得安溪县委县政府的表彰。

出师仪式现场，徒弟向师傅敬茶

授予出师证书

在过去的几年里，传习所承办、参与举办众多大型茶文化活动，均取得较好的社会反响。无论是在广东汕头举办的“潮汕情 观音韵”茶文化主题活动，还是在魏荫名茶文化园举办的“感恩改革开放 分享岁月茶香”铁观音老茶品鉴会；无论是在茶禅寺承办的安溪首届农业文化遗产保护传承高峰论坛，还是举办的“中国丰收节—中国铁观音发源地非遗探源之旅”茶文化活动，以及每年在西坪茶禅寺承办的开茶节等，都充分展示安溪独特的茶俗文化，让更多人了解和喜爱上安溪铁观音。

2022 年 12 月，传习所负责人魏月德作为中国传统制茶技艺非遗传承人代表，在文化和旅游部召开的座谈会上作交流发言，分享传习所的经验与成果。2023 年 2 月，魏月德应邀在“中国非遗年度人物”100 人候选名单发布仪式上，就“助力非遗保护传承，推动茶文化走向世界”主题发表演讲。此外，传习所在福建省人民政府举办的福建非遗展示活动、“茶和天下”雅集活动走进联合国总部、国家博物馆举办的“凤鸣于溪——安溪历史文化主题展”开幕式等重要场合，都积极展示安溪铁观音非遗文化，进一步提升了安溪铁观音的知名度和影响力。

传习所在传承非遗文化、服务兴茶富民中发挥了重要作用，2023 年 5 月，传习所负责人魏月德被农业农村部评选为“全国农业农村劳动模范”。

（安溪县委党史和地方志研究室供稿，安溪县乌龙茶铁观音非遗制作技艺传习所供图）

知行并进　茶技富民

——安溪刘协宗铁观音制作技艺传习所

传习所名片

安溪刘协宗铁观音制作技艺传习所，由“乌龙茶（铁观音）制作技艺”国家级代表性传承人刘协宗成立于2018年。该传习所拥有一支强大的师资队伍和专家团队，集生产、教学、研发于一体，广泛招收学徒并开展多样化的教学活动。传习所注重科技与传统的结合、文化与产业的融合，取得了丰硕的成果，持续推动安溪茶产业的繁荣发展。

安溪，作为世界闻名的茶乡，拥有着悠久的茶叶种植与制作历史。乌龙茶制作技艺在这里源远流长，而铁观音更是乌龙茶中的极品，其独特的风味和品质令世人陶醉。安溪劳动人民凭借着勤劳与智慧，铸就了独树一帜的“铁观音茶文化系统”，该系统不仅入选全球重要农业文化遗产，更在全球范围内获得了高度认可。

刘协宗在现场指导包揉技艺

安溪刘协宗铁观音制作技艺传习所成立于2018年12月。传习所拥有强大的师资队伍及专家团队，其中高级职称3人，中级职称6人，高级技师3人，技师2人。传习所的牵头人刘协宗，成长于这片茶香四溢的土地。世代制茶的家庭背景，让他自幼便深受熏陶。他的父亲作为村里的制茶高手，被亲切地称为“民间大师”。刘协宗从小跟随父亲上茶园学管理、制茶，在茶香的浸润中逐渐成长。初中毕业后，他毅然挑起家庭重担，随父潜心研究茶学，不断自我提升，从一名普通茶农逐步成长为制茶能手，并于2018年荣获“安溪铁观音大师”称号，2020年获评“中国制茶大师”，2021年被认定为“乌龙茶（铁观音）制作技艺”泉州市级代表性传承人。

传习所常年举办各种民间斗茶活动，交流提升制作技艺

“自己一个人成功不算成功，如果能带出更多的茶家脱贫致富、奔向小康，那才叫成功。”秉承着这样一个信念，传习所将产、学、研紧密结合，为安溪茶产业发展提供了强有力支持。一方面，广泛收徒授课，多年来先后带徒30多名，其中詹新结、刘协明、钟添福、苏维金、陈灿坡等人多次参加省、县涉茶比赛，成绩优异，共获得清香型铁观音金奖、铁观音银奖、浓香型铁观音金奖等奖项100多个。另一方面，积极开展各种活动，包括组织讲师团对茶农进行知识宣讲，传授茶园管理、制茶、退茶还耕等技能；构建“面对面指导、手拉手帮扶”模式，深入田间地头和厂房，帮助茶农解决实际问题，提升制茶技艺。通过接力帮扶，带动了大量贫困茶农实现自主脱贫，形成了互帮互助的良好局面。2009年以来，传习所还多次开展集安溪大叶乌龙的茶园管理、初制加工、销售于一体的培训活动，助力茶农脱贫致富。

传习所常年参与安溪县民间斗茶协会、斗茶俱乐部等活动，通过组织茶商到外地开展品鉴会、斗茶会等，正面宣传铁观音，唤起茶客对铁观音的热爱，提升茶商销售铁观音的热情，扩大铁观音的影响力。此外，还走进校园，向学生传授铁观音和大叶乌龙的知识与技术，让年青人了解和喜爱传统茶文化。

刘协宗本人更是凭借着对铁观音制作技艺的执着与钻研，获得了无数荣誉。他的技能大师工作室硕果累累，从茶叶烘焙制作技术科技创新成果奖，到“审评技术名师”“十佳民间评茶高手”，再到“安溪铁观音大师”“国家级高级评茶师”“制茶高级工程师”等称号，

传习所依托五阆山生态茶庄园，深入开展安溪铁观音及其他优良乌龙茶品种的种植和良种保护研究

刘协宗深入茶园指导茶学院学生实习

传习所开展茶叶海丝文化交流活动

每一项荣誉都是他不懈努力的见证。同时，他还积极参与各项社会活动，担任“福建省茶产业研究会铁观音委员会副主任”“安溪民间斗茶协会常务理事”“福建农林大学安溪茶学院校外指导老师”等多个职务，为推动安溪茶产业的发展贡献着自己的力量。

“安溪刘协宗铁观音制作技艺传习所”在传承传统制作技艺之际，不懈探寻全新的发展模式与路径。其尤为注重科技同传统的紧密结合，借由现代科技手段大力提升茶叶的品质与生产效率；同时格外注重文化与产业的深度融合，通过挖掘并弘扬铁观音文化，提高茶叶的附加值以及市场竞争力。让我们满怀憧憬共同期待“安溪刘协宗铁观音制作技艺传习所”在未来的时光中持续书写更为辉煌的绚丽篇章，令安溪铁观音的馥郁茶香恒久飘扬。

（安溪县委党史和地方志研究室供稿，刘协宗铁观音制作技艺传习所供图）

领头创新　普惠茶农

——安溪铁观音制作技艺传习所

传习所名片

安溪铁观音制作技艺传习所，由全国优秀农民工、中国制茶大师、安溪铁观音制茶工艺大师、“乌龙茶制作技艺（铁观音制作技艺）”安溪县级代表性传承人温文溪于2016年11月牵头成立。传习所拥有强大的师资队伍及专家团队，为传承和弘扬非遗技艺奠定坚实基础。

安溪，这片土地不仅是铁观音的发源地，更是乌龙茶采制工艺的起源地。其乌龙茶（铁观音）制作技艺于2008年被认定为第二批国家级非物质文化遗产代表性项目名录，并在世界舞台上绽放光彩。2022年，安溪“铁观音茶文化系统”被联合国粮农组织认定为“全球重要农业文化遗产”，安溪铁观音制作技艺参与申报的“中国传统制茶技艺及其相关习俗”被联合国教科文组织列入人类非物质文化遗产代表作名录，成为名副其实的“双世遗”。

2022年6月，安溪铁观音制作技艺传习所主任温文溪当选为中国共产党第二十次全国代表大会代表

在安溪，若提起青年一代的制茶能手，很多人都会首先想到温文溪。从当初对茶叶一窍不通的“门外汉”成长为如今的“茗大师”，温文溪历经了23年。温文溪1995年高中毕业后参军入伍，1998年于九江抗洪大抢险后“火线入党”，1999年退伍后，回到家乡安溪。刚回乡时，

做过搬运工，蹬过三轮车，也卖过保险，后来机缘巧合之下与茶结缘。凭借着在部队养成的那股不服输以及吃苦耐劳的精神，温文溪仅用半年多时间，独自一人一锄头将承包的20多亩荒山开垦成了一片茶园。2007年，他首次参加安溪乌龙茶审评、拼配、烘焙大赛就荣获冠军；此后，温文溪不但进行实地耕作，还阅读茶叶相关书籍、参加讲座、拜访前辈，深入探究铁观音制作技术。

功夫不负有心人，辛勤的汗水，终于浇灌出梦想之花，温文溪一路开挂，获得安溪茶都第五届评茶师培训班评茶技能竞赛第一名、第十届中国海西铁观音茶王赛金奖茶王称号。2012年10月荣获“安溪铁观音制茶工艺大师”荣誉称号；2014年12月取得福建省首届制茶高级工程师任职资格；2016年10月被认定为“乌龙茶制作技艺（铁观音制作技艺）”安溪县级代表性传承人；2018年3月入选福建省优秀“百人计划”；2019年1月入选福建省技能大师工作室领衔人；2019年3月获评“中国制茶大师”；2021年6月，作为全国先进模范人物代表受邀参加庆祝中国共产党成立100周年系列活动；2022年10月，当选为中共二十大代表。

摇青

炒青

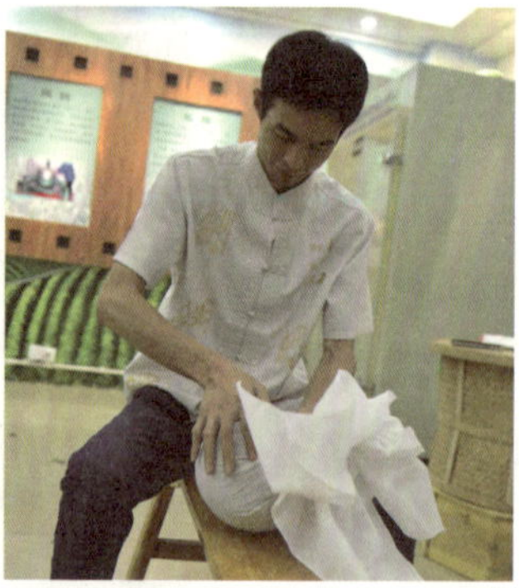

包揉

烘焙

面对顶顶桂冠，温文溪没有沾沾自喜，更没有停止钻研的脚步，他开始研究改良制茶技术。他发现初制技术中的“做青”是乌龙茶最关键、最烦琐且耗时最长的工序，而现有技术中“摇青”和“晾青”只能人工进行，既耗时费力又效率低下。于是，从2010年开始，温文溪翔实记录不同鲜叶、不同温度、不同湿度、不同做青环境等与做青有关的数据，把数据输入设备中，经过上千次的实践改进，最终发明出一种新型的自动做青机。试验后得出：“一台中型自动做青机设备可以代替4个人10小时的辛苦劳作。”2020年5月，“全自动做青机”获得了国家发明专利，突破了几百年来众多科研机构无法攻克的难题，大大地解放了生产力，也有效提高了总体乌龙茶铁观音的质量，实现了生产的标准化、规模化，还荣获福建省百万职工“五小”创新大赛一等奖，在第二十四届全国发明展览会上荣获“发明创业奖·项目奖”金奖。

在攻克制茶技术难题的过程中，温文溪总是想办法进行改进，先后取得《一种烘焙茶叶快速散热机》《一种自动做青机及其控制方法》和《一种半发酵蒸青茶的加工方法》等5项发明专利，带动经济效益8500多万元。发明创新成果荣获1次全国发明展金奖、3次省创新大赛一等奖。

创新，是原动力，也是生命力。在与茶结缘的这二十多年内，温文溪始终坚持创新，努力地摸索属于自己的门道。为带领广大贫困茶农脱贫致富，助推乡村振兴，2016年10月，温文溪创建“安溪铁观音制作技艺传习所”，积极向茶农传授自己制作铁观音的技艺和发明的专利。传习所成立以来，培训茶农、学员、徒弟等近10万人次，还培养了56名高技能人才、30多名退役军人，让100多户低收入茶农收入翻番。

在帮助贫困户取得良好成效后，传习所又构建了“传习所+茶农+茶企业”的多方共赢模式，结对广大贫困茶农进行指导帮扶。他在与省级建档立卡的贫困村结对时，有效进行茶园土壤改良与生态修复，普及制茶技艺，打造全县示范性茶园与茶品，并经实践，创造了通过创新模式、创新设备、创新产品带领贫困茶农脱贫致富、促进乡村振兴的一个典型。2017年以来，共帮助14户省级建档立卡贫困户成功脱贫致富，让45户建档立卡贫困户家庭成员和残疾人得到就业。“安溪铁观音制作技艺传习所”于2020年11月在第四届“中国创翼”创业创新大赛扶贫专项赛中先后斩获市级、省级选拔赛桂冠并在国赛中脱颖而出，被人社部授予全国优秀创业创新项目。2021年，温文溪被安溪县评为“脱贫攻坚表现先进个人”。个人先进事迹也被央视一套《新闻联播》和央视七套《老兵你好》等栏目播出。

“永不言弃、但行好事、心怀感恩、归零心态。”参加完党的二十大后，温文溪用这16个字对自己多年的工作进行梳理和总结。作为一名青年党员，他将继续带领安溪铁观音制作技艺传习所，通过解决一个个实际难题，提高制茶效率和茶叶品质，让更多人种好茶、制好茶、喝好茶，以茶产业带动就业、增收、致富，为全面推进乡村振兴贡献力量。

（安溪县委党史和地方志研究室供稿，安溪铁观音制作技艺传习所供图）

搭建平台　言传身教

——安溪日月升茶叶制作技艺传习所

传习所名片

安溪日月升茶叶制作技艺传习所位于西坪尧阳村，由“乌龙茶制作技艺（铁观音制作技艺）”安溪县级代表性传承人王天升创立。它以深厚茶文化和精湛技艺为基础，肩负传承重任。王天升凭借丰富经验，带领传习所培养人才、帮扶茶农，还打造文化体验馆，积极传播茶文化，获得诸多荣誉，为茶产业发展贡献力量。

安溪日月升茶叶制作技艺传习所位于名茶铁观音发源地安溪西坪尧阳村，于2020年创立，其依托着深厚的铁观音茶文化和几百年制作技艺的传承，展现出别具一格的地缘优势。

传习所以安溪日月升茶庄园为基础，以“泉州工匠王天升工作室”为技术传承核心，在主理人王天升的带领下，肩负起了传承安溪茶文化、传授茶叶制作技艺的重任，同时还成为福建农林大学的科教实践基地。

王天升，安溪日月升茶业有限公司董事长，身兼多职，是西坪镇侨联副主席、制茶高级工程师、国家高级评茶师、

安溪日月升茶叶制作技艺传习所

国家高级茶叶加工师、国家高级考评员、“乌龙茶制作技艺(铁观音制作技艺)”安溪县级代表性传承人等，他拥有近40年丰富的制茶经验，是茶行业当之无愧的领军人物。他不忘初心，用心钻研，秉持着“一辈子专注一杯好茶”的坚定信念，铸就了辉煌的事业。先后获得“泉州工匠”“泉州五一劳动奖章”“安溪县技能大师”“中国制茶大师”等荣誉，还被评为泉州市第五层次人才等，其贡献和影响力可见一斑。

铁观音独特的制茶技艺包含晒青、晾青、摇青、炒青、揉捻、初烘、包揉、复烘、复包揉、烘干等10道工序，王天升深知做好茶的不易，而家乡茶农面临着茶园管理不科学、制作技术水平不高导致茶叶卖不出好价钱的困境，这让他心急如焚。于是，2020年他毅然创办了制茶技艺传习所，出资购置传习设备，开设乌龙茶制作技艺传习班。他不仅利用农民讲师团讲师的身份深入田间地头和农户家中指导茶农种好茶、制好茶、卖好茶，还积极培养学徒、传播技艺。

王天升展示铁观音摇青技艺

王天升为学员讲授制茶技艺

在王天升的引领下，传习所汇聚了众多优秀的制茶高手，如20多名中国制茶大师、省级非遗传承人、安溪铁观音大师名匠等，成为一个拥有“制茶技艺顶级团队”的“茶叶技能学习大学堂”。通过这一平台，他还经常邀请各乡镇茶农到传习所学习，以身示范，引导茶农通过一次次技艺比赛提升制茶技艺。至今，传习所共对接帮扶 2 个乡镇，扶贫帮扶 10 个村，直接指导帮助茶农进行生态茶园改造 1000 亩，辐射带动农户 3200 户，帮助 60 多名农林大学茶学专业学生提升茶叶实操技能，以及 80 多名农村妇女实现就业。同时，王天升创立安溪日月升茶叶专业合作社和安溪县日月升茶业有限公司，并探索出“合作社 + 销售公司 + 传承人”模式，通过茶叶技术的传授和生产经营管理，带领农民脱贫致富。

王天升带领学员现场晒青

2022 年，安溪铁观音先后被联合国粮农组织和教科文组织认定为“全球重要农业文化遗产”和“人类非物质文化遗产”，西坪作为铁观音“双世遗”的核心组成部分，肩负着传播茶文化和传承制茶技艺的重要使命。安溪日月升茶叶制作技艺传习所也积极承担起这一使命，结合发源地特有的环境氛围，打造了面积近2000平方米的茶文化体验馆，更好、更系统地传播铁观音茶文化。据统计，传习所每年吸引近 2 万名爱茶人士前来学习制茶技艺，感受铁观音发源地丰富的茶文化内涵。

王天升表示，未来他将继续不忘初心、砥砺前行，通过传习所搭建更好的平台，协同工匠工作室、非遗传承人、非遗传习所等走进机关、学校、社区、家庭、茶企，通过言传身教，让新一辈茶人快速提升制茶水平，带动更多茶农增收致富，让更多人知茶、爱茶、懂茶，传承茶技艺、传播茶文化，推动安溪茶产业转型升级，为乡村振兴贡献更大的力量。

（安溪县委党史和地方志研究室供稿，安溪日月升茶叶制作技艺传习所供图）

古法今用　传承焕新

——安溪铭贤堂九制熟地传习所

传习所名片

安溪铭贤堂九制熟地传习所，由“安溪尤俊九制熟地制作技艺”安溪县级代表性传承人谢夏东牵头成立，以尤俊村作为制作基地，并利用餐饮店作为技艺的展示窗口。传习所致力于九制熟地技艺的保护传承，通过举办多种活动进行宣传推广，并积极培养技艺传承人，为乡村振兴注入了新的活力。

九制熟地技艺是中华医药文化的瑰宝之一，生地黄要经过九次蒸煮、九次晾晒、九次露润，才能转化为具有滋阴补血、益精填髓功效的熟地黄。熟地制作，不仅需要深厚的中药知识，更需要耐心和毅力。

熟地制作现场（一）

尤俊九制熟地第二代传人谢夏东，1970年出生于安溪尚卿尤俊村，自小便在父亲的熏陶下，与九制熟地结下了不解之缘。小学毕业后，他进入父亲的药铺，开始了漫长的学徒生涯。这段经历不仅让他积累了丰富的药理知识，更让他学会了如何选择和晾晒生地黄，为日后传承九制熟地技艺

晾晒熟地

奠定了坚实的基础。

2014年，谢夏东正式跟随父亲学习九制熟地的制作技艺。在炮制过程中，他始终坚持选用优质地黄作为原料，经过清洗、切片、浸泡、蒸煮、晾晒等九道工序，最终制成色泽乌黑、质地柔软、药效显著的九制熟地。正是凭借着对熟地的热爱与执着，他最终摸索出一套属于他自己的制作方法。

除了继承古法炮制技艺外，谢夏东还不断探索创新。他结合现代科技手段，对炮制过程进行优化和改进，使得九制熟地的药效更加显著，炮制效率得到提升。他还积极与同行交流学习，汲取他人的经验和智慧，不断丰富自己的炮制技艺。

2020年，谢夏东创办安溪县城厢尤俊餐饮店，成功将九制熟地药膳引入餐饮业，将传统技艺与现代餐饮相结合，凭借其独特的口感和功效，深受消费者喜爱。

为保护和传承这一古老技艺，2020年，谢夏东牵头成立安溪铭贤堂九制熟地传习所。该传习所以尤俊村为制作基地，以餐饮店为展示窗口，集产、学、研、销于一体。传习所不仅储藏了3500公斤九制熟地，还拥有一个专业团队。

在谢夏东的带领下，传习所积极参与各类活动，参与安溪茶校现代学徒制烹饪专业的拜师活动，正式收取徒弟传授技艺；还走进社区、学校、企业等，通过开展产学研活动和非遗进校园等活动，推广熟地制作技艺。

此外，传习所通过多媒体全方位宣传展示非遗技艺，让更多人知晓九制熟地的独特魅力。2021年，传习所参与《味

在八闽 / 泉州安溪：闽南熟地》的宣传视频在“学习强国”学习平台发布；2022年3月，参与CMG中央广播电视总台福建总站《闽地秘藏 / 闽南熟地：古老的生命能量》拍摄宣传，节目发布于央视新闻等媒体。

熟地制作现场（二）

九蒸九制熟地成品

在传习所的努力推动下，“尤俊九制熟地”成功列入安溪县非物质文化遗产代表性项目名录。随着尤俊村九制熟地产业的发展兴旺，尤俊村的乡村振兴和文化旅游也进一步发展，尤俊村成功入选全国民主法治示范村和福建省“一村一品”示范村。

“作为一个集传承、创新、推广于一体的综合性平台，我们将继续发挥在非遗传承和文化旅游发展中的重要作用，为尤俊村的发展和安溪的文化传承发展贡献更多力量。”谢夏冬说。

（安溪县委党史和地方志研究室供稿，谢夏东供图）

做专一品　乡村蝶变

——安溪长卿山格淮山专业合作社

传习所名片

安溪长卿山格淮山专业合作社，由泉州市劳动模范、泉州市科普惠农兴村带头人陈主义于2008年创立。合作社通过整合资源、塑造品牌、技术创新及产业链延伸等措施，走出了一条独具特色的淮山致富之路，不仅促进了本村及邻近地区的经济发展，还有效助力脱贫攻坚工作，推动乡村振兴进程，成为乡村发展的一个典范。

淮山，作为一种营养丰富的食材，一直以来都受到消费者的喜爱。安溪县长卿镇山格村气候独特，富含微量元素的砂质土壤和山泉水，种植出来的淮山根块粗直、肉质肥厚、脆而不硬、酥而不软，深受市场欢迎。

曾经的山格村十分贫困，85%的村民靠小作坊鞭炮生产维持生计，尽管危险重重，却为了谋生而难以割舍，用他们的话说："宁愿被炸死，也不愿饿死。"2003年，取缔鞭炮生产行业后，寻找新的产业支撑成为当务之急。时任村主任的陈主义在偶然间发现了淮山产业的潜力，他勇敢地迈出第一步，从自

山格淮山种植基地

山格淮山专业合作社理事长陈主义（左一）指导村民种植淮山、查看淮山生长情况

陈主义（左一）给社员培训淮山种植技术

己的 3 亩地开始尝试种植淮山并加工销售，当年便取得丰收和良好的收益。这一成功犹如星星之火，迅速点燃了村民们的热情，越来越多的村民放下了危险行当，开始投身淮山种植。

但起初的淮山种植大多处于小农经济阶段，缺乏统一标准和品牌意识。为了改变这一局面，陈主义果断决定成立专业合作社，整合资源，打造品牌。2008 年 1 月，安溪县山格淮山专业合作社应运而生。最初只有 42 户农户参与，但随着时间推移，其潜力逐渐显现，吸引越来越多的村民加入，目前已有 800 多户农户加入合作社。在陈主义的带领下，合作社不仅扩大种植面积，还建起加工厂，实现从种植到加工的完整产业链，真正让山格淮山产业走上规模化、专业化的道路。

为了提升山格淮山的品质和市场竞争力，合作社积极引进先进的种植技术和加工设备，严格把关代工工厂的产品，

合作社向社员收购淮山现场

山格淮山参展中国绿色食品博览会

山格淮山国家地理标志农产品品牌推介会

不断探讨产品的改良提升空间，力求从食材到口感都达到更高品质。这一系列努力得到了丰硕的回报，2020 年，山格淮山荣获国家地理标志农产品称号，并先后荣获全国名特优新农产品、绿色食品认证、地理标志证明商标等殊荣。

在品牌建设和市场推广方面，合作社深入挖掘淮山的文化内涵，自 2012 年起，通过举办淮山文化节、淮山美食大赛，到各地办展销会，邀请泉州名人做形象代言等方式，成功将山格淮山的品牌推向了更广阔的市场。如今，山格村淮山种植面积超过 2000 多亩，产值达 1 亿多元，产品畅销八闽大地和台湾、香港地区，远销马来西亚、新加坡等国家，加盟连锁店近百家，销售网络覆盖全国各大城市。淮山产业收入占村民收入的 51%，走出了一条独具特色的淮山致富之路。

山格淮山专业合作社积极发挥科技创新的支撑作用。成立全省首个淮山产业技术研究会，与福建农林大学、省市农科院所等单位建立合作关系，研发真空包装、钻孔灌沙种植等技术以及改善土壤营养的有机肥，成功解决淮山“隔年生产”难题，提升淮山的产量和品质。同时，合作社延伸产业链，对淮山进行精深加工，研发生产了淮山面条、营养米粉、纤维酥、养生茶、营养粥等 8 种淮山新产品，部分品种获得技术专利。在运作模式上，实行“基地 + 农户”模式，对山格淮山实行“四个统一”，即统一收购、统一加工、统一品牌、统一销售，确保产品的质量和品牌形象的一致性。组建福建省山格农业综合开发有限公司，在福州、厦门等地设立分公司、淮山协会办事处等，形成规模化经营格局。

山格淮山专业合作社不仅带动山格村的发展，还辐射到周边乡镇。与安溪淮山协会共同规划的“千亩淮山基地”项目，带动长卿、感德、祥华、龙涓、桃舟、芦田、蓝田、剑斗 8 个内安溪乡镇 30 多个村种植淮山，共计建设千亩标准化种植基地。如今，全县淮山种植面积已经从最初的667公顷发展到2667公顷，从业人员也从不足1万人增加到了4万人。同时，合作社发起成立的安溪淮山产业扶贫创业联盟，以土地入股、免费技术指导、保底收购等形式，精准帮扶213户贫困户，为脱贫攻坚事业做出了重要贡献。此外，合作社还投入400万元建设冻库、包装车间、全自动淮山面线生产线等，为当地提供了数十个就业岗位，进一步促进了当地经济的发展和社会的稳定。“山格淮山专业合作社”先后入选全国“千村千品”工程，被农业农村部授予“国家农民合作社示范社”称号。

淮山面线

淮山红枣枸杞粉

山格村的村容村貌也在合作社的发展带动下得到极大改善，被评为“省级乡村治理示范村”。陈主义深知乡村振兴离不开产业支持，他提出的土地轮耕以及种植水稻、莲花等举措，不仅增加经济价值，还提升观赏价值，吸引更多游客前来参观，为乡村发展带来新的机遇。他鼓励更多年青人回乡创业，通过合作社的规范管理和产业引领，为年青人提供施展才华和获得稳定收入的平台，让年青人看到家乡的发展潜力和美好未来。

从曾经的贫困山村到如今的富裕乡村，山格村的变迁见证了山格淮山专业合作社的成功，也让我们看到乡村振兴的希望和力量。在未来的发展道路上，相信山格淮山专业合作社将继续书写辉煌，不断创新发展，为乡村振兴注入更强的动力，让山格淮山走得更远、飞得更高。

（安溪县委党史和地方志研究室供稿，山格淮山专业合作社供图）

稀有木偶　拥抱新风

——安溪虎邱假宜真布袋戏传习所

传习所名片

假宜真布袋戏传习所由“南派布袋戏”安溪县级代表性传承人林海良于2017年创立。传习所以传承和发展布袋戏为宗旨，通过开设课程、组织演出等方式，培养了一批批优秀的布袋戏表演者，为保护和弘扬这一非物质文化遗产作出积极贡献。

泉州布袋木偶戏，又称南派布袋戏，以泉腔演唱。在表演过程中，由技师通过指掌活动，灵活操纵使得木偶做出各式各样宛若真人的动作进行表演。其集指掌弄巧、讲古口白、地方戏曲等艺术于一体，兼具文学性、音乐性、技术性和趣味性，是中国木偶戏中的稀有剧种。

安溪布袋戏历史悠久，其中金榜“假

林海良在华侨大学为同学们讲解布袋木偶戏

虎邱金榜假宜真布袋戏传习所

宜真”戏班赫赫有名。该戏班由林海良的先祖林天生于清朝创建，后来，林天生将技艺传授给弟弟林元旦，林元旦育有六子，他们子承父业，全部从事戏剧表演，时人称之为“金榜六台戏”。这些后人继承先辈传统，也培养了众多戏班，代代相传，至林海良时已历经五代，历经两百多年，薪火相传，生生不息。

林海良从小跟随父亲四处演出，耳濡目染，很快学会了布袋戏基本功，如唱、念、说、打等。林海良的父亲要求严格，先让他学习南音，每天早上对着墙壁练习发音，之后学习鼓乐、演技和读戏文，从简单到复杂。由于天资聪颖、口齿伶俐，在小学五年级时，林海良就已经能够独立演出，他演出的《玉莲招亲》在学区会演中获得了一致好评。

1974 年，高中毕业后，林海良回到家乡担任代课老师，但心中始终怀揣着对布袋戏的热爱。1978 年，他辞去民办教师工作，担任假宜真布袋戏团长一职，从此踏上传承发展布袋戏的征程。

林海良的布袋木偶戏表演，从《三国演义》《东周列国》《水浒传》《西游记》《杨家将》等小说取材，既秉承传统经典，又守正创新。2008 年，他结合虎邱本土题材黄金桂发源历史，创作新编布袋戏《黄旦记》，被录入《魅力泉州》电视栏目。2011 年 5 月，虎邱镇茶王赛现场，这一段流传已久的因茶结缘、古老美好的爱情传奇首次以掌中木偶形式搬上舞台，吸引了各路嘉宾，获得很大反响。

在创新中发展，在发展中创新。近年来，林海良在传承表演布袋戏传统曲

剧团上演《三打白骨精》布袋戏

目的同时，注重结合新时代新形势，对剧本内容进行创新、编排和表演，并结合当地风土人情，创作一些乡土题材剧本，如《山村盛开富贵花》《木兰从军》等宣传婚育新观念的剧目。

多年来，林海良带领着布袋戏团在农村各地表演，不仅传播了布袋戏文化，也赢得了群众的热烈反响。然而，他并不满足于此，而是带着传承人的责任和使命，深入思考如何将这一非遗文化艺术搞得更好、更活。

林海良无私地传授所知所学。20 世纪 80 年代起，就有人向他拜师学艺，只要有人愿意学，林海良从不推辞，即便是自己历经艰辛创作出来的剧本，也无偿提供给同行使用。2013 年，他每周在金榜小学、虎邱中心小学上一次课，其他学生较少的学校就以讲座的形式集体上课。他将古典戏曲的唱曲和南音等翻译成简谱，再配上词给孩子们当教材；还创作了《草船借箭》《火烧赤壁》等一批剧本；将学布袋戏的要领、出台顺序等以书面形式整理出来，供孩子们学习。至今已坚持十几年，传授学生 300 多人。

2017 年，林海良在家中开办小规模的布袋戏传习所，开始收徒授艺。他希望通过传习所，让更多人有机会学习布袋戏、体验布袋戏的独特魅力。2019 年 12 月，安溪县文体局为假宜真布袋戏传习所正式授牌；2022 年 7 月，林海良将传习所搬移到湖西村“党建 +”邻里中心右侧的龙纵学堂里。新的传习所面积

剧团里的各式掌中木偶

达320平方米，活动场所宽阔，设有戏台表演、锣鼓实践专区等，为学生们的学习和实践提供了充足的空间。学员多数为本村小学生，他们在学校里上完木偶课后，又来到传习所参加晚课学习，基本功较为扎实。

参加安溪少年宫特色活动项目展演

在传习所里，林海良和其他老师采用一套标准授艺模式，对学员进行常态化规范化的训练。从基础的叫介、亮相、整冠、走步、过场次序等，到人物角色生、旦、丑、北四大类的造型、姿势、特点，再到唱、念、说、打四要领，都由讲师手把手传授，循序而教。等学员掌握基本功后，再教习专项本领，如杂技表演、后台锣鼓等，技巧有别，有所分类，因材施教。最后，传习所会组织掌握了技艺要点的学员按剧本排练节目，初见成效后，再组织学习对打、翻跟斗、转盘、打虎等难度较高的动作。

经过一段时间的学习和训练，学员们逐渐能够自打锣鼓，自制节目。每逢旅游团来参观，他们都能自如表演，展现出布袋戏的独特魅力。2023年9月23日，传习所组织学员在安溪县邻里文化节开幕式上表演，获得了观众的一致好评和赞誉。

此外，传习所在全省各市县开木偶课传授技艺，积极开展各种演出和交流活动，传习所多次参加泉州民间布袋戏邀请赛，获3次二等奖、1次一等奖，林海良也获评为“福建十大最美面孔”。

于方寸舞台之间，于民间艺人的巧手之中，一个个原本寂静不动的人偶焕发了生命力。年金八旬的林海良，仍然坚守着布袋木偶戏表演事业。他的满腔热忱和执着坚守，令人心生敬畏，敬仰不已。正是因为有了像他这样的一代代木偶戏表演人坚持不懈的努力，布袋木偶戏一定能在新时代的文化大潮中，焕发出更夺目的光彩。

（安溪县委党史和地方志研究室供稿，林海良供图）

发扬传统　务实求真

——永春岵山津源酱醋厂

传习所名片

永春岵山津源酱醋厂传习所成立于2021年，由“永春老醋酿制技艺”永春县级代表性传承人郑伟煌牵头成立。传习所以传承和发展永春老醋制作技艺为宗旨，通过师徒传帮带、组织交流活动、打造示范性技艺园等方式，助推永春老醋产业发展。

永春老醋，起源于北宋初年，选用优质糯米、红曲、芝麻、白糖为原料，按一定的配方精心酿制，酿造技术独特。

北宋初期，永春民间即有祖传酿制老醋的手工作坊。随着时间的推移，当地酒坊研发出了用福建红曲代替大曲、酒药的酿酒方法，进而发现米酒在当地温暖的气候条件下，通过自然接种醋酸

郑荣年（左1）和郑伟煌（中）察看老醋生产情况

菌定时搅拌溶氧，无须任何辅料即可发酵转酸，制成老醋。这一独特的制醋工艺逐渐形成，永春老醋也因此远近闻名。

郑家世代酿醋，郑伟煌作为老郑家传统醋艺的第四代传承人以及“永春老醋酿制技艺”永春县级代表性传承人，始终怀有高度的责任心和使命感。自幼便学习老醋酿造工艺的他，在2012年大学毕业后，放弃了上海的高薪工作，回到永春接管津源酱醋厂，他始终不忘初心，坚守工匠精神，用良心做醋。津源老醋之“源”在于原料，在原料的选择上，郑伟煌坚持只选上等糯米与红曲，融合优质地下矿泉水，结合传统工艺和微生物发酵技术进行加工，生产出的老醋与市面上其他老醋相比，香味更醇厚，口感更柔和。另外，郑伟煌继承并完善确立了“酸梅牌”永春老醋的制作工艺流程，依次为糯米淘洗、浸泡、蒸煮、摊凉、拌红曲、入缸发酵、开缸补水、抽取红酒、发酵转酸、炒米色、炒芝麻、陈酿、成品包装。

“发扬传统、务实求真、争创品牌”是津源的宗旨。在郑伟煌的不懈努力下，津源酱醋厂取得诸多荣誉：2002年被农业部评为“全面质量管理达标”单位；2006年获“泉州市知名商标”；2016年荣膺央视网《中国好物产》栏目推荐健康食品，同年和2019年分别获评第八轮、第九轮泉州农业产业化“市级重点龙头企业”；2019年获“福建省名牌产品”荣誉；2020年被福建省食品工业协会评为“2020年食品工业企业诚信管理体系建设示范企业”；2021年，获得福建省农业产业化“省级重点龙头

永春县岵山津源酱醋厂

企业”和“国家高新技术企业”称号。郑伟煌也于2020年获颁“永春县技能大师”，2021年被确认为“泉州市第六层次人才”。如今的津源拥有5000平方米的标准厂房以及一整套先进的生产流水线设备，年产值可达1000万元。

现代食醋监测技术研究

2021年，为推动永春老醋的发展，郑伟煌牵头成立了“永春岵山津源酱醋传习所”。该传习所长期专注于老醋产品的研发以及探索老醋产业的发展，同时十分注重以师徒传帮带的形式来推广老醋工艺的传承，每年会招收3—5名学徒，向他们传授永春老醋的传统制作技艺。

郑伟煌全力致力于永春老醋工艺技术的传承与发扬，倾力打造“示范性永春老醋技艺园”，大力促进本地特色产业发展，在助力乡村振兴方面起到示范引领作用，获得各级领导的称赞和支持，受到中央电视台、福建电视台、泉州电视台、人民网、央视网、央视频、腾讯新闻、今日头条、网易新闻、《泉州晚报》、永春网等数十家媒体的关注和宣传。与此同时，郑伟煌的津源酱醋厂还吸引了来自全国各地的文艺界名人、企业家、作家、诗人、游客等前来参观访问，深入了解永春老醋文化，这也间接地带动了岵山镇的旅游以及当地荔枝、熟地等特色产品的销售，推动了乡村旅游消费。

传习所不仅注重技艺的传承，还积极履行社会责任。其与农民签订粮食“供应—生产—购销”合同，采用企业收购农户醋产品的形式，为“醋村”——铺下村的农户提供保姆式教学服务，并在生产过程中给予农户技术指导和作业指导。这一举措既提升了农户的收益，又推动了永春老醋产业上游产业链的发展，为产业提供了资源保障。

此外，岵山津源传习所还踊跃探索创新发展模式。该传习所践行“组织引领+传习所技艺传教+农户共享”的醋产业发展模式，为农户提供技术支持和

津源“酸梅”牌老醋产品

收购渠道，有力地带动了当地粮食种植业增产增效以及农民增收。铺下村的总产值持续增长，进一步激发了农户的动力，全村积极投身到老醋生产与推广当中，成为乡村振兴的典型范例。

为更好帮助群众，郑伟煌加大对传习所的硬件投入，将传习所纳入公司的老醋制作技艺和实训基地建设规划里，划拨专项资金用于拓展场地、添置设备等。与此同时，他还着眼于旅游与文化，深度发掘老醋的历史文化底蕴，并融入旅游元素，建设了一个集醋文化展示、醋加工酿造、醋产品体验、醋销售定制于一体的老醋观光项目，这进一步增强了永春老醋的影响力。

永春县岵山津源酱醋传习所，凭借其对传统工艺的坚守以及创新精神，良心制醋、用品质发声，成为永春老醋传承与发展的典范。

（永春县委党史和地方志研究室供稿，津源酱醋厂供图）

泥火交融　分享魅力

——永春瓷源文创陶艺传习所

传习所名片

瓷源文创陶艺传习所，由“永春陶瓷制作技艺”永春县级代表性传承人林庆祥于2020年创办。传习所立足永春陶瓷文化，集多种功能于一体，通过各类活动传承技艺，潜心挖掘“瓷+”文化，整合利用名优特资源，融永春元素于陶瓷作品上，其作品屡获佳绩，为永春陶瓷文化发展作出贡献。

特色陶瓷文创“乡愁”系列作品

永春瓷历史源远流长，产业传承不息。早在宋明时期，永春瓷窑生产的陶瓷器皿就通过刺桐港远销至“海上丝绸之路”沿途国家和地区。截至2022年，已发现的永春古窑址达33处，从夏商时期到明清时期，跨越多个朝代，这些古窑址见证了永春陶瓷的辉煌历史。其中，永春苦寨坑挖掘出的多座原始瓷烧制窑炉结构更是具有极高的历史、艺术与研究价值，是全国目前发现的最早原始青瓷窑址。

20世纪90年代初，永春县曾是全国最大的陶瓷灯具生产基地。此后，介福乡在2017年获评“中国陶瓷之乡”，苏坑镇在2020年获评“中国陶瓷特色小镇”，“介福龙窑瓷器制作技艺”在2020年被列入第六批泉州市级非物质文化遗产代表性项目名录，“永春陶瓷制作技艺”在2022年被列入第七批福建省级非物质文化遗产代表性项目名录。

瓷源文创作为一家综合性的文创公

永春瓷源文创陶艺传习所开展陶瓷制作技艺传习体验活动（一）

司，集产品创意设计、研发生产、市场营销、电子商务、人才培训等多种功能于一体。其工作内容涵盖陶艺雕塑与设计、釉水配制、陶瓷生产、手拉坯制作、陶艺研学等多个方面，由国家二级技师、福建省工艺美术协会理事、福建省雕刻艺术家协会理事、泉州工艺美术协会副秘书长、泉州市工艺美术大师、永春县技能大师、永春工匠、“永春陶瓷制作技艺”永春县级代表性传承人、永春青年五四奖章获得者林庆祥创办，拥有技师、工艺美术大师、技能大师、非遗传承人、调香师等20余人。

自2018年起，瓷源文创与永春县总工会、永春县妇女联合会等多个部门联合，每月定期举办陶瓷研习活动。2020年，瓷源文创组织成立了永春陶瓷制作技艺传习所，搭建集陶艺体验及展示于一体的旅游研学平台。通过实行老带新机制和院校合作机制，将宝贵的陶瓷制作技艺和经验传授给学徒。几年来，与华侨大学、厦门工艺美术学院、广西北部湾大学、台湾中原大学等众多高校团体开展研学合作，搭建大学美术学院实践基地、海峡两岸青年文化与创意论坛实践基地、永春县青年创业基地等，为青年创业者、陶艺爱好者和学生提供丰富多样的创作实践平台。此外，还定期举办培训研学，讲解永春陶瓷历史文化，开展专题授课，自主编撰了《坯料制备》《坯料的成型》《釉料制备》《烧制成型》等12部与陶瓷工艺相关的专业课件。

在传承陶瓷技艺的同时，传习所也

在不断加大陶瓷文化、文创产品的宣传推广力度。2020 年入驻晋江五店市“永春非遗馆”，2021 年与福建江夏学院大学生社会实践校企专项对接，并在福州的永德会馆设置了“非遗长廊”“瓷源永春陶瓷馆”以及“永春龙窑陶瓷馆”。同时，传习所的文创产品入驻新华书店，并注册了“永春窑”“四班窑”“咏春礼”“瓷隅”多个保护性商标。

在传习所，林庆祥和他的团队用最平常的泥与火，用“瓷 +”文化赋能特色“有根”产业融合发展，研究推出了“瓷 + 醋”“瓷 + 香”“瓷 + 乡愁文化”等系列文创产品，其中“不染”点香器、勾莲纹鼎式香薰炉分别荣获国家级金奖和优秀奖，新型香薰获得福建省五小创新一等奖和泉州文创优秀奖，香牌制作技艺获得福建省五小创新三等奖……各类创意文化产品为“乡愁永春”赋予了新的生命力，持续推进永春特色传统文化的传播。

永春瓷源文创陶艺传习所开展陶瓷制作技艺传习体验活动（二）

瓷源文创自主研发创作的多项产品更是屡获佳绩。作品《送别》荣获第七届中国陶瓷名家名作展暨 2019 年陶瓷作品金奖；《原瓷——草木灰八卦炉》荣获 2019 年第二十届中国工艺美术大师作品暨手工精品博览会百花杯优秀奖；《纤尘》荣获第八届中国陶瓷名家名作展暨 2020 年陶瓷作品银奖；《送子观音》荣获 2020 年第一届福建省（永春）匠艺杯工艺美术现场技能大赛银奖；《不染》荣获 2021 年第五十六届全国工艺品交易会金凤凰创新产品设计大赛金奖；《静观》《草木灰手工杯》分别荣获第七届海峡两岸雕刻艺术大赛金奖、银奖；《持莲观音》荣获中国工艺美术协会“百花杯”银奖；等等。此外，传习所的作品《惠安女》被福建省泉州海外交通史博物馆永久收藏。

（永春县委党史和地方志研究室供稿，瓷园文创陶艺传习所供图）

问叶四方　水仙飘香

——永春一叶一问闽南水仙制作与科研传习所

传习所名片

一叶一问闽南水仙制作与科研传习所，由“闽南水仙制作技艺”永春县级代表性传承人李建民创立。传习所占地近2000平方米，集种植、生产等功能于一体，并与多所院校展开合作，是市级龙头企业。在李建民的引领下，传习所不断努力，取得众多荣誉，并积极进行技术推广，带动周边群众致富。

位于永春县东平镇太平村的“一叶一问闽南水仙制作与科研传习所”于2015年成立。该传习所占地面积将近2000平方米，是泉州市市级农业龙头企业，有教授2人，高级评茶员1人，高级园艺师3人。传习所与福建省农科院、福建农林大学、浙江大学、湖南农业大学等多所科研院校合作，使其集闽南水仙茶种植、生产、技艺教学、传承与研究于一体，并且拥有完善的实训场地和教学研究设备。

一叶一问闽南水仙制作与科研传习所展示闽南水仙制作技艺（一）

传习所的创始人李建民，成长于一个传承

三代的制茶世家。其爷爷曾专门从事茶叶种植生产，在本地耕山队负责茶叶生产管理制作。自幼深受家庭熏陶的李建民，早早便立下了扎根基层茶事业的志向。在大学期间，他就积极在同学老师中推广家乡闽南的泡茶方法，同时热衷于研读茶史，钻研永春佛手茶、大红袍、老枞水仙、水仙白、佛手红茶等相关方面的书籍。怀揣着研究好茶做好茶的梦想不断前行，他走访安溪、武夷山、福鼎、潮州等多地茶区取经学习，也曾到北京、上海、广州、深圳、杭州等地拜访专家学者和市场前沿销售负责人，不断拓宽自己的视野和经验。

从 2006 年收拾抛荒 30 年的百年水仙老茶园开始，李建民便踏上艰辛而又充满快乐的茶事之路。他人工除草，采用传统农耕法管理，累并快乐着。此后，他不断开垦新茶园，扩大规模。在制茶过程中，李建民带领团队日复一日地试茶、拼茶、焙茶，潜心钻研，佳绩连连。荣获了众多奖项，如 2016 年第三届中华茶奥会百年野化水仙茶品评鉴乌龙茶组铜奖，2017 年第六届北京鸟巢茶王赛老枞水仙特别金奖，2018 年“水之品”杯首届武夷岩茶品饮斗茶赛老枞水仙组状元、第七届北京国际斗茶鸟巢茶王赛水仙茶王，2019 年永春县秋季“侨联杯”茶王赛清香型水仙金奖茶王（第一名），2023 年包揽北京国际斗茶赛大红袍两个

一叶一问闽南水仙制作与科研传习所展示闽南水仙制作技艺（二）

特别金奖等。

李建民不仅专注于自身技艺的提升，还积极带领传习所团队奔波于荒野、山间田头，把好茶叶源头关，稳定茶叶质量，为永春县茶叶打造了一张特别的名片。他推动着闽南水仙品牌竞争力的提升，打造出了具有特色的新型农业科技公司。

在推广方面，李建民积极响应政府号召，参加国内外各类活动。从中国福州“6·18”海峡成果交易会到第十届海峡两岸（泉州）农产品采购订货会，从厦门大学社科人文学院专场茶会到国外的展会，他的足迹遍布各地，打响一叶一问闽南水仙茶叶品牌。与鸟巢签订战略合作，借助国家体育馆以奥运品质推动品牌发展。

2017年，一叶一问传习所建立完整的制茶售茶平台，注册运营了“一叶一问茶舍”商城。此后，在多地开设直营茶馆或拓展品牌加盟，不断扩大影响力。近年来，李建民还带领传习所团队毫不保留地向乡亲们传授制作技艺，让更多人了解和珍视老枞水仙，直接带动了一百多位村民致富。

2020年，一叶一问传习所开始陆续对闽南水仙茶文化推广园进行扩建，园区一期达2000平方米，目前已建成并投入使用，其主要涵盖闽南水仙非遗手工制茶坊、标准化茶叶审评室、茶叶爱好者研学体验基地以及研学中心、一叶一问自有茶园百年老树示范园等。工作内容主要有闽南水仙优良纯种茶树苗木繁育、现代化喷灌管理、茶叶种植、茶叶采制加工、茶叶审评拼配、制茶技艺传授以及茶文化传播等。到了2022年，又建设了茶叶仓储配送中心和闽南水仙茶叶直播推广中心，且配备了仓储展示和直播室等。这一系列举措促进了企业与科研院所的建设和发展，引领了茶学科的成长，搭建起了良好的政、产、学、研、用平台，为培养学科交叉型的高素质人才创造了条件。

携手同心，同行致远。一叶一问闽南水仙制作与科研传习所承载着李建民等众多茶人的梦想和努力，凝聚着他们对茶文化的热爱与执着。他们以茶为媒，以心传情，让这醇厚的水仙之香深深烙印在每一个茶人心中，历久弥新，香飘万里。

（永春县委党史和地方志研究室供稿、供图）

爱乡恋香　让“香”更香

——永春竹森香堂

传习所名片

竹森香堂传习中心于2021年成立。传习所拥有专业的人才队伍，主要从事香品制作、研究、宣传、销售以及带徒传授制香技艺，为永春香文化的传承与发展贡献力量。

永春制香，源起于宋，一脉“香”传。竹森香堂传习所的负责人林文森，是一位备受赞誉的人物，他身兼多职，包括永春县第十六届政协委员、永春青年商会副会长、永春香文化研究会副会长兼副秘书长等。他先后被评为“福建省香道技艺师”、“泉州市好师傅”、“永春香制作技艺”泉州市级代表性传承人、“永

林文森（左二）指导孩子们体验永春香制作技艺

林文森指导孩子们体验永春香制作技艺

春县技术能手”、“永春县青年岗位能手”，同时还是永春青年“五四奖章”获得者。

林文森早年便跟随制香大师洪文兴系统地学习制香技艺，熟练掌握包括沾、搓、浸、展、抡、切、晾、染、晒在内的九制技艺以及永春香的系统知识。2013年起，他在福建兴全香业有限公司从事香品研发与香道传播工作，积累丰富经验。

林文森一直对永春香文化传播充满热情。为更好地传承制香技艺，他积极投入各项工作中，投入大量精力进行传习中心的前期筹备工作——香器收集。从2017年开始，林文森四处寻访，虚心求教，认真了解永春香发展历史以及不同时期、不同阶层所使用香器的特点。短短几年间，他收集了上万件香器，涵盖了永春香发展以来的各个年代，这些香器为传习中心的展厅建设奠定坚实的基础，人们通过这些有历史记忆的香器，更好地感受到永春人的乡愁。

在林文森的推动下，2021年竹森香堂传习中心正式成立，拥有芳香保健师4人、制香工程师3人、香艺师6人。传习中心三分之一的面积被规划为展览厅，集中展示永春香器，让这些珍贵的文化遗产“活起来”。林文森深知，传承不仅仅是保护，更需要让更多的年青人热爱和了解香文化。为实现这一目标，传习中心积极参与推广和传承工作。林文森自己经常带头“回炉”学习，四处拜师取经，系统性地再学习，不断更新所学制香技艺。经过几年的沉淀，他不仅自己具备独当一面的实力，还带领着一批经验丰富的香艺师傅，以传、帮、带等方式免费培训学徒，传授制香技艺和知识，带出一批操作手法娴熟且善于品香的技术人员，为许多年青人提供创业的机会。

同时，竹森香堂还与学校合作举办香道、香器展览，为学生讲解永春香的发展历史，不定期组织学生来参观学习。通过这些活动，让更多的永春学子了解永春香的历史，为传统文化的传承注入新的活力。

在传承的同时，竹森香堂传习所也勇于创新。在保护和传承永春香传统制作工艺的基础上，传习中心团队致力于突破创新，先后投入近百万元用于创新研发香产品和香器。目前，传习所开发的系列产品有近百种，用新技术、新思维为传统产业注入新活力，打破人们对永春香的固有印象。在竹森香堂传习所，每隔三五天就会有一个新产品被摆上展柜。

为更好地推动创新，林文森拜德化省级陶瓷大师徐才堤为师，带领传习中心团队研发陶瓷香器，推动香与陶瓷的融合发展，赋予香器更多的艺术元素。2023 年，传习中心有多件作品获奖，如《三十三观音——延命观音》荣获第十一届“大地杯”中国陶瓷创新与设计大赛金奖，《自然之物·竹森》《闲云瑞烟·香礼》荣获福建省工艺礼品与手工艺精品展暨第三届“福艺杯”银奖。

此外，传习中心还积极在各地推广香文化。团队带着永春香跑遍省内，还前往浙江、山东、江西、安徽、上海、广州等各大城市进行推广。短短两三年间，济南、临沂、上海、江西、广东等地都有了竹森香堂旗舰店。

“竹森香堂传习所将继续在传承与创新的道路上坚定前行。”林文森说，未来，他们将进一步探索钻研，守正创新，研发出更多带有永春印记的香产品，让更多的人了解和喜爱永春香文化，让永春香文化传承生生不息。

（永春县委党史和地方志研究室供稿，竹森香堂供图）

手上绝艺 编经织纬

——永春成德堂纸织画传习所

传习所名片

成德堂永春纸织画传习所，由福建省级工艺美术大师、“永春纸织画”福建省级代表性传承人方碧双于2021年创办。传习所结合现代审美，在纸织画技艺上不断创新突破，取得诸多荣誉。通过其不懈努力，让这一古老艺术在新时代绽放新活力，成为重要文化传播窗口和技能实训中心。

纸织画，这项被誉为“千年手上绝艺”的技艺，自隋唐年间便在永春这片土地上生根发芽，历经风雨，传承至今。其与杭州丝织画、苏州缂丝画和四川竹

方碧双（中）指导学员创作（一）（方碧双供图）

帘画并称为“中国四大家织”。2002年，永春县荣获“中国纸织画之乡”的美誉。

永春纸织画以其独特的经纬交织、色彩淡雅而著称，每一幅作品都如同被轻纱笼罩的佳人，朦胧而神秘，近观可见细密点线，远观则成一幅幅精美绝伦的画卷。北京故宫博物院珍藏的十二幅永春纸织画，其中一幅《清高宗御制诗十二扇屏风》更是乾隆皇帝钟爱的珍品。

方碧双纸织画作品《金鹿赐福》（含冰摄）

然而，随着时间的流转，这门古老的艺术也面临着传承乏人、市场混乱的困境。幸运的是，有这样一群人，他们怀着对纸织画的深厚情感，用坚守和创新，让这门艺术焕发出新的生机。

方碧双，作为永春成德堂纸织画传习所的创办者，也是福建省级非物质文化遗产代表性传承人，她用自己三十余年的坚守，书写了一段传奇。自1986年起，她便开始从事纸织画行业，凭借对艺术的执着追求和精湛技艺，练就了“眼明手快”的绝活，一幅大作品最快能在两天内完成。

在她的带领下，团队在纸织画技艺上进行创新与突破，尝试使用金丝线、银线、灰线等材料，使纸织画更具立体感与绚丽色彩，同时掌握0.6毫米的精细剪裁技艺。在设备改进方面，基地成功改造纸织画编织架，将这一传统非遗艺术品推向更高的艺术境界。

为满足现代审美需求，传习所将纸织画工艺与现代家居饰品相结合，推出壁挂、座盘、屏风、浮雕等现代纸织画家居饰品，这些作品深受市民喜爱，并远销欧美多国。传习所的努力与成果得到业内的广泛认可与赞誉，作品多次获奖并被各大博物馆、艺术馆收藏。如《虎王》被拍卖并捐献给省慈善基金会，《和谐》荣获福建省工艺美术精品“争艳杯”大赛银奖，《金秋》荣获首届全国农民艺术节优秀奖，《农家三宝》荣获中国工艺美术“百花奖”金奖，《武夷胜景》荣获中国工艺美术“百花奖” 银奖，《节节高升》《春晓图》分别荣获第七届海峡工艺博览会金奖、银奖，《和谐金风》《情深意浓》均荣获福建省工艺美术精品大赛“争艳杯”金奖，《中华国宝图》荣获福建省工艺美术创意设计大赛金奖，并被福建省工艺美术珍品馆收藏。

此外，传习所还受邀参加国内外各类展览与交流活动，展示了永春纸织画的独特魅力与非凡技艺，在北京、香港、福州、厦门以及马来西亚等地，都留下传习所的足迹。2023 年，由泉州市艺术馆推荐，参加中国—东盟（南宁）非物质文化遗产周展演活动，以及受邀参加世界华商大会配套活动侨交会曼谷智能科技展。

媒体也对传习所给予了高度肯定。海峡卫视《散落的国宝》栏目对其进行二十分钟专题访谈并全球播放，《美术报》作专版报道，中国中央电视台、深圳卫视、福建省电视台、泉州市电视台等也纷纷播出关于永春纸织画的专题报道。

在传承与发扬的道路上，成德堂永春纸织画传承基地始终坚守初心，广收学徒传授技艺。2019 年，徒弟谢丽玉、张巧云等创作的纸织画作品在第五十四届全国工艺品交易会上分获 2019 年“金凤凰”创新产品设计大赛铜奖、优秀奖，张巧云的《花鸟图》获第十届福建省工艺美术精品“争艳杯”金奖，方琳的《生生不息》也获金奖。传习所先后培养出多名编织工和从事

方碧双（左一）指导学员创作（二）（方碧双供图）

方碧双纸织画作品《荷香》（含冰摄）

方碧双纸织画作品《清竹》（含冰摄）

研发、绘画、编织、装裱的员工。

除了带徒，传习所还定期在泉州市非遗馆举办技艺展示和研学体验活动，同时走进校园、工厂、社区参与各种文化惠民活动，让更多人了解并爱上这一传统艺术。此外，基地还在永春县旅游集散中心设立展馆，展馆自2018年7月至2023年，累计接待参观人数近8万人，成为永春县重要的对外文化传播窗口。2023年，更是被评为泉州市产业工人技能培训基地纸织画技艺技能实训中心。

守艺三十载，织梦永春间。如今，永春成德堂纸织画传习所已成为永春县的一张亮丽名片，不仅吸引众多游客前来参观学习，还成为推广和传承纸织画艺术的重要基地。在这里，每一幅纸织画都是一段历史、一个故事、一个梦想。而方碧双和她的团队，正是这些故事的讲述者、这些梦想的编织者。

（永春县委党史和地方志研究室供稿）

鹤舞四海　以武会友

——永春白鹤拳桃东社区传习所

传习所名片

永春白鹤拳桃东社区传习所于2012年成立，致力于五祖拳（永春白鹤拳）的传承与发展。传习所拥有专业人才，积极参与国内外赛事活动，获得诸多荣誉，在国内外有一定的影响力。

永春白鹤拳，起源于明末清初，由浙江丽水方种公之女七娘所创。历经数百年的传承与发展，白鹤拳逐渐形成了独特的风格和特点。它不仅在中华武术史上占有重要地位，更与咏春拳、空手道等武术流派有着深厚的渊源。永春白鹤拳的传承者们，始终坚守着先辈的遗志，将这一瑰宝传承至今。

永春白鹤拳桃东社区传习所，由“五祖拳（永春白鹤拳）”泉州市级代表性传承人郑晓嵘于2012年5月牵头成立。这里汇聚了众多武术界的佼佼者，包括“永春白鹤拳”泉州市级代表性传承人以及多名社会武术高级教练员、裁判员和指导

传习所参加“桃东社区庆祝2021年元旦文艺联欢会”演出

员。他们共同致力于白鹤拳的传承与发展，将这一古老拳法推向新的高度。

永春白鹤拳桃东社区传习所自成立以来，始终坚持以传承和弘扬永春白鹤拳为使命。在做好传习工作的基础上，传习所团队积极参加各级传统武术赛事和非

传习所学员参加“庆祝建党 100 周年永春白鹤拳展演活动”

遗活动，屡获殊荣。截至 2023 年，传习所团队已获得世界传统武术锦标赛等各级别赛事奖牌共 506 枚，在永春县举办的武术比赛中，更是连续获得金牌总数第一的成绩。这些荣誉的背后，是传习所团队的不懈努力和辛勤付出。

传习所团队不仅在传承工作上兢兢业业，还踊跃参加各级传统武术赛事和非遗活动。他们开展武术进军营、进校园、进企业、进社区、进农村等活动，让更多的人了解和喜爱永春白鹤拳。通过不断地磨砺和发展，传习所逐渐壮大，取得令人瞩目的成绩。同时，传习所还兼任北京《武魂》杂志采编部职能，并获评为闽南文化生态保护区展示点。

近年来，郑晓嵘和徒弟们将目光投向海外，致力于永春白鹤拳的海外传承。他们多次远赴波兰、马来西亚等地，传播这一优秀的武术文化。他们不仅在当地开设传习班，还积极参与各类武术交流活动，与当地武术爱好者切磋技艺、交流心得。2015 年 11 月，郑晓嵘受邀赴马来西亚传承白鹤拳，带领团队以当地永春会馆作为传习活动会所，圆满完成了海外教习任务。这次活动具有开创性意义，掀起南洋传承白鹤拳的热潮。此后，永春县海外交流协会和马来西亚永春联合会青年团联合举办多届全国永春白鹤拳传承集训营，在多个地区铺开集训点，学员超千名，推动永春白鹤拳在海外的发展，增进海内外侨胞之间的情谊。尤其是在疫情防控期间，传习所团队利用互联网平台开展“永春白鹤拳传承‘云’”活动，面向海内外尤其是南洋进行授课、宣传，效果显著。这种创新的传承方式不仅丰富永春白鹤拳的传承形式，更拉近了海外侨胞与家乡的距离。

除了在传承上积极努力外，传习所负责人郑晓嵘还在非遗文化以及学术研

讨上下功夫。他多次在武术核心期刊发表论文及文章，为永春白鹤拳的学术研究做出重要贡献。此外，他还曾是省级永春白鹤拳研究课题组成员，参与了对白鹤拳历史渊源、技术特点等方面的深入研究。2020 年，他更是整校出版古拳谱《永春郑礼叔教传拳法》，为永春白鹤拳的传承与发展提供了宝贵的资料。

指导传习所学员练习永春白鹤拳（一）

历经数百年沧桑，永春白鹤拳依然生机勃勃，相信在郑晓嵘和团队坚持不懈的努力之下，永春白鹤拳必将在新时代焕发出更加耀眼的光芒，在更广阔的舞台上展现风采，续写新的辉煌篇章。

（永春县委党史和地方志研究室供稿、供图）

指导传习所学员练习白鹤拳（二）

传统民俗

闽越遗风　东方醉舞

——泉州拍胸舞

民俗名片

泉州拍胸舞是福建代表性民间舞蹈，起源于祭祀，流行于闽南，历史悠久。其风格粗犷古朴、诙谐幽默，是古闽越族舞蹈遗存。拍胸舞随环境情绪不同，动作节奏幅度有别，有“酒醉拍胸”“乞丐拍胸”等特色，被称为“东方迪斯科”，2006年被列入首批国家级非物质文化遗产代表性项目名录。

泉州拍胸舞，作为福建最具代表性的民间舞蹈之一，在闽南地区，尤其是泉州市鲤城区浮桥王宫、江南亭店和上村一带广为流传。它那粗犷古朴、热烈欢快、诙谐幽默、自由活泼的表演风格，以及浓厚的乡土气息，深受群众喜爱。

相传，这种舞蹈最初起源于祭祀活动，在岁月的长河中逐渐演变成独具特色的民间舞种。早期的拍胸舞形式较为简单，一两个人就能随时随地翩翩起舞。舞者多为男性，他们头戴草箍，上身赤裸，赤足而立。舞蹈动作主要集中在胸、肘、腿、掌等部位，以单一节奏的击、拍、夹、踩为主。舞者基本体态呈拔腰挺胸之势，全身跳跃，同时配合着雄健的蹲步和怡然自得的颤头动作，共同构成了粗犷、古朴、诙谐、热烈的独特风格。

拍胸舞的基本动作被称为“打七响”，即双手先在胸前合击一掌，然后双臂内侧依次夹打左右肋部，接着双手再依次拍打左右腿部，如此共得“七响”，合七拍。在这过程中，舞者配合着双脚的蹲裆步有节奏地跳跃，身体随之左右晃动，再加上颤头动作，产生了别具一格的摇晃动律，让舞者显得洒脱自然，尽显机灵轻巧、诙谐爽朗的特质。这样的动作循环往复，连续不断地表演。为了更好地跟随音乐节奏，使表演场面更加热烈欢快、整齐有序，如今的舞者对拍胸舞的基本动作进行发展，将“打七响”改为了“打八响”，由此形成了不同的风格特点。

泉州拍胸舞的动作节奏和幅度会随

拍胸舞表演现场

着舞蹈环境和情绪的变化而变化。当情绪高昂、激越时，舞者会双脚反复顿地，双手用力将胸、肋、全身拍得通红；而当情绪舒缓和畅时，舞者则会抚胸翻掌，扭腰摆臀，动作变得圆柔而诙谐、活泼，妙趣横生。在寒冷天气，常常需要借酒驱寒，酒酣耳热之时跳起拍胸舞，动作就会更加夸张，幅度更大，久而久之，便形成了“酒醉拍胸”这一别具韵味的舞风。旧时行乞者所跳的“拍胸舞”，动作幅度一般较小，较为拘谨、收缩，他们会在表演中融入示怜、乞讨、祈求等形体动作，从而形成“乞丐拍胸”的特色。而现今的拍胸舞常以大型广场舞蹈的形式出现，表演风格开阔、明朗、热烈、欢快，队形变化有序，粗犷中透出美感，古朴中融入现代，因此被人们称为“东方迪斯科”。

泉州拍胸舞具有悠久的历史，专家通过对舞者独特的草绳箍头、赤膊上阵以及粗犷舞步等方面的考察，认为拍胸舞是古闽越族舞蹈的遗存。舞者所戴草箍上的蛇形头饰保留了秦汉闽越族原住民蛇图腾崇拜的遗风；从外在表演形式来看，它保留了古闽越族的原始祭祀舞蹈遗风；从舞蹈的内在动律来看，它与土家族舞蹈“肉连响”极为相似；从舞种的分布角度来看，它与黎族、高山族等南方少数民族之间存在着密切渊源，极具研究价值。2006 年，“泉州拍胸舞”被列入首批国家级非物质文化遗产代表性项目名录。

（鲤城区委党史和地方志研究室供稿，图片来源于《东南早报》）

少林传技　“阵阵”威风

——泉州刣狮（鲤城）

民俗名片

泉州刣狮是将南少林武术与舞狮完美结合的民间游艺活动，始于清朝，它完整保存了南少林技艺精华，深受群众喜爱。泉州刣狮分为文狮和武狮，有不同套路表演方式，如“宋江阵”等。2021年，泉州刣狮被列入第五批国家级非物质文化遗产代表性项目名录。

泉州刣狮，又称“舞狮”或“弄狮”，是一项极具特色且历史悠久的民间游艺活动，其起源可追溯至清朝。

相传，清乾隆年间（1736—1796年），为消除福建沿海的反清力量，清廷采取了一系列严厉举措，包括焚毁泉州少林

刣狮表演现场（一）（鲤城区委史志室供图）

寺并剿灭寺中武僧。然而，少数幸存的武僧为使少林武技得以传承，在隐居之地成立“剑狮馆”，组织“剑狮队”。他们以狮子为假想敌，借这种形式巧妙地教习武技并传授少林武术。每逢民间节日，剑狮队便活跃于踩街游艺活动中，“剑狮”之名由此而来。

起初，“剑狮”一般在民间迎神赛会“乞火”中表演，而现今，每逢有重大节日，总少不了剑狮队的精彩身影。鲤城泉州剑狮的“狮”分为文狮和武狮，制作工艺精细，由竹皮、铝线、绒线和坚韧的苎麻布等材料扎成，浑身漆成金黄色，彰显出华丽与威武。文狮为牌式，面部不会活动，表演时需两人密切配合，或翻滚或抢球，狮头摇动时颔下铃铛作响，灵活威武之态尽显。武狮的面部可活动，狮子嘴能开合且内有鲜红舌头，更具生动性。表演者以古代兵器与狮子展开激烈争斗，展现出威猛雄浑、争拼格斗的凌厉气势。

泉州剑狮有着丰富多样的套路表演方式。鲤城泉州剑狮队由 72 人组成，被称为七十二地罡。队员们服饰统一，窄袖扎脚，腰束丝带，尽显武行装扮。出阵时队员各执传统刀、剑、戟、枪、棍棒、盾牌等器械，甚至还有各种农具、家具等，表演极具特色。表演过程中，

剑狮表演现场（二）（来源于“海峡都市报闽南新闻”公众号）

由两人扮狮，其他人扮武士，手持十八般兵器围着狮子展开“战斗”。表演形式融合各种“武术套路”与绕阵变换队形，如龙虎两面旗带队、藤牌官刀对练、打鸽仔、大刀杀狮等。狮子时而灵活躲避，时而勇猛扑击，伴随着刀光剑影、吼声阵阵以及大鼓的激昂伴奏，场面震撼人心。

泉州刣狮文狮和武狮

还有一种独特的表演阵法叫“宋江阵”，最早出现于明末清初，相传为少林五祖拳师蔡玉明所创。表演者早期穿对襟汉装、束腰带、着草鞋，20 世纪 60 年代后有所改变。表演以锣鼓点场，按三十六天罡、七十二地煞顺序亮相。开场是“宋江舞大旗”，随后两人执七尺锤登场，接着十八般兵器依次登场，梁山泊众好汉纷纷上阵，场面威武壮观。其中，由 32 人演练的“连环八卦阵”更是将表演推向高潮，而“关胜舞大刀”作为收场极具气势，洗喉和洗鞭两招更是令人赞叹不已。

鲤城泉州刣狮完整地保存了南少林五祖拳的传统技艺精华，为研究南少林武术及其传播发展提供了重要依据。其独特的风格与内涵不仅展现了民间艺术的魅力，也深受群众的欢迎和喜爱。2007 年，鲤城泉州刣狮与石狮狮阵合并为“泉州刣狮”，成功入选第二批福建省级非物质文化遗产代表性项目名录。2021 年，“泉州刣狮”经国务院批准被列入第五批国家级非物质文化遗产代表性项目名录。

（鲤城区委党史和地方志研究室供稿）

移动花海　海丝记忆

——丰泽蟳埔妈祖巡香习俗

民俗名片

“蟳埔妈祖巡香”习俗历史悠久，每年正月廿九在丰泽蟳埔举行，蟳埔女盛装打扮参与巡香活动，整个活动规模盛大，包括表演、绕境等环节，沿途民众设供品祈福，场面热闹非凡。巡香结束后，连续三天上演大戏。这一习俗见证了泉州海丝文化，展现了蟳埔独特的文化魅力。

每年农历正月廿九至二月初一，在泉州市丰泽区蟳埔社区，都会上演一场盛大的民俗活动——妈祖巡香习俗。这一传统活动历史悠久，可追溯至数百年前，是为纪念妈祖并祈求平安。妈祖，原名林默娘，据传是宋代福建莆田湄洲岛的一位渔家女，因多次英勇救助海上遇险的渔民而被尊为海神。

蟳埔妈祖巡香现场（一）（陈敬聪摄）

蟳埔，这个坐落于泉州东海之滨的小渔村，以其独特的地理位置和深厚的海洋文化底蕴而闻名。这里的居民世代以海为生，对大海怀有深厚的感情和敬畏之心。据历史记载，早在明万历年间

蟳埔妈祖巡香现场（二）（陈敬聪摄）

（1573—1620 年），蟳埔人便已兴建了顺济宫，专门供奉海神妈祖，以祈求她的庇护和保佑。

妈祖巡香活动通常在每年的农历正月廿九开始，持续三天。活动期间，蟳埔的男女老少都会穿上节日盛装，特别是头戴“簪花围”的蟳埔女，在正月廿九这一天，她们身着色彩鲜艳的大裾衫，头戴由鲜花、贝壳和丝线编织而成的“簪花围”，手持香炷，跟随着巡香队伍，远远看去，恰似移动的“花海”，煞是壮观。

正月廿九上午八九点，盛装的蟳埔人在顺济宫前聚集。村民们怀着崇敬之情，为妈祖换上崭新的衣冠，将手持花束的妈祖和披上新大氅的三太子小心翼翼地请入辇轿。十点左右，巡香活动正式拉开帷幕。随着鞭炮声如雷鸣般响起，锣鼓声震天动地，村民们簇拥着妈祖神像，从顺济宫出发，开始巡游。彩旗迎风飘扬，为队伍开路，扫路队、锣鼓队紧随其后，腰鼓队、舞龙队、伞鼓队、斗笠舞队等依次穿梭在村子的各个角落，所到之处充满欢声笑语，洋溢着喜庆氛围。手持香炷的蟳埔村民紧跟队伍，形成一股浩大的人流，声势极为壮观。而蟳埔女们则以其独特的“簪花围”和优雅的步态，成为巡香队伍中的一道亮丽风景。

巡香活动沿途，家家户户都架起喜庆拱门，精心摆上“香妈桌”，献上鲜花、水果等供品，以迎接“妈祖巡香”队伍。那些没有参加巡游的村民，也手持香炷，在沿途虔诚祈祷，祈求家人平安、渔业丰收。

近年来，蟳埔妈祖巡香活动不仅保留了传统的仪式和内容，还融入新的元素和表演形式。例如，特别邀请的台湾“电音三太子”和潮汕英歌舞等地方特色表演，为活动增添了更多的看点和亮点。这些新的元素与传统的民俗文化相互交融，使得蟳埔妈祖巡香活动更加丰富多彩、引人入胜。

廿九巡境活动结束后，村里还会连演三天大戏。二月初一，巡香活动进入尾声。巡香队伍在完成所有巡游后，回到顺济宫，举行盛大的祭祀仪式。村民们再次向妈祖表达感激之情，祈求新的一年里风调雨顺、国泰民安。随着祭祀仪式的结束，妈祖巡香活动也圆满落幕。

作为海丝记忆的重要组成部分，蟳埔妈祖巡香习俗不仅展现蟳埔人独特的海洋文化和生活方式，也展现了蟳埔人热爱生活、热爱故土、热爱文化的心态和情怀，成为丰泽区富有特色的文化旅游品牌，国内外众多游客和学者慕名而来，不仅是为亲眼目睹这场视觉与心灵的盛宴，更是为了深入探究其背后的历史文化价值和社会意义。2008 年，作为第二批国家级非物质文化遗产“蟳埔女习俗”的组成部分，其重要价值受到各方面的高度认可。

蟳埔妈祖巡香，是历史与现实的交融，是信仰与文化的共鸣。它让我们看到了一个族群对传统的坚守和传承，也让我们感受到了文化的力量和魅力，成为人们心中永恒的记忆和宝贵的财富。

（丰泽区委党史和地方志研究室供稿、供图）

蟳埔妈祖巡香现场（三）（陈敬聪摄）

敬仰英勇　激励后人

——泉州祭十班习俗

民俗名片

“泉州祭十班”习俗源于460多年前的抗倭卫乡之战，是为了纪念英烈。其轮值祭祀习俗沿袭至今，体现了民族精神和淳朴民风。2022年，“泉州祭十班习俗”被列入第七批福建省级非物质文化遗产代表性项目名录。

在泉州，有一个独特而意义深远的习俗——“泉州祭十班”。这一习俗见于丰泽、洛江两区多个不同姓氏村落。

“祭十班”习俗经过世代传承，更具有重要的爱国主义教育意义（来源于《海峡都市报》）

时间回溯到明嘉靖三十八年（1559年）农历八月廿八日，一支上岸的倭寇在泉州东门外福泉大路琯头一带肆虐，对躲避在琯头山边草丛中手无寸铁的汉族、回族两族男女老幼村民进行了惨绝人寰的屠杀。

乡兵头领庄任、庄良珍得知消息后，与西福村的魏王瑚、杏宅村的郭概（回民）等乡贤迅速组织起周边十个村庄的乡兵和村民，奋起抗击入侵的倭寇。在这场激烈的战斗中，乡兵和村民们几乎全歼入侵之敌，擒获倭寇首领。然而，当天也有上百名男女民众战死或遇害。除了能辨认的被单独安葬外，其余面目难辨者都被葬在了琯头的一口古井中。这些死难者来自浔美（陈三坝）、庄任、琯头、西福、法下美（法花美）、城东、南埔、乌屿、杏宅（包括下窗、东园、村院）、桥南（古楼、古篮、见边，已废乡）这十个村庄，于是便有了“十班”之称。

为了纪念这些抗倭卫乡的英灵，村民们在原墓穴之上建了小庙，即“十班公妈”墓庙（1999 年移至桥南岩山公园顶），并将每年农历八月廿八日定为祭祀日。起初是官祭，后来改为民祭，由当年参加抗倭卫乡及遇难乡民所在的村落轮值主持祭祀，这一传统一直沿袭至今。民间流传的轮值“祭十班”歌谣，即依据各村农副业特色依次轮值主祭，如杀猪的浔美何氏、鲟仔的庄任庄氏、挑鸡的琯头庄氏等。随着时间的推移，古篮、古楼与见边先后废乡，如今由 8 个村落轮流祭祀，即 8 年一主祭。

460 多年来，“十班公妈”不仅是抗倭卫乡的英雄，更成为当地人们心中保境安民的一方神圣。每到“十班公妈”祭祀日的前几天，主祭村的村民都会到亲戚朋友家，送一些米龟、米粽等食品，

农历八月廿八“十班公妈”公祭日，附近村民纷纷前来祭拜（来源于《海峡都市报》）

十班公妈宫碑记（来源于“泉州祭十班”习俗公众号）

邀请他们在农历八月廿八日当天前来。这一天，方圆十几个村的5000多户汉族、回族村民肩挑手提着祭祀物品，纷纷来到“十班公妈”墓庙中献供、上香、叩头，举行隆重的纪念祭祀活动，以纪念这段沉痛的历史，表达对“十班公妈”的敬仰之情。

“祭十班”不同于民间祭祀列祖列宗习俗，不但能让后人了解460多年前泉州人民那段悲壮的抗倭历史，追思汉、回两族先人不屈不挠、英勇抗敌的精神。而且，“祭十班”以十班公妈墓庙为祭祀场所，各村轮流主持祭祀，也充分彰显泉州人民晓大义、识大体、重情谊的淳朴民风。

硝烟虽已散尽，警钟却亘古长鸣。“祭十班”习俗提醒今人要铭记历史，居安思危，常备不懈，锐意进取，为创造更加美好的未来而努力奋斗。

历经岁月的沉淀，“祭十班”习俗也获得了应有的重视和保护。2006年，“祭十班”被列入首批洛江区级非物质文化遗产代表性项目名录。2007年，由丰泽区申报的“城东祭十班习俗”被列入首批泉州市级非物质文化遗产代表性项目名录。2016年，“城东祭十班习俗（洛江）”被列入第五批泉州市级非物质文化遗产代表性项目名录。2022年，由洛江区申报的“泉州祭十班习俗”被列入第七批福建省级非物质文化遗产代表性项目名录。而十班公妈庙也先后被认定为洛江区爱国主义教育基地、民族团结进步教育基地、青少年德育教育基地，并列入泉州市第二批历史建筑保护名录。

（依据丰泽、洛江区委党史和地方志研究室供稿修改）

法水恩泽　护佑一方

——洛江圣祖妈信俗

民俗名片

“圣祖妈信俗”是泉州地区的一种民间信仰习俗，该习俗以圣祖妈为信仰核心，涵盖了祭祀活动及相关传统习俗。洛江虹山乡聚峰宫的圣祖妈信俗拥有悠久的历史背景，且传播范围广泛。2016 年，该信俗被列入第五批泉州市级非物质文化遗产代表性项目名录。

闽南一带流传着一种独特而富有魅力的民间信俗——圣祖妈信俗，涵盖祭祀、民间习俗、诞辰日以及动人的民间传说等丰富内容。

圣祖妈娘娘像

圣祖妈，又称“法主仙妃”“圣泉妈”“圣祖娘娘”“法祖娘娘”等。据宋代郑樵《通志》记载，“法主仙妃圣泉妈”许氏，因其为民创水功绩显赫，与“天妃”妈祖、“灵惠懿德妃”陈靖姑并称为“三妃”。许仙姑生前聪慧灵异、举止不凡，曾于名山洞府学道，经名师点化后在浙江金华北山修炼，对天文地理和水法造诣颇深，灵变无穷，其诸多济世救人的事迹广泛传颂，其法创水功之举更是深受官民称赞。

洛江区虹山乡与圣祖妈信俗的渊源已有500多年之久。据《虹山彭氏族谱》记载，明正德十年（1515年），圣祖妈从仙游县鲤南镇圣泉村的“圣泉宫”分灵至此。清康熙八年（1669年），又从仙游赖店的“圣泉宫”分炉香火，塑造金身，并建“聚峰宫”进行奉祀，宫中同时还敬奉着相公、景主、天师公等神位。自那以后，虹山乡风调雨顺、人丁兴旺。

虹山乡每年都会举行两次盛大的祭祀活动。其一是在正月里俗定择日举行春醮驾游赐福，巡香车队会到各家各户，为人们驱邪赐福；其二是在九月十五日圣祖妈塑金身日设酬保安，祈求风调雨顺、国泰民安。祭祀当日，家家户户都会摆上各式祭品来供奉圣祖妈，祭祀现场还有五音吹和大鼓吹等乐器演奏出的悠扬曲调，戏班也会前来演出，场面异常热闹。而其中最具特色的当属“千米人龙迎圣祖母”。一大清早，数千名村民统一身着红装，一手持黄旗，一手持香，早早地守在乡间小道两侧，虔诚等待圣祖妈的巡香车队。当巡香车队抵达，夹道欢迎的村民们立刻敲锣打鼓，点燃烟花爆竹，现场瞬间热闹非凡。之后，

千米人龙迎圣祖妈

圣泉宫妈祖驾巡赐福活动

人们会到聚峰宫内讨要宫花（有白花和红花），许下美好愿望，祈求平安幸福。

聚峰宫圣祖妈信俗以崇奉和颂扬圣祖妈的立德、行善、大爱精神为核心，最初主要分布在虹山乡的虹山村、松角山村、白凤村等地方，随着泉州对外通商的发展、华侨徙居以及宗教往来等，圣祖妈信仰也逐渐传遍东南亚各国和印度等国家，以及中国港澳台地区。

500多年来，圣祖妈信俗深受百姓崇拜，得以传承至今。尤其是洛江籍的港澳台同胞、印度尼西亚侨胞对圣祖妈普遍怀有信仰之情。他们对圣祖妈的信仰不仅仅是为了祈福消灾，更是一种寻根谒祖、对民族精神的传承。圣祖妈信俗承载着历史的记忆、民众的情感和文化的传承，它宛如一颗璀璨的明珠，在闽南民间闪耀着独特的光芒。它不仅是当地人民精神寄托的重要体现，更是丰富多彩的民间信仰宝库中的珍贵财富。2016年，圣祖妈信俗被列入第五批泉州市级非物质文化遗产代表性项目名录。

（洛江区委党史和地方志研究室供稿，图片来源于网络）

“赶妈”猪羊　祈福纳祥

——洛江马甲妈祖祭祀仪式

民俗名片

“赶妈猪”祭妈祖习俗每年正月在泉州洛江马甲举行，习俗独特，仪式盛大，包括选“主炉”“副炉”、喂养“妈猪”“妈羊”、摆供品等，场面壮观，由参与祭祀的各村轮流举办，体现了对妈祖的信仰和对传统文化的传承，是马甲当地亮丽的文化风景线。

在泉州洛江的马甲镇，有一项独特而古老的祭祀习俗——“赶妈猪”祭妈祖习俗，又称“叩妈猪”“赶妈羊”“叩妈羊”。这一习俗仪式独特，即使在整个妈祖文化信仰地区也较为少见。

马甲镇有一座始建于元朝的顺济

马甲暗林顺济宫

顺济宫供奉的妈祖神位

宫，专门供奉着妈祖神像。每年正月，这里都会举行盛大的“赶妈猪、赶妈羊”民俗活动，其目的是祈求人口平安顺利、兴旺发达，以及五谷丰登、六畜兴旺。而在妈祖诞辰时，则另有专门的祭祀活动。

按照早年传统，祭祀活动由马甲镇参与妈祖祭祀仪式的各村轮流举办。每年腊月初二，轮值村通过“卟杯”的方式选出“主炉”和“副炉”各一户人家。“主炉”人家要将妈祖神像从顺济宫请回家中供奉。与此同时，村里的每户人家都需轮流在早上拿一碗清水，煮上三碗甜蛋汤，送到“主炉”人家供奉妈祖神像的地方，仿佛是在请妈祖娘娘洗漱、吃早餐。而且，每月农历初二、十六还要进行“做月”仪式，包括上供品、唱大戏等，整年都不曾停歇。

“妈猪”“妈羊”，是指祭祀当日专门用来供奉妈祖的公猪和公羊，通常为黑色，从公猪仔、公羊羔中精心挑选而来。这些“妈猪”“妈羊”由当年轮值祭祀村的村民喂养。据说，在早年，它们的地位甚至高过人。每日三餐，无论主人家煮什么，第一碗都必须先喂它们。此外，“妈猪”“妈羊”在村内可以自由走动，当它们走入村民家中时，还会受到特别礼遇。

祭祀当天，家家户户都摆上筵桌，鞭炮声响彻云霄，热闹非凡。主炉人家的十余张八仙桌上摆满了琳琅满目的供品，包括猪心、猪肺、鱿鱼干、甲鱼、鸽子以及糕点水果等，共计 48 样大供品、48 样小供品。这些供品都是由村民

96 样供品祭妈祖

“赶妈羊”仪式

抽签后各自购买的，大供品由 23 人一组合资购买，小供品则由 2 人合买。供品不用碗，不用盆，全用箩筐装着，大小 96 样供品五颜六色、美不胜收，象征着美满富足的生活，也表达了人们对妈祖娘娘的深深崇敬之情。

当天中午，负责喂养“妈猪”“妈羊”的人家要煮鸡蛋面线汤来喂它们，等它们吃饱喝足后，在其腰上绑上一条红绳，插上一对红花，然后一路赶着前往顺济宫。据说，送“妈猪”“妈羊”去献供的路上必须徒步，不能用车载。而且，主炉人家还得把厨房里的餐具和炊具全部带上，少一样“妈猪”可能就不走了。

一路上，“妈猪”“妈羊”披红挂彩，显得神气十足。村民们高举彩旗，敲着锣鼓，点着高香，放着鞭炮，跟在“妈猪”“妈羊”后面巡境，那场面无比壮观。当它们到达顺济宫后，“妈猪”“妈羊”分别躺在对应的位置上，等待祈福仪式的开始。直到仪式结束后的翌日凌晨，村民们将“妈猪”“妈羊”宰杀后分给大家，“主炉”人家也在顺济宫前摆桌宴请下一任“主炉”人家，寓意着大家在新的一年里都能平安顺利、兴旺发达。

尽管祭祀习俗颇为烦琐，但村民们每年都满怀期待地希望能在“叩杯”时叩中“主炉”，因为他们相信妈祖会给他们带来连年的好运。

（洛江区委党史和地方志研究室供稿，图片来源于网络）

飞桨逐浪　渔港欢腾

——泉港沙格龙舟赛

民俗名片

泉港沙格龙舟赛始于明永乐年间（1403—1424年），文化底蕴深厚，包含了传统的祭祀仪式。参赛的龙舟设计独特、特色鲜明，比赛场面壮观。2007年，被列入首批泉州市级非物质文化遗产代表性项目名录。

泉港沙格龙舟赛，始于明永乐年间（1403—1424年），至今已有600多年历史。

当年，当地疫瘴流行，一些村落甚至“几断人烟”。沙格民众为了聚龙气，便在端午时划起龙舟，同时从灵慈宫中请出妈祖绕村巡游，期望借助屈子英灵和妈祖神威来扶正祛邪、驱除魔障，从而实现乡里人丁兴旺、文风广振以及科第蝉联。

胜利（来源于“观泉州”公众号）

清初，沙格的王忠孝及众多王氏族人随郑成功、郑经父子东渡台湾，其中许多人客死异乡。由于闽南民间有招引游魂回归故里的习俗，而王忠孝等人被清廷视为“贰臣”，致使王氏族人惨遭屠戮。于是，沙格人通过

沙格龙舟赛吸引了众多村民及外地人前来观看（来源于“台海杂志”公众号）

每年的端午龙舟赛，委婉地表达对这些逝者的缅怀之情。

沙格龙舟赛有着传统而隆重的祭神仪式，既祭屈原和妈祖，也包含了对誓死不降、坚守民族气节的王忠孝及那些客死异乡亡灵的祭奠。在祭神仪式后，村民会用大轿抬出妈祖神像，在村民扮成的各路神祇的护佑下绕村巡游，即“出游”，以示驱瘴祛邪之寓意。巡游队伍会先后前往“忠孝社”“妈祖殿”进行祭拜，最后请妈祖到海滩上的观礼台就座，观看精彩的龙舟比赛。与此同时，东西两侧的“文武棚”戏台上会同时上演莆仙戏，让人们在观看激烈龙舟竞赛

沙格龙舟赛现场（来源于”泉港论坛坛“公众号）

的同时，还能欣赏到精彩的戏曲表演。

沙格龙舟赛的龙舟别具特色，船头被精心雕成龙头形状，船尾雕成龙尾形状，船舷处彩绘着龙纹图案，宛如蛟龙出水般栩栩如生。龙舟装饰的图案包含红、白、蓝、黄、青五色，但黑色从不使用。竞渡比赛通常在海水涨潮的下午一二时开始，比赛过程中，舟首由一人擂鼓或击锣以振奋士气，舟尾一人负责掌舵，一二十名划手分坐两侧，奋力挥动船桨。龙舟比赛历时2—3天，比赛时观者云集，船上鼓锣之声此起彼伏，岸上喝彩之声络绎不绝，场面极为壮观。

沙格龙舟赛作为区域性全民参与的传统文化活动与体育竞技项目，深受当地群众喜爱。近年来，其影响力不断扩大，参加比赛的龙舟由最初的一对逐渐发展到数对，参赛团队也从沙格本村扩展到外村、外镇、外县区，比赛规模日益壮大。值得一提的是，台湾有许多王氏后裔，他们每年端午都会组团回到沙格参加祭祀仪式并观看龙舟赛，这进一步密切了海峡两岸间的亲缘关系。

沙格龙舟赛历史悠久，祭祀形式独特，不仅融合闽南与莆仙地区的民间传统习俗，还因其吸引众多台胞参与，成为连接海峡两岸亲缘的重要纽带。2007年3月，“沙格龙舟赛”被列入第一批泉州市级非物质文化遗产代表性项目名录。

（泉港区委党史和地方志研究室供稿）

沙格龙舟赛现场（来源于“泉港论坛”公众号）

板凳游龙　幸福连连

——泉港樟脚游龙灯习俗

民俗名片

樟脚“游龙灯”习俗始于元末明初，每年正月十四、十五举办，是樟脚村重要的民俗活动。它由松明火把演变而来，活动时全村参与，按姓氏分段，场面壮观，还有“出灯”“添灯”等习俗，寓意家族繁荣。该习俗于2024年被列入第七批泉州市级非物质文化遗产代表性项目名录。

在历史悠久的樟脚村，有一种独特而古老的习俗——樟脚游龙灯，俗称“板凳龙灯”。这一习俗始于元末明初，迄今已有650多年历史，承载着深厚的文化底蕴和村民们的情感寄托。

写有村中人家姓氏的灯笼固定在板凳上（来源于人民网）

据传，在元朝末期，朝廷腐败不堪，朱元璋带领义军奋起反抗。元军为了补充兵力，四处抓捕壮丁充军作战。樟脚村的村民们团结一致，以烽火为信号，相互告知，成功躲避了元军的抓捕。明朝建立后，为了庆祝战争的结束，樟脚村决定每年在元宵节当晚举办游龙灯活动。从那时起，这一习俗便代代相传，成为樟脚村最重要的民俗活动。

最初，游龙灯使用松木点油火，之后逐渐演变为煤油灯、马灯，直至现在改用蜡烛和纸糊的板凳灯。每年的正月十四、十五，樟脚村的11个自然村都会全体参与这一盛大的活动，不论天气如何，他们的热情始终不减。

在游龙灯活动开始前，会举行隆重的祭祀仪式。女人们用红色的篮子提着供品，虔诚地烧香祈福；男人们则抬着轿子，用力地摇摆，敲锣声、鞭炮声此起彼伏。为了增添喜庆氛围，村里还会邀请戏团来演出助兴。传统的樟脚灯笼是用藤条扎成，外面裱上油纸，再通过底座上的U形铁条固定在木板上。家家户户将花灯固定在木板上，每块木板约4米长。根据花灯的数量，在板上凿出圆洞，或8盏一排，或10盏一排，将安放蜡烛的木桩固定在圆洞上。

樟脚游龙灯按照姓氏分段，同一姓氏的花灯互相连接在一起。花灯绑在木板上，每一段代表着一个姓氏的灯，灯笼上还写着各自的姓氏。全村有10多个姓氏，共有300多个青壮年男丁负责抬花龙，再加上敲锣打鼓的人员，整

板凳龙灯首尾相连，犹如一条盘旋的火龙（来源于人民网）

板凳龙灯绕村游行（来源于“大美涂岭”公众号）

个队伍长度超过 1 公里。当人们举着木板花灯绕村子游行时，场面蔚为壮观，仿佛一条神龙在乡间游动。龙灯所到之处，人们纷纷燃放烟花爆竹、燃起火盆，整个山村都沉浸在欢乐与热闹之中。

在游龙灯的过程中，有一个有趣的现象，那就是大家总会有意无意地烧掉几盏纸花灯，这在当地被称为“出灯”。来年，村民们还会补上几盏新灯，因为在闽南话中，“添灯”就是“添丁”的意思，寓意着家族的繁荣与延续。

樟脚游龙灯不仅仅是一场视觉盛宴，更是樟脚人民团结一心、传承文化的象征。它见证了岁月的流转，承载着村民们的希望与梦想。每一盏花灯、每一次舞动，都饱含着村民们对生活的热爱和对未来的美好憧憬，成为樟脚村独特而亮丽的文化风景线。2024 年，“樟脚游板凳龙灯”被列入第七批泉州市级非物质文化遗产代表性项目名录。

尽管时代在不断变迁，但樟脚游龙灯的魅力始终不变。它让人们在喧嚣的现代生活中，找到一份回归传统、感受文化底蕴的宁静与温暖。这种对传统文化的坚守与传承，让我们看到了樟脚村人民的坚韧与智慧，也让我们对这一古老习俗的未来充满了期待。

（泉港区委党史和地方志研究室供稿）

信俗纽带　联结乡情

——泉港峰尾姑妈信俗

民俗名片

"姑妈信俗"源于峰尾刘益娘，她生前助船民避险，逝后被尊为"海峡第二女神"。每年刘益娘生辰日有盛大道场，还有奇特的"大鲨礼拜"，庙会隆重，海内外乡胞聚集。该信俗于2016年被列入第五批泉州市级非物质文化遗产代表性项目名录。

在泉港区峰尾镇的海边，矗立着一座义烈庙，庙里供奉着备受敬仰的义烈祖姑刘益娘。

刘益娘，又名乙娘，生于明弘治十二年（1499年），民间称为"姑妈"。她生前坚守贞信，还乐于助人，常常通宵达旦地站在海边观测天时"风势"，一旦察觉台风危情便点火示警，引导船舶平安返航。姑妈去世后，被人们认为"羽化升天"且"婆心济世"。

泉港峰尾义烈庙（来源于"志慧泉港"公众号）

2017年12月30日，在首届海峡两岸海国女神姑妈文化交流节上迎接外地“姑妈”（来源于“海城峰尾”公众号）

她一生为沿海船舶渔民排忧解难、消灾御难，其义举善行令沿海民众心怀感激，故而被尊称为“海峡第二女神”“海国女神”，受到世代敬奉。

相传，明嘉靖十七年（1538年），滇南寇乱，兵部尚书毛伯温奉命征讨。神奇的是，他因两位女神托梦授计而使征讨大军连战连胜。后来毛伯温依梦中情景打听，得知是湄洲林默娘和峰尾刘益娘相助。翌年班师回朝后，他启奏神助之事，皇帝深受感动，随即钦赐林默娘与刘益娘（刘益娘赐为“姑妈娘娘”）。因姑妈神灵显著、有求必应，信徒越来越多，香火也日益旺盛。明天启年间（1621—1627年），族人在城西建新庙以塑像奉祀。

随着峰尾渔运的兴旺，民众对刘益娘的信仰与崇拜愈发强烈。峰尾渔民无论走到何处，都积极传播姑妈刘益娘的神奇故事，以至福建、台湾各地，乃至新加坡、马来西亚等东南亚国家也纷纷修建“姑妈宫”进行奉祀。姑妈信仰如同乡情与文化的纽带，紧密联结着海内外乡胞的心，促进了他们的交流互动，增强了凝聚力。

每年农历十一月十七日是姑妈娘娘的生辰吉诞。生日前一天下午，道士会举行道场起鼓仪式，庙中主事人员与其他民众需手持手炉香烛跟拜，手炉有主炉一支和副炉若干，持主副炉的人着蓝色长衫、戴礼帽、肩披红布参拜。生日当天全天进行道场，善男信女同样要跟拜。道场开始前，要备齐各种香花、水果、红烛、筵碗、糕果、美酒等祭拜用品，还请糊纸匠制作神马、大士等纸制品。每次道场都锣鼓喧天，场面壮观宏大。道场结束后，当地乩童会举行抛刺球仪式，乩童仅着肚兜、短裤，头插金花，手持铜镜、刺球，围绕埕地金纸堆连续向自己身上抛刺球以示驱邪。

在姑妈娘娘生诞的前十天与后五天，来自莆田、仙游、惠安、香港、澳门以及新加坡、马来西亚等地的信众纷纷赶来峰尾，焚香许愿，叩头谢恩。这里到处张灯结彩，连日唱游演戏，长此以往，形成了一年一度的义烈庙会。有意思的是，多年来，每年十一月十七日，时常会看到“白糊”（白肚大鲨鱼）从远洋外海摇头摆尾地游来，在距海岸线千米之遥处，久久不忍离去。此时，众多观众如潮水般涌向澳头，登高临海，舍戏观鱼，为节日的峰尾增添了一道独特而迷人的风景线。2016年3月，“姑妈信俗”成功列入第五批泉州市级非物质文化遗产代表性项目名录。

（泉港区委党史和地方志研究室供稿）

2017年12月30日，首届海峡两岸海国女神姑妈文化交流节在峰尾义烈庙召开（来源于“海城峰尾”公众号）

竞舟泼水　情牵两岸

——石狮端午闽台对渡习俗

民俗名片

石狮端午闽台对渡习俗独特，见证海峡两岸关系变迁与商贸兴盛，具有重大意义和研究价值。该习俗内容丰富，形式多样，包括竞舟泼水、祭五王爷、采莲（嗦啰嗹）、捉鸭子等。2011年，该习俗被列入第三批国家级非物质文化遗产代表性项目名录。

石狮蚶江的闽台对渡习俗，是一项独特的端午节民俗活动，也是石狮独有的海上泼水民俗盛宴。

据记载，蚶江在明清时期地位特殊，是大陆与台湾通航通商的中心码头。清嘉庆年间（1796—1821年）的《新建蚶江海防官署碑记》便明确记载“蚶江为泉州总口，与台湾之鹿仔港对渡”，此碑也被民间习称为“对渡碑”。而《蚶江志略》也提到“竞舟泼水是蚶江与

放“王爷船”巡海

龙舟竞渡

鹿港人端午节同江活动的特殊风俗”。每逢端午节，对渡船只便会相互追逐泼水，这一独特的互动交融着情谊，也互祝着吉祥。

蚶江位于泉州湾南岸，在历史上有着重要的地位。特别是清政府诏令蚶江与台湾鹿港对渡后，海上交通贸易更是繁荣兴盛。清乾隆四十九年(1784年)，清政府还在蚶江设正五品海防官署，统辖泉州一府五县的对台贸易。然而，甲午战争后，清政府被迫向日本割让台湾与澎湖列岛，蚶江与鹿港对渡成为历史。20世纪90年代，海峡两岸民间往来逐步恢复和发展，这一独特的端午民俗活动又得以恢复。

石狮端午闽台对渡习俗内容丰富，形式多样，其中最为独特的当数竞舟泼水闹端午。晋江两岸每逢端午节，赛龙舟热火朝天，但因石狮蚶江常有风浪，不适合举行传统赛龙舟，于是便有了这一别开生面的“竞舟泼水闹端午”。当天，蚶江与台湾鹿港两地民众身着节日盛装，在蚶江同江竞舟追逐，互泼“吉祥水”“幸福水”，以此驱邪消灾、祈求幸福吉祥与海上安宁，故寓为人与船的一场盛大洗礼。当日，除了竞舟泼水，海峡两岸同胞还有许多共同的祭祀活动，如祭五王爷、采莲（嗦啰嗹）、祭江、捉鸭子、龙舟竞渡以及灯谜竞猜、南音游江等。

海上捉鸭

王爷信仰是闽南地区特有的习俗。每年五月初五，是“五王爷庙”答王爷的生日。传说曾经有台湾商船在大海中迷失方向，幸得蚶江“五王府”答王爷亲驾“金再兴”神舟导航才脱离险境。此后，每逢端午，海峡两岸的善信便会纷纷前往蚶江“五王府”朝拜进香，并举行“放王爷船”巡海仪式。潮涨之时，人们将敬奉在“五王府”中的“金再兴”神舟迎至宫口，精心整装、祭拜后，在古渡口举行隆重的“护驾开航仪式”，预示着未来一年“海神爷”会护佑海峡两岸对渡船只一帆风顺、满载而归。而在这同一天，台湾鹿港则会举办“送春粮”仪式，与蚶江的“放王船”活动遥相呼应。

采莲，俗称嗦啰嗹，相传是古越族人的遗风，那歌词“嗦啰嗹”乃是古越人避邪驱灾的咒语。从五月初一开始，人们抬着敬奉在“忠仁庙”的木雕龙头，吹奏唢呐，走村串巷，挨家挨户“掸尘”，口中唱着“五月初一闹葱葱，龙王出世除灾难啊，嗦啰嗹哪”，只为驱邪消灾，祈求吉祥平安。到了端午节这天，采莲队伍会将龙图脸拥迎到蚶江与鹿港对渡的古渡头或郑成功水操寨上，举行隆重的祭江仪式，宣读祭文，朝拜海神，期望海上平安、一帆风顺。

还有那有趣的水上捉鸭，据说源于郑成功在安海操练水师的习俗。端午节当日，人们在海上船头架起一根六七米长且涂上油脂的圆木，圆木离水面约3米高，末端吊着一个笼子，里面装着一只鸭子。选手若能赤脚从涂满油脂的圆木上走到末端，打开鸭笼捉住鸭子或抓住落水的鸭子，那这只鸭子便成为他的“战利品”。捉的鸭子越多，就象征着日后的生活越发红火。

1999年起，石狮蚶江与台湾彰化县和美镇镇平里联合举行“海峡龙舟渡邀请赛”。蚶江的“镇兴号”龙舟，与其他地方的龙舟相比，体长稍小但船身较宽，可容纳20名水手以及舵手、鼓手各1名共22人，行驶时较为平稳，可抵御风浪冲击。由于海浪颠簸和水流变化，海上龙舟赛对选手的体能和技能都是极大的考验，其现场竞争激烈，惊险刺激。

海上泼水

石狮端午闽台对渡习俗意义非凡，它见证了历史上闽台两地关系的变迁以及商贸的兴盛，对于研究海峡两岸关系、国家统一和民族认同有着重大意义。海峡两岸文缘相续、习俗相同，石狮蚶江和台湾鹿港文化同属闽南文化，习俗风情相近，极具历史文化研究价值。闽台对渡文化节暨蚶江海上泼水节自2007年新办至今，已连续举办了十七届。如今的石湖港码头已然成为国家一类码头，海峡两岸往来的船只不再是昔日的舢板，而是大货轮，海上玩泼水更是别有一番独特情趣。2011年，“端午节(石狮端午闽台对渡习俗)”被列入第三批国家级非物质文化遗产代表性项目名录，还被评为“中国最具地方特色民俗节庆”，它既传承了中原文化的古老元素，又融入海洋文化特色，在海峡两岸产生深远影响。这一独特的习俗，承载着海峡两岸人民的共同记忆和深厚情感，成为连接闽台的重要文化纽带。

（石狮市委党史和地方志研究室供稿，图片来源于“石狮摄影家”公众号）

雄风再起　好戏连台

——石狮永宁古卫城暨城隍文化节

民俗名片

永宁古卫城暨城隍文化节以弘扬传统文化为主题，自 2012 年起已成功举办十届，是独具魅力的品牌文化节。它历史底蕴深厚，活动丰富多样，吸引众多目光，在传承文化等方面发挥重要作用。

在福建石狮，有一座历史悠久、文化璀璨的古镇——永宁镇。这里古称“鳌城”，拥有 600 多年的深厚历史底蕴。而永宁古卫城暨城隍文化节，更是一场跨越海峡的文化盛宴。其主题为“弘扬传统文化、重振古卫雄风、促进交流合作、再铸永宁辉煌”，由海峡两岸共同举办，逐渐形成独具魅力的品牌文化

2013 年 9 月 12 日，“祈福同祥 共佑中华”两岸城隍会香祭典举行

节，吸引着国内外越来越多的目光。

永宁古卫城修建于明洪武年间（1368—1398年），曾是东南沿海第一大卫城。历经百年沧桑，至今雄风依旧。这里有着丰富的历史文物古迹，永宁古卫城遗址、城隍庙、镇海石、慈航庙、文祠、永宁老街、古民居、番仔楼、董云阁烈士故居等，以及众多明清时期的摩崖石刻，令人流连忘返。其中，与卫城同期建设的永宁城隍庙，规模宏大、分灵广泛、工艺精美、建制齐全，在大陆城隍庙中极为罕见，数百年来香火旺盛。永宁老街也于2013年6月入选第五届“中国历史文化名街”，永宁镇于2016年当选“省级历史文化名镇”。

2019年12月27日，第八届永宁古卫城暨城隍文化节开幕

一年一度的永宁古卫城暨城隍文化节，以独特的卫城民俗展示为基础，美食庙会为主体，高质量演出为燃点，特色活动穿插其中。还加入了各类互动式体验和老街文化空间展示，内容丰富多样，让游客们沉浸其中，赞誉有加。

2017年的第六届文化节举办了“祈福永宁”海峡两岸城隍信杯活动、“曲艺永宁”南音会演、“活力永宁”乐趣庙会、“品味永宁”美食荟萃、“大美永宁”文化长廊、“歌颂永宁”海峡两岸风情之夜等十大精彩活动，荣获海丝泉州旅游嘉年华第一名。

2018年的第七届文化节为期4天，开幕式上举行了民宿政策发布及首批两家民宿颁发仪式以及《永宁百年文学作品选》首发赠书仪式。其间开展了“祈福永宁”城隍民俗文化绕境巡游、“走进新时代 敢唱你就红”全民K歌赛、“淘金永宁”寻宝攻略赛、“曲艺永宁”南音表演、“点亮永宁”乐趣文创庙会、“品味永宁”美食荟萃以及“大美永宁”书画摄影展等十大精彩活动，吸引了国内外30万名游客前来，让他们享受到了一场历史文化、古卫文化、民俗文化交融共生的盛宴。

2023年的第十届文化节更是十年

2023 年 9 月 28 日，在第十届永宁古卫城暨城隍文化节开幕式上，“戚家军鸳鸯阵”再现

磨一剑的关键一届。不仅有来自闽台两地的兄弟城隍庙广泛参与，还隆重召开了永宁古卫城文化论坛。北京大学的王铭铭、张静教授，哈佛大学的宋怡明教授等国内外高校的著名学者、教授齐聚永宁，对永宁的历史遗存进行考察，并围绕相关主题展开学术研讨和对话。在这一届文化节上，首次亮相的“戚家军鸳鸯阵”阵法惊艳了国内外游客朋友。这也是全国范围内首次成规模、持续性、严谨考究的鸳鸯阵复原，对于中国鸳鸯阵文化的挖掘和继承具有重大意义。

永宁古卫城暨城隍文化节，作为跨越海峡的文化盛事，作为永宁“美”的重要载体，在传承和发扬中华传统文化，保护和提升古卫城文化、城隍文化，促进海峡两岸民间文化交流等方面发挥了极其重要的作用。自创办以来，每年都吸引了众多海内外嘉宾和游客，已然成为石狮市乃至泉州地区独具魅力的品牌文化活动之一。

（石狮市委党史和地方志研究室供稿、供图）

赶海弄潮 渔家欢歌

——石狮祥芝渔民文化节

民俗名片

石狮渔民文化节于每年6月中旬在祥芝国家中心渔港举行，有高甲戏等各种民俗表演活动，以开渔仪式压轴，场面热闹壮观。文化节自2009年起不断发展，提升文化内涵，既丰富生活又成旅游名片，展现祥芝的独特底蕴与魅力。

在福建石狮，每年6月中旬，一场属于渔民们的盛大节日都会在祥芝国家中心渔港附近精彩上演，这便是祥芝渔民文化节。最初的渔文化节是为了庆祝“休渔期”结束后而举行的开渔仪式，后来逐渐丰富为各种庆祝活动。

文化节期间，整个祥芝渔港热闹非凡、人声鼎沸。传统的高甲戏、烟火秀、南音奏唱、狮阵表演、灯谜竞猜等民俗活动，令人目不暇接，尤其是海上抓绳比赛，

龙舟赛现场

更是将现场氛围推向高潮。选手们在海上凭借双手抓着绳子奋力前行，岸上群众的加油声此起彼伏。这项比赛源于早年渔民海上作业时用粗缰绳拖渔网上船的情景，如今已演变成充满趣味的水上娱乐活动。

烟火秀现场

除了精彩的比赛，渔民文化节还涵盖了丰富多样的活动。“渔民文化展览”展示着渔民们的独特历史与文化；“万祥文教论坛”系列讲座带来知识的启迪；灯谜竞猜活动充满乐趣；祥芝象棋比赛尽显智慧较量；闽南歌曲演唱会则唱响了浓郁的地方风情。而渔港海上应急救援演练活动和渔民传统手工织网技能竞赛等渔民竞技活动，也充分展现了渔民们的勇敢与技艺。特别值得一提的是，祥芝中心幼儿园举办的“小小渔民文化节”，在每年5月至6月休渔时节，为忙于生产的渔民们提供了与家人共享亲子时光的美好机会，让渔村充满了欢声笑语。

而说到渔民文化节，开渔仪式无疑是压轴大戏。每年8月16日开渔当天，祥芝渔港码头上热闹异常。渔民们提着日用品登上渔船，等待着出发的时刻。仿古的祈风仪式庄重举行，悠扬的南音乐曲、抑扬顿挫的祝颂词回荡在渔港。祭祀官挥动如意，欢送船队顺风远航。舞台上鼓乐喧天，手持宫灯的民官依次登场，献礼晋爵、恭读祝文、献歌献舞，祈风者用五牲五果向海神表达敬意，祈求一帆风顺、满载而归。随着一声“开渔喽！”沉寂3

个多月的渔港瞬间沸腾，渔民吹响开船的号角，汽笛齐鸣、角号震耳、鞭炮喧天，一艘艘渔船首尾相接，浩浩荡荡驶向大海深处，那场面无比壮观。

自2009年首次举办以来，祥芝渔民文化节不断发展壮大，活动内容日益丰富，文化内涵持续提升。从最初相对单一的开渔仪式，到如今形式多样、丰富多彩的系列活动，让石狮这座滨海城市沉淀数百年的渔民独有文化被逐渐唤醒。它不仅丰富了休渔期间渔民们的生活，成为沿海渔民广泛参与的一大盛事，还激发了石狮市民和来自八方游客的参与热情，已然成为继闽台对渡文化节暨蚶江海上泼水节、永宁古卫城暨城隍文化节之后，石狮文化旅游的又一张闪亮名片。

石狮市渔民文化节以其浓厚独特的渔民文化底蕴，充分融合保护海洋、善待海洋、爱护海洋的发展理念，体现了人与海洋和谐发展、可持续发展的永恒主题，也展现了渔村的风土人情和渔民的精神风貌。它在为广大市民奉献一场渔民文化盛宴的同时，也进一步将渔民文化深深植入广大渔民心中。其独特魅力不仅吸引了全国各地媒体的关注，还赢得了外国友人的赞叹。

（石狮市委党史和地方志研究室供稿、供图）

灯谜竞猜活动现场

海上泼水场景

点燃希望　祈愿兴旺

——晋江永和山前火把节

民俗名片

晋江永和镇山前村火把节源于清康熙年间（1661—1722 年），已有 300 多年历史。活动每年正月初九在世泉宫举行，有火把巡游、祭祀、巡境等仪式，具独特民俗特征，2020 年被列入第六批泉州市级非物质文化遗产代表性项目名录。

在晋江永和镇，有一个名为山前村的地方，这里保留着晋江地区唯一的传统火把节，这一独特的汉族火把节，承载着悠悠 300 多年的历史。

山前村东靠灵秀山，南卧白兔山，其祖先早在明成化年间（1465—1487 年）便定居于此，至今已近六百年岁月。而山前村的火把节，则起源于清康熙年间（1661—1722 年）。那时，村里自然灾害频繁，“三天无雨闹旱灾，一场

群众高举火把环村巡游（来源于“晋江史志”公众号）

大雨洪水来”，严重影响收成。于是，山前村各角落主事经集中商议，决定每年正月至元宵期间举行三天“天香举火把巡境祭祀”活动，恭请世泉宫的境主神位“保生大帝”巡境，祈求一年风调雨顺、五谷丰登、百业兴旺。

点燃火种（来源于网络）

男女老少高举火把参与巡游（来源于《晋江经济报》）

早期，山前村火把节名为“天香敬天公”。每年正月初四，村里代表会在世泉宫通过“卜杯”确定火把节举行的具体时间、抬油锅和抬轿的人选等事宜。火把节的日子每年不固定，通常在正月初一至十五之间。活动前数天，家家户户便开始提前“扎火把”，所需材料有黄草纸、细竹竿和铁线。

山前村旧制火把节共有三天。第一天举行“竖旗”仪式，在村中世泉宫竖起一面旗，此时村民只进不出，要待三日之后的“倒旗”仪式后才能出村；第二天是火把节，进行祭天活动，村民将祭品送到水尾宫集中敬神，由道师设坛祭拜；第三天举行巡境，用轿子抬出世泉宫的保生大帝巡游，以求各种美好愿景。

如今，山前村火把节活动已精简至一天。自 2012 年起，火把节定在每年正月初九晚上，以方便更多人参与。当天晚上六点左右活动拉开帷幕，首先在世泉宫举行祭祀祈福活动，准备烈火油锅，邀请道士到古井、田地等处巡境，以保全境平安。接着，激动人心的“火把巡境”开始。伴随着阵阵鼓音，这些鼓音队一边敲锣打鼓，一边在行进中“对打”，用鼓与锣相互撞击，营造出更为喜庆热烈的氛围，“鼓音对打”成为火把节中重要一环。在鼓音队的引领下，全村男女老少手持火把，从世泉宫出发，沿着村庄外环大道蜿蜒巡游，犹如一条巨大的火龙，现场锣鼓喧天、鞭炮齐鸣。最后，队伍回到世泉宫，人们将火把集中堆放成巨大的火堆，围绕着火堆敲锣打鼓热烈庆祝，寄托着对新年的美好祝愿。巡游结束后，每人会分得一对红烛和一包红橘，回家后将红烛点燃，意味着将火把节的红火带回家，祈求新的一年日子红红火火；分食红橘则寓意家人吉祥平安。

除了精彩的火把巡游，山前村火把节还保留着相关祭祀、巡境等仪式习俗，具有独特的民俗特征。2020 年，山前村火把节列入第六批泉州市级非物质文化遗产代表性项目名录。

为更好地保护和传承这项非遗文化，山前村建设了“火把节”非遗展示馆，编制火把教材，发行邮票邮册，编排火把舞蹈等，让非遗民俗文化绽放出更加绚烂的光彩。此外，山前村还常态化举办“非遗进校园”等活动，将非遗文化与青少年教育巧妙融合，设计创编充满情趣的活动项目，拉近了青少年与传统文化的距离，让他们在欢乐的活动中体验节日氛围，感受非遗文化的独特魅力。

（晋江市委党史和地方志研究室供稿）

“火把巡游”现场（来源于《晋江经济报》）

两岸同俗　共数宫灯

——晋江东石数宫灯习俗

民俗名片

闽台东石灯俗独具魅力，是晋江东石与台湾嘉义共有的习俗，每年元宵，两地会挂宫灯、数宫灯。此俗见证海峡两岸民俗、神缘、血脉相连，是民间文化交流纽带。2008 年，“元宵节（闽台东石灯俗）”被列入第二批国家级非物质文化遗产代表性项目名录，成为海峡两岸共同文化瑰宝。

在海峡两岸，有两个同样名为东石的滨海乡村，一个在福建晋江，一个在台湾嘉义（亦叫布袋嘴）。两个同名村有一个共同的元宵数宫灯习俗——“闽台两东石，共数一宫灯”。

晋江东石与台湾仅一水之隔，乘坐木帆船一昼夜便可抵达。自古以来，就有东石人前往台湾谋生。到了明嘉靖年间（1522—1566 年）和清乾隆年间（1736—1795 年），人数众多，他们在那片土地上开山拓海、垦植新区，还用故乡的名字为聚居

各式各样的宫灯

地命名，如东石、布袋嘴、桥仔头等。

晋江东石矗立着一座历史悠久的嘉应庙，庙中供奉着宋代魏了翁祖孙三代圣贤，被当地人亲切地称为“三公宫”。据传，在明洪武年间（1368—1398年），明太祖朱元璋对东石三公宫中供奉的宋代“三忠良”极为敬仰，特赐封号为“九龙三公”。由于三位圣贤威灵显赫，百姓有求必应，嘉应庙因此得名。自明末清初以来，每年元宵佳节，东石人都会举行挂灯礼佛仪式，以祈求平安吉祥。这一习俗逐渐演化，形成了新婚挂灯、“数宫灯”的独特风俗。每当此时，家家户户张灯结彩，三公宫内更是灯火辉煌，热闹非凡。那些移居台湾的东石人，也将对“三公爷”的敬仰带到台湾。他们在台湾东石也建起了嘉应庙，供奉着同样的圣贤。如今，台湾已有20多处嘉应庙的分炉。每年正月十三，台湾东石乡亲都会派代表回到晋江东石，共同祭祀“三公爷”，并互报两地宫灯数量，寓意着子孙兴旺、家族繁荣。到了正月十五元宵节，两地都会在三公宫内举行盛大的挂灯礼佛和数宫灯活动，共同庆祝这一传统节日。

海峡两岸乡亲同数宫灯

“元宵节（闽台东石灯俗）”数宫灯民俗活动会持续3天（正月十三至十五），由各户头（角落）主事轮流主持。上一年结婚的新郎官们要把新娘陪嫁的宫灯（俗称封灯）挂到三公宫里，然后数一下共有多少对宫灯，从而了解本地去年成年的男子数量以及与以往的变化情况。三公宫内除了新婚夫妻送来的宫灯外，还有一盏公共的大红绣球灯高悬在正中。每当夜幕降临，宫内灯火辉煌，各式各样的宫灯与大红绣球灯交相辉映，宛如众星捧月般璀璨夺目。连续三晚，宫内人潮涌动，不仅本地群众，连附近乡村的人也会赶来赏花灯、看热闹，参与宫内的各项活动。

元宵夜的午夜时分是数宫灯民俗活动的高潮时刻。这一晚，众新郎官齐聚三公宫，在主事者通报本地及台湾的宫灯数，共同庆贺海峡两岸人丁兴旺后，便开始了宫灯会的重头戏“卜灯”：新郎官们按照送灯的先后次序在“三公爷”座前掷筊杯（一阴一阳为一杯），一次

娃娃数宫灯

性掷得杯数最多的人可以将厅中那盏大红绣球灯迎回家中张挂。若得绣球灯，其叔伯兄弟、族亲都会赶来帮忙，在烟花爆竹声中用大红甲欢迎回家，挂在厅中，寓意着来年大福大贵、添丁进财。随后，各人也会将宫灯迎回家挂在新房内，祈求婚姻幸福、早生贵子。台湾乡亲代表也会参与“卜灯”，如果掷杯得到大红绣球灯，十六日还需用专船送回台湾，而晋江东石则必须出动“蜈蚣阁”进行欢送。

闽台东石灯俗，是闽台两地共同的民间习俗，见证了海峡两岸民俗相同、神缘相通、血脉相连，不仅是海峡两岸民间文化交流的生动体现，更是连接海峡两岸同胞情感的重要纽带。2008年，“元宵节（闽台东石灯俗）”成功入选第二批国家级非物质文化遗产代表性项目名录。

（晋江市委党史和地方志研究室供稿，图片来源于网络）

数宫灯活动现场

拉纤拔灯　牢系乡情

——南安英都拔拔灯

民俗名片

南安英都拔拔灯源于古代拉纤活动，是集多元素于一体的民俗活动，活动时间为每年正月初九，地点在英溪流域。它见证了泉州海上丝绸之路的繁荣，展现了劳动人民的精神风貌，具有重要历史文化价值，2008 年被列入第二批国家级非物质文化遗产代表性项目名录。

英都拔拔灯源于南宋时期的纤夫“拔船”活动，至今已有 500 多年历史。拔拔灯将生产劳动中的拉纤拔船场景艺术化地移植到游乐活动中，生动再现了当年英溪纤夫逆水行舟与自然拼搏的壮观场面。是一项集民间信仰、岁时节令、民间音乐等于一体的民俗活动。活动时间为每年正月初九，

英都拔拔灯活动（一）（洪宗洲摄）

英都拔拔灯活动（二）（洪宗洲摄）

地点在英溪流域各自然村。

在南安市西部，有一个名为英都镇的地方，英都镇的母亲河英溪是古代海上丝绸之路东端的内河驿渡之一。由于英溪险滩多且弯曲河段多，顺水行船曰“放船”，逆水行船则要“拔船”，也就是拉纤。为祈求顺风，船民们从九日山昭惠庙迎来海神福佑帝君的佐神“仁福王”分灵立庙，此庙也叫“昭惠庙”，俗称“董山宫”。每年农历正月初九，船夫们会在昭惠庙前聚集，进行游灯活动。游灯时以粗绳系灯，每阵领头由一青壮年胸前缚一扁担，肩负大绳，作船夫拉纤状弓身前行，拉动灯阵向前行进，状如拔船（拉纤），“拔拔灯”之名由此而来。

南安英都拔拔灯有灯首4人（即组织者，俗称“灯排头”），以游灯为主题，结合迎神，穿插大鼓吹、车鼓舞、花鼓唱、刣狮等，形成综合性的游乐活动。南安英都拔拔灯有着一套完整而独特的流程。活动程序共包含十项：首先是供天，农历正月初九是玉帝生日，村民要给“天公”上供；接着是敬神，把供品挑到昭惠庙敬奉仁福王诸神；然后是缚灯，所用灯阵每阵都有一条粗绳索，上面挂着灯笼；接下来是会灯，傍晚时分各房份的灯阵从各自住家地出发，到昭惠庙前会合，每阵都准备了表演项目在巡行中表演；再之后是起驾，灯阵

英都拔拔灯活动（三）（来源于“魅力英都”公众号）

英都拔拔灯全民参与，它不仅从特殊角度见证了泉州海上丝绸之路内河驿渡的繁荣历史，还艺术再现了古代英溪纤夫拉纤拔船的场景。其质朴粗犷的风格，彰显着古代劳动人民的拼搏与乐观精神，它与民俗信仰、

会齐后，抬出神轿，仁福王起驾出宫，拔拔灯队伍正式出动；起驾后便是脱壳，各路灯阵开始按次序巡游，首先沿庙前名叫“五斗”的大片田地环行三圈，称为“脱蛇壳”；紧接着是谒祖，灯阵向洪氏家庙挺进，绕家庙巡游一环，在家庙门前大放鞭炮并表演各种游艺节目，与祖先同乐；随后是巡境，谒祖之后，各房份的灯阵返回本自然村，开始全境大巡游，游行队伍所到之处，各户燃烧篝火、放鞭炮，有“迎灯”“留灯”之俗，寓意增添人丁；全境巡游完成，便是回銮，各灯阵直接回家，只留一灯阵为仁福王回銮护驾；最后是报灯，仁福王回銮入庙后，决定新一轮灯首，旧灯首会到新任灯首处“报灯”，传达来年添丁之意并放鞭炮祝贺，至此一年一度的拔拔灯圆满结束。

生产劳动紧密相连，深深扎根于劳动人民的土壤中，拥有顽强的生命力与感染力。依附于它而流传的“车鼓舞”“花鼓唱”等民间文艺形式，是劳动人民在闲暇时的自娱自乐，保留着粗犷质朴的原生态，极具历史与文化研究价值。

几百年来，洪姓族人不仅在英溪流域繁衍，还向海外大量迁徙，足迹遍布多国及中国台湾等地。而传承不息的拔拔灯活动，成为凝聚亲缘族缘的牢固纽带。无论多远，各地乡亲都会不远万里回归故里，在拔拔灯下共叙亲情，共话传承，共谋发展。2008 年“灯会（南安英都拔拔灯）”经国务院批准列入第二批国家级非物质文化遗产代表性项目名录。

（南安市委党史和地方志研究室供稿）

弘扬美德　孝行天下

——南安诗山广泽尊王信俗

民俗名片

南安广泽尊王信俗，源于五代后唐，历史悠久。其祭典仪式完整且庄重，包含丰富表现形式。该信俗流传广泛，蕴含民族文化认同与精神标识，极具历史文化价值，2011 年被列入第四批福建省级非物质文化遗产代表性项目名录。

广泽尊王，又称“郭圣王”“郭圣公”“保安尊王”“保安广泽尊王”，俗称“圣王公”。在闽南地区，广泽尊王被人们广泛敬仰和崇拜。

据宋《郭山庙碑记》及明、清相关史籍记载，广泽尊王俗姓郭，名忠福，生于五代后唐同光元年（923 年）的清溪崇善里，即如今的安溪县金谷镇河美村。自幼，郭忠福便展现出聪颖过人的一面，且极为孝顺父母。在他 7 岁时，父亲离世，为安葬父亲，他卖身至大财主杨长者家牧羊，其母则靠缝洗衣裳、挑水烧饭维持生计，母子俩艰难地生活着。郭忠福对母亲十分孝顺，被乡邻赞为“郭孝子”。三年后，依堪舆大师之计，母子离

广泽尊王像

广泽尊王 1100 周年圣诞庆典现场

开杨府，到南安诗山郭山下找到栖身之所。五代后晋天福三年（938 年）八月二十二日，年仅 16 岁的郭忠福在为母寻药时，于一加蕉藤上坐化。乡人感其孝、怜其殇，在其坐化处筑祠纪念，称“郭山庙”，因以将军礼祀之，又称“将军庙”，后因庙在凤山，故又称“凤山寺”。

大孝成神后的郭圣王，展现出诸多伟大事迹，他扬善抑恶、抗倭杀敌、治病驱邪、爱乡惠民。因其功勋卓著，从宋至清，获历朝皇帝 6 次敕封祭典，最终累加成“威镇忠应孚惠威武英烈保安广泽尊王”，简称“广泽尊王”。每年农历二月二十二日尊王诞生纪念日、八月二十二日尊王坐化纪念日和八月二十六日封茔祭祖日（三年一次），各地信众都会前往凤山寺举行盛大的祭典仪式。这一祭典仪式历经千年传承，形成了以行孝、爱民、保安、护国的精神美德为核心，包含祭典、庙会（巡境）、晋香、分灵等仪式和丰富多彩的故事传说、民间文艺等内容的广泽尊王信俗。

广泽尊王信俗完整保留了古老的祭典仪式，其程序繁杂且庄重，如升炮、排班、主祭人及陪祭人就位、三上香、三酹酒、行二跪六叩礼、献金楮、献爵、读祝文、行亚献礼、行终献礼、送神、望燎、退班等。在信俗活动中，还保留了众多民间表演艺术，如巡境、地方戏剧、民间音乐舞蹈、武术、游艺、装阁等，同时还有闽台特色的“过十六岁”习俗。

南安广泽尊王信俗发源于南安诗山，流传至今已千余年。在明清时代，随着闽南人大量向外移民，这一信俗也随之传播到广东、浙江、台港澳地区，以及东南亚部分国家。目前，以南安诗山凤山寺为祖庭，全球奉祀“广泽尊王”的庙宇多达680多座。广泽尊王信俗蕴含着中华民族慎终追远、寻根溯源的民族文化认同，以及孝悌、行善、爱民等宝贵精神，成为维系海峡两岸及海内外闽南乡亲文化认同、情感交流的重要精神纽带，具有极高的历史文化研究价值。2011年，“广泽尊王信俗（南安）”成功列入第四批福建省级非物质文化遗产代表性项目名录。

（南安市委党史和地方志研究室供稿、供图）

南安凤山寺圣王公祭祀祈福典礼现场

点灯闹街　全民同乐

——南安丰州灯会

民俗名片

南安丰州灯会始于唐僖宗时期（874—888 年），历史悠久。其内容多样，包括挂灯、送灯、观灯等习俗，以丰州桃源傅氏和燕山黄氏家庙灯会为代表，具有重要历史研究和精神文明价值，2013 年被列入第四批泉州市级非物质文化遗产代表性项目名录。

南安丰州灯会

每年正月十三至十五，在闽南的泉州南安丰州，都会举行盛大的元宵点灯活动。南安丰州的灯会历史极其悠久，相传可追溯至唐僖宗时期（873—888 年）。据《丰州志·人物篇·傅实》记载：“黄巢起义，军队攻陷福建……僖宗召见傅实，授予他威武军节度招讨使、建州都押衙之职，并赐给他一幅李世民御像以显荣宠。傅实选择在桃源建造唐王宫来供奉。而且沿用长安的习俗，年年在元宵时点灯闹街，与民同欢，”此后便沿袭成俗，传播到泉州府一带，开了福建民间元宵点灯的先河。

发展至今，南安丰州灯会习俗涵盖挂灯、送灯、观灯（赏灯）、点灯、游灯等内容。灯会开始后，先举行挂灯、摆敬坛、祭拜祖先、钻灯脚等各种仪式，挂灯即在大宗祠张灯结彩；摆设敬坛，将祖公像请出放置在大宗祠对面的桃源小学操场上，供族人祭拜；举行祖先祭拜仪式，由族中德高望重的老人主祭，各房头、各地傅氏后裔代表陪祭；钻灯脚以讨吉利，期望家族人丁兴旺。仪式结束后，所有参与灯会的族人每人手持一盏花灯绕村游灯，各表演方阵开路，一路锣鼓喧天，灯火辉煌，人潮涌动，真可谓是火树银花不夜天，场面极其壮观。元宵节期间，南音演唱、踢球舞、跳鼓舞等各种文艺表演在村广场上演，还有猜灯谜、攻炮城、狮阵武术表演等民俗活动，热闹异常。

以丰州桃源傅氏为主的南安丰州灯会延续了一千多年，并被周边城乡村庄所效仿，其中丰州燕山黄氏家庙灯会最为人熟知。

丰州燕山黄氏家庙灯会每年正月十五元宵节在丰州镇燕山村的燕山黄氏家庙举行。据悉，燕山黄氏家庙距今已有700多年，是南安的著名祠堂之一。明代时，燕山黄姓与桃源傅姓同为丰州大族，且是姻亲，最初互相送灯，后来各自举办，相互争奇斗艳。花灯各式各样，有羊角料丝、珠灯璎珞，大的如鳌山高达十丈，有游龙戏凤造型，小的如金莲、芍药，成串连枝，红白相映，灯月交辉。点灯通常为期三日，以庆贺国运昌盛、万民安乐。

600多年来，黄氏家庙每年都举办传统的元宵灯会。据《燕山黄氏谱牒汇编（卷二）·楹联》记载：“明嘉靖四十年南安古城修建竣工之际，知县夏汝砺在燕山元宵灯会期间，莅临参观灯会时，应族人之请当场写下楹联：漫道

丰州灯会现场（一）（二）

丰州灯会现场（三）

武荣州，至今犹有弦歌会；每逢上元日，到此曾闻钟鼓声。”这正是数百年来燕山黄氏家庙元宵灯会盛况的真实写照。

丰州燕山黄氏家庙灯会习俗内容与以桃源傅氏为代表的丰州灯会大致相同，主要包括张灯结彩，每年灯会从正月十三日起至正月十五日止，举办三天，大抵从正月十一、十二日开始张灯结彩；悬挂祖像，元宵期间，历代通过科举选拔进而出仕为官的先祖遗像，都会悬挂在家庙顶厅两厢壁间，供族人瞻仰；供筵祭祖，灯会期间准备供品祭祀先祖，正月十三、十四两天，供品以清果、糕饼为主，至正月十五日才由素改为荤；钻灯脚，在闽南方言中，“灯”与“丁”谐音，灯会期间，燕山派下的黄氏新婚夫妇会在家庙内所有花灯底下漫步穿行，许愿并期望来年“添丁”大吉；讨花枝，分别在黄氏始祖神案左右，放置插着红花、白花纸扎花枝的花瓶，通过占卜杯来乞讨花枝，白花预示来年生男娃，红花则预示来年生女娃；乞龛前灯，每年灯会，始祖公神龛前悬挂七盏琉璃花灯，以供南安境内各村以文明方式向祖先讨灯，获得祝福。灯会期间，还有各种民间文艺如南音、戏曲、舞蹈等集中展示，堪称是泉州地方特色文化的一次大汇聚。

南安丰州灯会作为一种重要的文化载体，对于中原文化在闽南大地的传播，具有重要的历史研究价值。同时，丰州灯会习俗世代相传，将散居在全国乃至世界各地的宗亲聚集在一起，共叙乡情族谊，进行爱国爱乡的情感交流，对精神文明、物质文明建设协同发展起到推动作用，具有重要的精神文明价值。2013 年，“泉州灯会（丰州燕山）”入选第四批泉州市级非物质文化遗产代表性项目名录；2016 年，“泉州灯会（丰州桃源）”入选第五批泉州市级非物质文化遗产代表性项目名录。

（南安市委党史和地方志研究室供稿，图片来源于网络）

耕读传家　鼓乐宣扬

——惠安辋川正月十八游大鼓习俗

民俗名片

惠安侯卿陈氏“正月十八游大鼓”活动始于明成化年间（1465—1487 年）。该活动历史悠久，规模宏大，是乡村纯儒教民俗文化活动。侯卿陈氏秉承“耕读传家、立身报国”家训，在 400 年间人才辈出。该民俗于 2024 年被列入第七批泉州市级非物质文化遗产代表性项目名录。

“咚咚啋，十八煮蚵唛（mai）；正月十八游灯牌，人客免请自己来”。这是流传 500 多年的侯卿民众关于“正月十八游大鼓”的两句顺口溜。

每年正月十八日傍晚，众多来自海内外的陈伯升后裔会依古制聚集于侯卿陈氏家庙前。活动开启时，先由火药枪队开路，每进入一个村落便按京城规格

御赐宫鼓游乡主会场（陈峻峰摄）

京山村参游队伍（陈锦珊摄）

鸣放三响火药枪。接着是一对大铜锣开道，前方有“御赐宫鼓游乡”标志牌，还有数十面“玉湖”“侯卿”彩旗迎风招展。随后是化装的宫女、太监、御前侍卫护着钦赐圣旨牌以及“宫亭”“鼓亭”，紧接着是官位灯牌以及几百支书写着历代科举登科姓名、官位，现今则是大学以上学历学子姓名、毕业院校的学子灯牌。再后面是各地后裔自发组织的众多文艺节目队伍，如南音、车鼓、舞龙、弄狮、腰鼓、礼鼓、弄球、火公火婆等，整个队伍长达近2公里，声势浩大令人眼花缭乱。游乡队伍会经停侯卿周边30多座官宦府邸，之后返回侯卿陈氏家庙，整个活动历时5小时，行程约5公里，参游人数近千人，观众超万人。为保障安全，自2009年起，活动改为午饭后举行，晚饭前结束。

据《惠安县志》记载，辋川侯卿陈氏的先祖是南宋民族英雄陈文龙后裔，在明成化年间（1465—1487年），出了一位户部主事陈睿，御赐宫鼓就与之相关。传说当时皇太后病重，宪宗皇帝命陈睿披上黄甲到五台山寻药，后来皇太后痊愈，皇帝很高兴。次年元宵节，皇帝在京城举行特别隆重的游花灯活动为太后祈福。皇帝微服赏灯途经陈睿府第时，看到陈睿独坐府中落泪，陈睿说想起家乡母亲在元宵佳节无此盛况，自己不孝在外未能侍奉，皇帝深受感动，赐其“宫廷大鼓”，准其每年正月十五在家乡效仿京都规格举行元宵游花灯，陈睿因家乡是村野而推辞，明宪宗便顺势改为正月

御赐宫鼓游乡标志牌（陈锡家摄）

经停一品宅（陈峻峰摄）

十八游乡。

惠邑侯卿陈氏始迁祖陈伯升是莆阳玉湖始祖陈仁的十一世孙，玉湖四世祖南宋丞相陈俊卿的“地瘦栽松柏，家贫子读书”是侯卿陈氏世代秉承的家风。在这一家风熏陶下，从明成化年间至清光绪三十一年（1905 年），侯卿陈氏一脉就涌现出 10 位文武进士、56 位文武举人、50 位国学生，一品官 5 位、二品官 1 位，三品以下官近百位。陈睿于明成化十一年登谢迁榜进士，后以贵州左参政致仕，他是广东揭阳、惠邑名宦，也是开创侯卿陈氏望族的第一人。他制定了详细的游乡规则和路线，规定考取功名的子孙可获举牌参游资格，宫亭、鼓亭仅在官宦府邸经停，意为皇帝亲临。宫亭供奉圣旨牌，内设香案，也称香亭，沿途香火不熄以敬皇恩。鼓亭内放置御赐宫廷大鼓，仿效京都规格，还会抬着一位经严格挑选化装为宫妃的小男孩（要求辈分高，三世同堂）巡游，意为皇妃亲临。

“侯卿十八游大鼓”历经 500 多年传承，演变成“耕读传家、立身报国”的家训，在家风祖训的激励下，读书入仕之风盛行，众多学子成就非凡，彰显出浑厚的文化底蕴和传统的家族孝德。2008 年，该活动列入惠安县首批非物质文化遗产；2024 年，列入泉州市第七批非物质文化遗产代表性项目名录。

（惠安县委党史和地方志研究室供稿、供图）

地域文化 焕发光彩

——惠安青山王信俗

民俗名片

青山王信俗源于五代十国时期驻守惠安的武将张悃，信俗内容丰富多样，包括祭祀仪式、巡境活动等，并伴随着相关的传说故事流传至今。青山王信仰传播范围十分广泛，在海峡两岸及海外都有传播，是连接海峡两岸同胞和海外华侨华人的精神纽带，2022年被列入第七批福建省级非物质文化遗产代表性项目名录。

青山王原名张悃，乃是五代十国时期的一位武将。他曾奉命镇守惠安青山一带，其以严明的军纪和保境安民的功绩，缔造了别样的太平景象。

张悃逝世后，因其屡屡显灵，青山、崇武等地的乡民便在青山附近建起小庙加以祭祀，并尊称他为“青山王”，青山王信俗由此拉开帷幕。南宋初年，这一信俗得到了官方的承认，惠安群众更是尊张悃为“惠安境主”。此后，其地位不断提升，在不同时期获得了各种封号与赐额，绍兴五年（1135年）赐庙额“诚

青山王雕像（来源于网络）

“青山王”巡境踩街活动，热闹非凡（来源于网络）

应”；绍兴十九年封“灵惠侯”；德祐二年（1276年）晋封为“灵安王”，赐额“敕封青山灵安王庙”；明太祖时加封为“灵安尊王”。

青山王信俗内容丰富多样，形式精彩纷呈。每年的祭祀活动是重头戏，其中十月廿三日的青山王诞辰和三月廿三日其受封“灵安尊王”的吉日，青山祖宫都会举行盛大隆重的祭典。祭典结束后，恭请青山王出宫巡境，场面极为庄重且热闹。横彩前导，锣鼓开道，彩旗飘扬，军鼓队、花篮队、腰鼓队、舞龙舞狮队等各类队伍依次排列，青山王神轿在前，其他神轿随后，善男信女紧紧相随，沿途铺户设香案迎拜。而在青山王诞辰当天，各地的分灵庙也纷纷举办庆祝活动。

青山庙碑刻（来源于网络）

与青山王相关的民间传说，也是信俗文化的重要组成部分。相传张悃将军原本葬在惠安县衙附近，每当有新官上任都需前往拜祭。到北宋太平兴国年间（976—984年），县令崔知节上任时未去参拜，引发民间议论。在其祭拜时，墓碑倒下并刻有诗句“太平兴国间，古县本惠安；今逢崔知节，送我上青山”。崔知县遂依诗将张将军墓迁往青山山下，并修建“青山宫”供奉，从此张将军被称为“青山王”。还有传说称，明隆庆四年至万历二年（1570—1574年），时任惠安知县叶春及欲毁青山庙，却因青山王托梦称“未有惠安，先有青山”而作罢。

过炉仪式（郑慧芬摄）

青山王信仰的地域分布极为广泛。在惠安县及泉港区，建有主祀青山王宫庙的乡镇超过三分之二，特别是山霞、张坂、崇武、螺阳、螺城、辋川等地更为兴盛。在明清时期，随着惠安人的外迁，青山王信仰传播到了港澳台地区，以及新加坡、马来西亚等地。如今，在台湾主祀青山王的寺庙多达168处。

青山王信仰发源于惠安，盛行于台湾，是海峡两岸信众共同的根和灵魂，见证着海峡两岸血浓于水的情缘。这一信俗日益成为连接海峡两岸同胞，乃至凝聚海内外华侨华人的精神纽带，有力推动海内外的经济文化交流。2022年，青山王信俗列入福建省第七批非物质文化遗产代表性项目名录。

（惠安县委党史和地方志研究室供稿）

出宫巡游（江雪峰摄）

接力传承　弘扬善举

——安溪城隍设醮迎傩习俗

民俗名片

安溪城隍庙始建于五代后周显德三年（公元956年），历史悠久。城隍信俗在该庙得到了传承与发展，其中包括祝丁做醮和迎傩巡城等传统活动，此习俗历史悠久，源远流长。不仅成为联结海内外同胞的重要精神纽带，还是泉州地区现存傩文化的典型代表之一，见证了安溪千年的文化传承与发展。

安溪，古时称作清溪。其城隍尊神获“显佑伯”这一封号，乃是邑城料理阴阳之事的主宰，故而民间将其称为“清溪显佑伯主”。安溪城隍庙，从前被叫作“清溪城隍庙”，建于安溪置县的次年，即五代后周显德三年（956年），由首任县令靖悪侯詹敦仁主持修建。在这城隍庙中供奉着清溪显佑伯主尊神五尊，还配祀有城隍夫人、八九爷公、六部司等神明。据《八闽通志》《泉州府志》记载，安溪城隍庙与福建都城隍庙（建于282年）、汀州城隍庙（建于769年）一同被誉为福建省最早兴建的三大城隍庙，向来有“八闽第一，五邑无双”的盛誉，在闽台以及东南亚等地具有较大影响力，始终是连接海峡两岸以及海内外同胞根脉情感的关键精神纽带。

傩，亦称作跳傩、傩舞、傩戏，意在驱赶疫鬼、消灾呈祥。春巡迎傩，也就是俗称的“城隍春巡”，这是安溪城隍信俗中极为重要的标志，蕴含着安溪城隍“护城佑民”“除恶扬善”的大爱精神，受到海内外信众的热烈追崇。相传自从建庙供奉以来，清溪显佑伯主显圣之事屡屡发生，劝善警世的传说众多，声名远扬，受到四海人民的敬奉，备受民间崇拜。

每年清明前后，安溪城内的民众都会为城隍庙所奉祀的清溪显佑伯主举行一场祝丁做醮以及迎傩巡城的民俗盛事活动。士民仿照古礼，进行虔诚的祀典和庄重的大傩，场面十分隆重且热闹，

安溪城隍春巡现场

这也是安溪唯一涉及傩文化的风俗。

设醮迎傩这一俗例起始于何时，已难以确切考证。但据庙中现存的清嘉庆十七年（1812年）由知县夏以槐所撰写的《示谕》和《造船碑记》记载，安邑显佑伯城隍尊神每年春季设醮迎傩，制造两艘盐船往返泉州运输且免纳税费，“取其余息以为醮费”。由此可见，设醮迎傩习俗历史相当悠久，并且得到当时官府的高度重视。此俗一直延续至1953年才中止，1993年新建城隍庙落成后，这一习俗又恢复举办。由于安溪城隍在海内外有众多分炉，各地善信每年必定组团参加，按照海外侨胞、台胞的建议，部分礼仪和迎巡路线稍有改变，有时会提前至仲春（卯月）举行，现一般确定在“清明节”前后。

祝丁做醮在城隍大殿进行，由庙祝法师主持赞礼，4名“首人”（现为当值街境代表）举香膜拜。通常在当日卯时起鼓，经过请神、诵经、做敬、入灯、祝寿、送上界、献化丁料金帛等礼仪后，于下午未时结束。“首人”迎回“斗灯”，申时各户准备“珍馐”犒军，晚上献演大戏。

庙外广场由当值街境各户进行“摆盘”，敬桌数量多达二三百席，供品种类丰富多样，极为壮观。

迎傩活动从做醮当晚戌时开启，先由庙僧主持、首人焚香叩请显佑伯主沐浴更衣，接着摆上牲粢酒礼供奉，投掷筊杯恭请伯主准许“落座”上轿（一般在子时），同时拜请庙地“福德正神”上轿。

整套城隍迎傩礼仪按照三个程序进行，其一，城隍伯主（正身）神驾首先出佛。于凌晨寅时左右起驾，按照例定路线迎至城北的“状元墓”绕场一周，返回祥云渡（古称常沿渡）“社稷坛”停驾奉祀。其二，排班点卯起驾。大约巳时左右，城隍庙关闭庙门，由“八爷公”“九爷公”（城隍的守护神）带头“排班点卯”。这两尊“爷神”是由人工制作的一种“仿形佛”，头大脸宽，身材壮实，一高一矮，形态逼真，威严无比。这种“神态活佛”和“排班点卯”正是傩文化的显著特征，是安溪民俗活动中体现傩文化的一个实例。其三，城隍迎傩巡城（春巡）正式启程。午时左右，礼炮鼓乐齐鸣，显佑伯主起驾，全部仪仗启动，开始入城进行大傩，市民沿途夹道焚香瞻礼，虔诚膜拜。一路上锣鼓喧天，炮声震地，香烟弥漫，到处人山人海，热闹非凡。迎巡活动于当天申时结束。按照旧例，当天晚上各家各户、男女老少都要举火把，提灯笼，跟随城隍伯主、八爷公、九爷公按照白天巡城路线迎灯，直至亥时圆满结束，此俗如今已停止。

台湾宜兰市东岳庙参加城隍春巡

安溪城隍设醮迎傩历史久远，在一代代信众的接力传承与保护下，成为泉州地区现存傩文化的典型代表，更是海外华人凝心聚力、联络乡情乡谊的重要纽带。世界各地近千座分炉的信众每年都会组织进香团前来参加，如新加坡的韭菜芭、杨桃园，马来西亚新加望和中国台湾等地分炉城隍庙的信众必定会如期到达，虔诚随香，其规模宏大、时间长久、影响深远，是安溪千年文化的最直接见证与最真实展现。

（安溪县委党史和地方志研究室供稿，图片来源于安溪新闻网）

崇善尚德　里仁和美

——安溪清水祖师信俗

民俗名片

清水祖师信俗发源于安溪清水岩，是闽南、台湾等地传统民间信仰。信俗内容丰富多样，主要包括祭祀类与卜签类，其中“迎春巡境”最具特色。该信俗流传广泛，对增进海峡两岸文化认同有促进作用，2011年被列入第三批国家级非物质文化遗产代表性项目名录。

清水祖师信俗起源于安溪清水岩，是闽南与台湾一带的传统民间信仰。在中国闽、台、粤、浙、港、澳等区域，以及新加坡、马来西亚、印度尼西亚、菲律宾、泰国、缅甸等国家皆有传播，形成了一个拥有逾亿人口的“清水祖师信俗”文化圈。

清水祖师像

清水祖师是北宋时期的名僧，为安溪清水岩的开山始祖。他本姓陈，自幼出家，法号普足，也被称作“麻章上人”，在闽南及台湾民间多称为“乌面祖师”“祖师公”“清水祖师菩萨”等。据民国15年版（1926年）《清水岩志》记载，清水祖师于北宋景祐四年（1037年）正月初六诞生在永春小岵乡，建中靖国元年（1101年）五月十三日于清水岩坐化，享年六十五岁。清水祖师一生坚守“多行善事”“以物济世”的宗旨，以行动弘扬佛法，足迹远达汀、漳、泉

清水祖师迎春巡境活动现场

等地，致力于修桥筑路、祈雨驱灾、行医施药、广植禅林，造福百姓，声名远扬。因其生前“德高道深，多行善事”，故逝后“百姓感恩，崇奉为佛，香火旺盛”。每逢病疫，乡人必恭敬抬出佛像以祈求祛除；每遇亢旱，乡邻乃至府县官员也必迎请佛像来祈雨驱灾。其事迹在安溪及周边地区广泛流传，香火日益旺盛，还得到了宋代朝廷的认可。自南宋隆兴二年（1164年）至嘉定三年（1210年）的47年间，清水祖师四次荣获宋廷敕封，被敕赐“昭应广惠慈济善利大师”徽号，荣誉至极。百姓尊崇清水祖师，历经千年香火传承，逐渐升华，形成了独具闽南特色的地方文化——清水祖师信俗文化。

清水祖师信俗历经千年历史沉淀，内容丰富多样，主要包括祭祀类与卜签类。祭祀类主要涵盖清水祖师迎春巡境、请神（分炉）、请火（谒祖进香）、除夕守岁以及祖师佛诞祭典等。卜签类主要有抽签问卜和结佛缘等，抽签问卜属于占卜范畴，清水祖师的卜签分问事签和药签两款，灵签有五十签，诗文皆为五言绝句，每支签诗都蕴含一个历史典故，内藏哲理隐喻，互为辩证，可作多种解释。若有谋望之事祈求清水祖师赐福，则称为“结佛缘”，需前往寺庙进香朝拜以表虔诚，清水岩灵应如响，有求必应。

其中，迎春巡境活动是清水祖师信俗中最具特色的。相传始于宋代，在明清、民国时期兴盛，一直延续至今，历史悠久且充满民俗色彩。清水祖师逝世后成为崇善里（今安溪县蓬莱镇）境内主佛，在漫长岁月中，古人祈求清水祖师庇佑风调雨顺、五谷丰登、六畜兴旺、合境平安，祈祷驱邪祛灾、家庭和睦、延年益寿，这是百姓对清水祖师敬仰与崇拜的精神寄托。历经数百年变革，信众不断发展创新，除一般敬神礼仪外，还形成了独特的清水祖师迎春巡境民俗活动。其神像常被善信抬着下山巡境、医病、祛灾、禳福。春节过后，清水岩周围各乡镇便纷纷举办清水祖师迎春巡境活动，相沿成习。迎春巡境活动有卜期、拈“大旗”、选“春官”、掘“大旗”、开香、“落座”、请“三忠火”、献茶花、换衫换轿、“等敬”接头、供斋做牙等程序，习俗传承历史悠久，盛况在闽南地区首屈一指，影响远至东南亚。

清水祖师信俗作为闽南文化的重要组成部分，是百姓期盼里仁和美、国泰民安、风正气顺、人和业兴的民间文化传统习俗。明代以后，随着安溪人前往中国台湾地区和东南亚各地谋生，也广泛传播于台、港、澳地区以及东南亚地区闽南人聚居地，逐渐成为弘扬清水祖师文化、结缘闽台及海外乡情、联系同胞的精神纽带和桥梁。据不完全统计，世界上有清水祖师分炉分庙数千座，清水祖师文化信仰者逾亿人，仅台湾岛内就有清水祖师庙500多座，信众1000多万人，在台湾影响力巨大。每年有10多万名台湾信众、游客回到安溪清水岩祖庭进香朝拜。清水祖师信俗也成为海峡两岸同宗、同文、同地、同缘、同信仰的非物质文化情缘见证，对增进海峡两岸文化认同、促进海峡两岸同胞心灵契合起到了推动作用。2009年12月，“清水祖师信俗”被列入第三批福建省级非物质文化遗产代表性项目名录；2011年5月，被列入第三批国家级非物质文化遗产代表性项目名录。

（安溪县委党史和地方志研究室供稿、供图）

安溪清水岩

崇文重教　广昌文运

——永春魁星公信俗

民俗名片

魁星公信俗在永春具有深远的影响，当地人们深深敬仰魁星，建魁星岩供奉。此俗历史悠久，包含敬拜习俗、祈愿活动等，充分体现了人们对文运昌盛、科甲高中的热切期盼。魁星公信俗与永春当地的文化紧密融合，魁星形象独特，围绕其产生了许多传说故事，成为永春重要的人文象征。

在神话传说的世界里，魁星是主宰文章兴衰的神祇，被视为天上文曲星下凡，在儒士学子心中有着不可估量的地位。而在福建永春，魁星之光也照耀着这片大地。

魁星公雕像（康庆平摄）

唐宋以来，魁星的恩泽遍洒桃源，这里崇文重教之风盛行，光昌文运，书院遍布乡野村落，仁人贤哲辈出不穷，其流风遗韵长久地传响于后世。清乾隆二十二年（1757 年）《永春州志》记载：“永春，古称壮县，衣冠文物，俪比大邦，诗书弦诵之声不绝。”“在宋文风甲于七邑，儒硕彬彬”。

永春魁星岩，本名詹岩，位于永春县石鼓镇桃场社区魁星山（奎峰山）。它以供奉魁星公而声名远扬。此岩肇建于五代，南宋乾道四年（1168 年），僧人圆觉对其进行了重修。魁星信仰自宋代兴起后便经久不衰，许多地方都建有魁星楼或魁星阁，永春魁星岩却是以寺庙形式供奉且以“魁星”命名，这表达了当地人对文运昌盛、科甲蝉联的殷切期望。魁星公的形象独特，金身青面，赤发环眼，右手握笔，左手持斗，脚踏大鳌头部，寓意“独占鳌头”，左脚后扬，脚上是北斗七星，寓意“魁星踢斗”。这里的魁星塑像雕形奇古，世间罕见，相传是南宋乾道五年（1169 年）颜应时中进士后，感激魁星文光灵应，取特大樟木雕刻而成。

文昌台（来源于网络）

千百年来，无论时代如何变迁，对文化教育的执着追求以及对魁星信仰的虔诚，已深深融入永春人的基因之中。许多永春家族都十分重视文化教育传承，甚至在祖祠内供奉魁星公（大

魁星岩（康庆平摄）

魁夫子）。

魁星岩开运启智祈愿活动（来源于网络）

每年农历正月十五日，永春人有敬拜魁星公的习俗。人们带着敬拜物品，进香“请火”，请魁星公下山巡境，所至之处锣鼓喧天、鞭炮齐鸣，众人跟随着巡境队伍穿梭于街巷之间。

每逢六月中高考时期，魁星岩便格外热闹，考生或家长考前会来“拜拜”魁星公，期望能金榜题名、梦想成真。这里不收门票，敞开怀抱迎接每一位祈求考运之人。每年6月5—9日以及6月22—26日，魁星岩都会举行为期5天的高考中考开运启智祈愿活动，为广大考生送上祝福。考生信息和所求意愿会写在专门的红色祈福绶带上，挂于魁星大殿旁的祈福栏。

传说农历七月初七是魁星爷的生日，因魁星爷是主宰文运之神，古时的永春读书人都会在这天祭拜魁星爷，祈求考运顺遂。

到魁星岩敬拜，金纸和篾香是常见搭配。进殿之前，需先在山下牌匾旁的登记处用红纸写下祈愿信息，开头写上“文昌疏文”，之后补充学子姓名、学校、考试日期、考生号等内容，以确保独特。人们手持三支香，敬拜后点燃香和蜡烛，依次从中向两边敬拜，左侧殿前因是主管文运的魁星公，停留的人会较多。在这里，许下的愿望不分大小。台阶之上，有人双手合十，默念后跪拜、起身，重复三次。

魁星岩林木清幽，儒释道文化在此交融共生。永春学子颜应时、陈朴曾在此读书，次年一同登进士，于是奎峰山改称为魁星山，詹岩改称为魁星岩。明代诸多名士如颜廷榘、黄克晦、李开芳、李开藻、王天策、李廷机、詹仰庇等曾在此游赏，分韵赋诗，列为十二胜景。

魁星岩山中还有7方摩崖石刻，其中清乾隆二十二年（1757年）福建陆路提督马负书题镌的大字“魁”最为醒目。这个“魁”字0.6米见方，笔法苍劲有力，旁题“灵岩毓秀，奎斗钟英，大魁天下，佑启文明”，落款“乾隆丁丑题于永春魁星岩三韩马负书”，并有“马负书印”篆章。永春民间有传说，七岁男童若能伸手摸到“魁”字且勤奋读书，长大后也会中状元。岩后的西方三圣摩崖造像还被列为全国重点文物保护单位。

魁星公的石雕像巍峨耸立，高达12.6米，重达15万公斤。其右手紧握如椽大笔，左手牢牢攥着宝墨金锭，右脚霸气地独占鳌头，在祥云之上还托起了“三元及第”的方斗。

魁星岩内充盈着无尽的灵气，不仅是永春人文精神的关键源头，更是永春人持续奋发向前、勇争第一的精神动力所在，已成为永春乃至东南沿海一带著名的人文地标。

（永春县委党史和地方志研究室供稿、供图）

魁星岩全景（康庆平摄）

致敬英雄 祈愿美好

——永春东平舞龙灯习俗

民俗名片

永春东平镇每年农历正月廿四、廿五日举行舞龙灯活动，以纪念抗倭英雄李中和。舞龙灯活动不仅传承和弘扬了李中和的英雄精神，还寄托了人们对美好生活的祈愿。这一活动成为文化传承和凝聚人心的重要方式，极大地丰富了当地民众的文化生活，促进邻里之间的交流，共同书写永春文化新篇章。

每年农历正月廿四至廿五，永春县东平镇都会举行一场盛大而独特的舞龙灯活动，又名“游龙灯”。这一习俗背后，蕴含着一段可歌可泣的历史故事。

时光回溯到明嘉靖年间（1522—1566年），东平镇太平村杏园有一位名

东平舞龙灯（一）（康庆平摄）

叫李中和的英雄人物。他自幼聪慧，对琴棋书画无一不通，且平素喜爱行侠仗义，在乡里颇具威望。当倭寇窜犯永春之时，哪知知县万以忠竟是个惊慌失措的庸才，竟然弃城而逃。当时在县城避难的李中和，见此情景，于心不忍，毅然决定回到家乡组织乡人抗击倭寇。

李中和慷慨解囊，一方面着手整修昆仑寨土堡，将其作为防守的坚固据点；另一方面积极召集青壮乡民，不辞辛劳地日夜亲自训练他们。后来，倭寇听闻东平太平村有所防备，便未敢贸然进犯，只在东关劫掠了两日便悻然离去。嘉靖四十一年（1562 年）正月廿四，另一队倭寇自南安经东关侵入，妄图与攻城之寇汇合。李中和毫不畏惧，迅速集合乡里的勇士设下埋伏，与倭寇展开激战，斩杀俘获了众多倭寇。自此，倭寇再不敢前来侵扰，百姓们得以过上安居乐业的生活。

然而，李中和为保卫家乡和族人，日夜殚精竭虑，最终因过度操劳病死在军中。太平族人为了纪念他的功绩，向知县请功并要求立祠奉祀，却因守城主官的谗言未能得到知县的批准。李氏族人为了铭记李中和打败倭寇保卫家乡的壮举，便假借神道，每年在农历正月廿四和廿五这两天，高抬关帝爷神像，舞动绚丽多彩的龙灯游遍整个东平镇，世代相传至今。

东平舞龙灯（二）（康庆平摄）

东平舞龙灯（三）（康庆平摄）

每到这两天，全镇家家户户都会大开正门，恭敬地备好供品摆上香案，以迎接从昆仑寨“请”下来的关帝爷。街道上熙熙攘攘，热闹非凡。五六条20多米长的游龙穿梭在人海之中，它们如灵动的彩带，忽上忽下、忽高忽低，时而相互追赶，时而相互嬉戏，仿佛波浪般连绵起伏。那绚丽的色彩与灵动的姿态，令人目眩神迷。人们在这热闹的氛围中，通过舞龙灯活动，深切缅怀先烈抗倭杀寇时一往无前的英勇气概。

东平舞龙灯，是东平镇人民对历史的铭记与传承，他们通过舞龙灯，寄托着对来年五谷丰登、祥和平安、生活美满的殷切期望。在岁月的长河中，舞龙灯已成为东平镇的文化符号，承载着先辈们的英勇事迹和精神力量。它激励着一代又一代的东平镇人民勇往直前，为创造更美好的生活而努力拼搏。

（永春县委党史和地方志研究室供稿、供图）

独特民俗　幸福期盼

——永春达埔逐火把习俗

民俗名片

“逐火把”习俗始于明洪武年间（1368—1398 年），是永春县达埔镇独特民俗活动。从正月十一持续到十五，包括“炸佛”和“巡游”，早期集中在四个场地，如今是三地共有活动。该习俗历史悠久，被称为“达埔三奇”“八闽第一奇”，2020 年被列入第六批泉州市级非物质文化遗产代表性项目名录。

达埔“逐火把”现场（一）（康庆平摄）

“逐火把”，又名“走火把”“炸佛”，是永春县达埔镇独特的民俗活动之一。其历史可追溯至明洪武年间（1368—1398 年），至今已传承 640 余年。

相传 600 多年前，二十都的圣灵宫众善信抬着赵大天君进香，当路经十都院前时，天君金身竟神奇地离轿飞至院前山上的大枫树上，似乎示意要在此地安家。村民们谨遵赵大天君神谕，捐资建宫庙，供善男信女进香朝拜，并自此每年举办“逐火把”活动，从未间断。

达埔"逐火把"现场（二）（康庆平摄）

每年农历正月十一至正月十五，这场盛大的民俗活动便拉开帷幕。前四天主要进行"炸佛"活动，而元宵节当晚则更为热闹，除了"炸佛"还增添了"巡游"。天黑之后，村民们恭敬地请出赵大天君佛像，由四名年青人抬着佛像绕村巡境。与此同时，不断有村民全家举着绑有大串鞭炮的长竹竿，在佛像周围尽情炸响，借此祈求平安幸福。

早期的"逐火把"主要集中在达埔宫宇前、岩峰院、大沙堆、卓口四个场地举行，参与者以院前、卓口乡民为主。后来范围逐渐扩大，如今已成为达埔镇岩峰村、达中村、金星村三地共有的民俗活动。每年这个时候，三个村的村民与四方善信纷纷前往尤圣宫进香许愿，夜晚的活动更是将氛围推向高潮。正月十一日至十四日晚上，赵大天君二元帅副公出巡一趟，十五日晚赵大天君元帅正身则要出巡两趟。

在节日来临前，人们还会恭请赵大天君坐骑"虎爷"到外境乡里偷竹竿来做火把，用于照明。赵公正副元帅出巡时，抬神像的必须是四个男性，他们头戴斗笠，赤裸上身。抬神像者之前要沐浴净身，禁欲七日，以表诚心。赵公元帅巡游期间，烟花盛放，村民们在火堆和神像之间穿梭，用长竹竿举着点燃的鞭炮在神像头顶炸开。早年，正月十五日晚抬第一趟出巡的必须是祖父辈分的人，按姓氏（李氏二人、潘氏一人、郑氏一人）来安排，而现在则是四个年青人，需在赵大天君前掷得三信杯才有资格。第一趟出宫巡游不放鞭炮只放烟花，四人沿路抬个来回且途中不能换人；第二趟出宫巡游鞭炮声震耳欲聋，除了第一趟的抬佛人外，还有一些人紧跟其后轮替，竹竿上的鞭炮不断在神像和抬佛像者头顶轰炸，赵大天君神像满脸斑驳，胡须也被烧焦，但其黑脸却更显精神。人们相信“炸佛”能驱除瘟神，庇佑全境平安、风调雨顺、人丁兴旺、财源广进。狂欢结束后，会择吉日重粉神面，重新栽须、开眼，让赵大天君金身焕然一新。

“逐火把”从明代至今，历史悠久，被誉为“达埔三奇”“八闽第一奇”，于2020年列入泉州市第六批非物质文化遗产代表性名录。

（永春县委党史和地方志研究室供稿）

达埔“逐火把”现场（三）（康庆平摄）

寿龟祈愿　岁美年丰

——德化丁墘大卿宫“摆大龟”习俗

民俗名片

德化县龙浔镇丁墘大卿宫“摆大龟”习俗始于南宋，源于供奉保生大帝吴夲。“大寿龟”用糯米和红糖制作，工艺复杂。该习俗已沿袭几百年，是当地特色民俗，承载着历史记忆，表达了美好愿望，2020年被列入第六批泉州市级非物质文化遗产代表性项目名录。

在德化县龙浔镇丁墘村，有一项传承了800多年的独特习俗——摆寿龟。

龟，自古以来就是长寿的象征，更是“福、禄、寿、喜、财”的吉祥代表，与龙、凤、麒麟一同被誉为“四灵”。民间向来就有摆寿龟的传统，而在丁墘大卿宫，这一习俗更是别具特色。

丁墘大卿宫内供奉着医神保生大帝，名吴夲，北宋泉州府同安县积善里白礁村（今漳州市龙海区角美镇白礁村）人。吴夲祖籍为

2021年4月26日，在世界纪录组委会认证官的认证下，龙浔镇丁墘村诞生“世界最大糯米龟”（李宏图摄）

村民自发制作的糯米龟
（来源于“瓷都德化”公众号）

村民自发制作的硕大糯米“大龟”（来源于网络）

安溪县感德镇石门村，生于北宋太平兴国四年（979 年）农历三月十五，其精通岐黄之术，一生悬壶济世、慈济苍生，还著有《吴夲本草》一书，深受百姓的敬仰。他去世后被朝廷追封为大道真人、保生大帝，民间亲切地称其为吴真人。为了表达对保生大帝的虔诚，当地村民想出了用“摆大龟”供奉的方式，以此祈求风调雨顺、国泰民安。

每年农历三月十五保生大帝诞辰之时，当地村民家家户户都会用大米面制作成“寿龟”进行供奉。相传在清康熙年间（1662—1722 年），曾任南乐县县令的丁墘人陈应奎，在一次回家省亲时，见大卿宫寿龟排列无序，便召集村中长者商议，决定将原来家家户户所用的小寿龟（一斤米面可做十余个寿龟）改为用 40~50 公斤大米制作成的“大寿龟”，摆在八仙桌中。这些“大寿龟”龟背上的纹路十分讲究，正中央是五

村民制作大龟现场（来源于“瓷都德化”公众号）

行，周围是八卦，底下是二十四节气；龟的前脚趾有 5 只，后脚趾有 4 只，寓意着做人要脚踏实地，才能走遍五湖四海。从此，供奉的“小寿龟”就变成了“大寿龟”，每年都会制作 12 个糯米大龟（闰月则为 13 个），每只龟都与八仙桌一般大。

制作“大寿龟”的主要原料为糯米和红糖，需采用传统工艺精心制作。首先要提前一天浸泡糯米，然后将糯米碾碎，掺入白糖和用白糖熬成褐色的糖浆，搅拌均匀后放入大锅中蒸熟，出锅后搓揉至米团表面光滑，等温度降低后开始塑形。外形完成后，还要在表面刷上一层煮过蜂蜡的食用油，以增添大龟的质感。2021 年制作的“大寿龟”长 4.75 米，宽 3.18 米，高 1.2 米，使用糯米 900 公斤，糖 600 公斤，重量超过 1500 公斤（不含蒸熟制作后的水分及其他用料），经世界纪录认证官方工作人员现场测量核实，被认定为“世界最大糯米龟”，其他 11 只小龟也基本在 30 公斤左右。这些栩栩如生的“大寿龟”每年都会吸引众多市民前来观赏，成为德化一道奇特的民俗景观。

当活动结束后，“大龟”会被分发到村民家中，一家人围坐在一起其乐融融地品尝。“摆大龟”习俗在丁墘村已延续了几百年，不仅成为丁墘村乡村民俗旅游的一大特色，更表达了丁墘人对好年景、好收成的殷切盼望，对健康长寿、安居乐业、平安昌盛的美好愿望。2020 年 5 月，“摆大龟”民俗成功列入第六批泉州市级非物质文化遗产代表性项目名录。

（德化县委党史和地方志研究室供稿）

知之精微　精义入神

——德化宝美祖龙宫祀奉窑神民俗

民俗名片

德化宝美祖龙宫供奉着“窑坊公”林炳等与陶瓷发展相关的主神，每年农历五月十六日举行祭祀活动。祭祀供品为创新瓷器，仪式热闹庄严。此俗源于北宋林炳革新窑炉，历史悠久，2011 年被列入第四批福建省级非物质文化遗产代表性项目名录。

在德化县龙浔镇宝美村，有一座依坡而建、坐西向东的祖龙宫。这座宫殿对于德化陶瓷从业者来说，有着非凡的意义，是他们心中的文化“圣地”。

祖龙宫祭林炳窑坊公（来源于德化网）

祖龙宫中供奉的主神大多与德化陶瓷的发展密切相关，其中窑坊公林炳和玄女金氏夫人的香火历经千年而不断。它不仅是“世界陶瓷之都·德化”建筑艺术的杰出代表，更是人文民俗的重要载体。

北宋时期，泉州刺桐港的对外贸易极为繁荣，德化陶瓷作为主打产品，需求量

精美的陶瓷做供品（来源于德化网）

剧增。然而当时的窑炉都是小型的方形或平顶条形，难以大规模生产满足出口需求，“拱大窑”成为窑工们的共同梦想。

宝美村的林炳率先踏上尝试之路，他对小型窑炉进行改造并试着烧制陶瓷，但总是失败，高温焰火一冲出便导致窑顶塌陷。在不断地尝试与挫折中，林炳在一次塌窑处苦思冥想时竟打起了瞌睡，梦中美丽的仙女给他暗示。梦醒后的林炳受到启发，立即着手打造新窑炉，改变以往方形和平顶条形结构，新建了拱圆穹顶主窑室、两旁的“奶窑”

陶瓷厂家与艺人都带着最得意的新作品或获奖作品前来祖龙宫祭拜“窑坊公”（来源于《泉州晚报》）

以及窑囱。这一次尝试取得了成功。此后，林炳又利用山坡地形，串联起几个窑房，为后来龙窑的演变发展奠定基础，他也当之无愧地成为德化“拱大窑”的第一人。为感恩仙女的“指点”，林炳塑玄女像建宫奉祀，在他去世后，窑工们又塑林炳像安于玄女之右，尊其为“窑坊公”，宫庙也因此命名为“祖龙宫”。

通过“祭窑坊公”的方式，来寄托对瓷业发展的祈盼（来源于《泉州晚报》）

每年农历五月十六日，是窑坊公林炳的诞辰，祖龙宫都会举行盛大的祭祀活动，这一习俗已有千余年历史。祖龙宫祀奉窑神的方式极为独特，供品并非传统的牲畜、蔬果等，而是创新的瓷器。每年的这一天，陶瓷厂家与艺人都会带着他们最得意的新作品或获奖作品前来祀奉，祈祷炉火不息且越烧越旺，这种以陶瓷新品为供品的祀奉方式在全国独一无二。祭祀当天，祖龙宫热闹非凡，锣鼓喧天。前庭有高甲戏、腰鼓队、大鼓吹、舞龙队等精彩表演。宫内主殿中摆满了琳琅满目的陶瓷作品，艺术陶瓷、日用陶瓷、西洋工艺瓷一应俱全。在庆典礼乐声中，陶瓷界代表依次奉上各自的瓷器供品，乡贤宣读祭文，童男童女诵读《窑坊公颂》，陶瓷界代表集体朝拜窑坊公，庄重而隆重地表达着对窑坊公的崇敬之情。

不仅如此，每当瓷乡人新建瓷窑第一次烧成时，也都要举行祭祀窑坊公的仪式，祈求在未来的陶瓷生产制作中顺利如意。宝美祖龙宫祀奉窑神民俗承载着德化陶瓷文化的深厚底蕴，2011 年 12 月，该民俗被列入第四批福建省级非物质文化遗产代表性项目名录。

（德化县委党史和地方志研究室供稿）

古镇民俗　福佑万家

——台商投资区洛阳古街海神巡境、“姑妈散灯”民俗

民俗名片

“海神巡境”民俗始于南宋时期，是泉州台商投资区洛阳昭惠庙的元宵民俗活动。活动包括镇境和巡境，有舞龙舞狮等表演，海神跳篝火场面壮观。海神即福祐帝君，同时被奉为水神、雨神、海神等，也是“海上丝绸之路”的保护神。

“姑妈散灯”民俗源于明清，每十二年在洛阳古街姑妈庵举办一次，活动时间为元宵节。活动中满街花灯，制作精巧，配各种表演的踩街队伍，热闹非凡，寓意着财丁兴旺。

海神巡境

“海神巡境”是泉州台商投资区洛阳昭惠庙独具特色的民俗活动，始于南宋时期，至今已历经近900年的光阴流转。

相传在宋朝某一年的正月十五，一只神鸟被闽南百姓误杀，玉帝闻之震怒，欲派火神下凡焚毁人间。消息不胫而走，机智的百姓们想出奇招，他们大肆燃起篝火、鸣响鞭炮、点亮花灯、施放焰火，营造出一片火烧之景，

洛阳万安海神巡境现场（陈霹摄）

同时还请来了海神巡境驱邪，最终成功瞒过天庭，使人们躲过一劫。自此以后，“海神巡境”便成为洛阳每年元宵节的重要民俗活动，一代代传承了下来。

每年元宵当天，凌晨四五点时分，乡亲们便会抬着海神来到洛阳古街的东西南北四境，插上竹签，此为“镇境”。而到了傍晚六点左右，喧天的锣鼓声准时响起，海神稳稳地坐在八抬大轿中，从昭惠庙出发，沿着洛阳三村——万安村、洛安村、洛阳村，开始遍巡全境。一路上，人头攒动，鞭炮声震耳欲聋，人们踮着脚、伸长脖子，满心期盼地迎接巡境队伍的到来。所经之处，家家户户都摆好供品，燃起鞭炮烟花，以最热烈的方式欢迎。不少人家还会在门前点燃“火盆”，待海神巡境时跳过火盆，以此表达驱邪祈福的美好愿望。而巡境中最为精彩的当数“海神跳篝火”，洛阳古街的商户们为了迎接海神，有的在门口点燃篝火，有的在空旷之地高高堆叠柴草垛，燃起熊熊烈焰。在隆隆鞭炮声中，八名壮汉齐声大喝，抬着海神来到篝火前，只见神轿腾空而起，跃过“火焰山”，那场面壮观无比，令人叹为观止。在海神巡境的过程中，还有舞龙舞狮、火鼎公婆、驴仔探亲、贡球、南音曲艺等丰富多样的民俗表演，周边群众

洛阳古街海神巡境活动现场（来源于“台商区融媒体中心”公众号）

也纷纷手持小花灯加入其中。一路上，多彩的民俗表演，再加上鞭炮齐鸣、锣鼓喧天，使得整条洛阳古街热闹非凡，呈现出一派红火昌盛的景象。

海神巡境中的海神，即昭惠庙所供奉的福祐帝君，其俗名为李元溥，乃四川嘉州乐山人士，于唐天宝年间（742—756年）考中进士，曾担任云南团练副使一职，后因躲避安史之乱而弃官来到泉州归隐并成神。唐咸通八年（867年），南安九日山的延福寺大殿进行重修，僧人在山区取材时，偶遇一位白须老叟为之引路从而获得良材。当夜，这老叟又托梦承诺为其运送木材，而这位老叟正是“乐山老人”李元溥。僧人回到九日山后，金溪水猛然上涨，无数木材顺流而下，聚集在溪边，并且还从延福寺后的古井中涌出，取之不尽，延福寺大殿得以顺利建成。为感恩乐山老人运木相助，寺僧与乡人在寺东侧另行建造一庙用以奉祀李元溥，起初此庙名为“灵乐祠”。后来随着李元溥爵位晋升而先后改名为通远王祠、通远王庙，至北宋政和四年（1114年）获赐庙额“昭惠”，并一直沿用至今。由于李元溥具备运木、降雪等神通，广大船民、渔民便将其尊为“水神”；之后因其有祷雨之灵验，又被众多信众尊为“雨神”；再后来又兼具护航、平风息浪等灵能，进而被尊为“海神”。伴随着海上丝绸之路的兴起以及泉州刺桐港海交贸易的日益繁荣，福祐帝君成为官方钦定的“海上丝绸之路”最早的保护神。在北宋至和年间（1054—1056年），泉郡守蔡襄主持修建洛阳桥，亲自前往南安丰州九日山迎请李元溥至洛阳江边的镇海庵，祈求神灵助力建桥，之后将庵扩建成为“昭惠庙”。

海神巡境活动是洛阳镇一年中最为重要的民俗活动之一，每年元宵节时，洛阳昭惠庙附近的当地居民都会自发参与其中，共同祈愿国家昌盛、风调雨顺、平安吉祥。

姑妈散灯

在洛阳古街，有一座姑妈庵，这里传承着一项源自明清时期且极为独特的民俗活动——“姑妈散灯”，每十二年才会在元宵节盛大举办一次。

当活动举办之时，整个洛阳古街仿佛变成了花灯的海洋。商店门口纷纷悬挂起造型各异、巧夺天工的花灯，那“三脚蟾蜍灯”活灵活现，“和尚拜观音”庄重肃穆，“舞狮弄龙”更是栩栩如生，每一盏都展现着精湛的制作工艺，令人观之不禁啧啧称奇。而沿着街道游行的男女老少们，每人手中也都提着一盏属于自己的花灯，有灵动的鲤鱼灯、别致的花篮灯、精美的绣球灯、寓意美好的润饼灯、憨态可掬的冬瓜灯、清丽的莲花灯，还有可以拉着走的白兔灯、威风凛凛的狮灯、霸气的虎灯等。一时间，古街被这些五彩斑斓的花灯装点得如梦如幻。

当夜幕渐渐降临，姑妈庵中传出一声响亮的“起轿”吆喝，宣告着“姑妈散灯”踩街活动正式拉开帷幕。顿时，锣鼓声、鞭炮声、人群的嘈杂声交织在一起，宛如一曲激昂的交响乐章，在洛阳江畔的上空久久回荡，热闹的氛围达到了顶点。

踩街队伍浩浩荡荡，由一个“灯主”领队，前面是锣鼓开道，激昂的鼓点振奋人心。随后是两名信女各挑着一担花篮紧紧跟随，接着是四名童男童女提着大红灯，那红灯在夜色中格外醒目。紧接着，八名强壮的男子稳稳地扛着姑妈神轿稳步前行。其后是火鼎公火鼎婆、驴仔探亲、弄球、南音等精彩的阵头表演。在这些阵头中，最为引人注目的当属妆阁，上下街之间还互相斗胜。下街装扮成蜈蚣阁，一片接一片的木板被抬着，绵延约有半里长，上面坐着儿童扮演的八仙、封神榜中的哪吒、杨戬、托塔天王、魔家四将等人物，生动有趣。上街也毫不示弱，精心装扮了四台戏，有《陈三五娘》的浪漫爱情，有《武松

洛阳古街“姑妈散灯”民俗活动现场（一）（来源于“台商区融媒体中心”公众号）

洛阳古街“姑妈散灯”民俗活动现场（二）（陈霹摄）

打虎》的英勇豪迈，有《白蛇传》的传奇色彩，还有《杨香武三盗九龙杯》的惊险刺激。队伍的最后是男女信众排成两行提着灯跟随，一路燃放爆竹，沿着街道巡游，最后绕到庵巷，将灯主及童男童女的灯挂在姑妈庵内外。而灯一挂好，人们便迫不及待地一拥而上争抢灯。据说，抢到灯就能带来财运，也能使家族人丁兴旺。因为“灯”与“丁”谐音，人们将“灯”和“丁”紧密联系起来，代表着财丁兴旺的美好寓意。所以，每一届产生的“灯主”都有一番特别的讲究，必须是由家中有男孩且家境兴旺的人轮流担任。“灯主”主要负责筹备资金、召集和筹办当年活动的各项事宜。

姑妈散灯活动，是洛阳古街人民对传统文化的坚守与传承，它承载着人们对美好生活的向往和期盼，成为洛阳古镇历史长河中一颗璀璨的民俗明珠。

（台商区档案馆供稿、供图）

虔诚祈福　风调雨顺

——台商投资区獭窟妈祖巡境习俗

民俗名片

獭窟妈祖巡境是台商区张坂镇浮山村的重大民俗盛事。每年农历正月十五有“妈祖博龟”活动，正月十六则是巡境重头戏，沿途彩旗招展，人头攒动。壮汉抬妈祖出宫巡境，队伍庞大，场面热闹非凡，巡境后还有庆祝活动，全岛沉浸在欢乐之中。

张坂镇浮山村，还有一个别称——獭窟。村内，一座历史悠久的妈祖庙静静地矗立着。这座庙宇始建于明永乐九年（1411年），承载着岁月的沧桑与村民们的信仰寄托。

走进妈祖庙的殿堂，便能看到那三尊庄严的妈祖神像。一尊妈祖神像宛如坐镇指挥的将军，另有一尊负责着喜事，而还有一尊则专管丧事。由于妈祖是航海保护神，对于以海为生的浮山村人来说，妈祖有着至高无上的地位，他们对妈祖的膜

张坂獭窟妈祖巡境盛况（一）　（陈霹摄）

拜尤为虔诚，使得这里的香火常年保持着旺盛的态势。随着时间的推移，妈祖也从曾、陈、李三姓膜拜的神祇逐渐扩大成为獭窟全境的保护神。

每年的农历正月十五，浮山村都会迎来一场盛大的民俗活动——妈祖巡境。这一天，首先是曾氏举行祭祖活动。当祭祖完成后，伴随着敲锣打鼓的热闹声，人们会把祀敬过祖宗的“蛋糕龟头”送到西宫妈祖神像前。接着便是通过掷杯的方式，以“筊杯”的多少来分出等级，幸运者便可获得一个“蛋糕龟头”，这似乎预示着他们在当年能够平安顺利、财源广进。而宫庙管理方会组织人员，列队敲锣打鼓，燃放鞭炮，将这些“蛋糕龟头”送至各“中标者”的家门，这独特的“妈祖博龟”活动，充满了浓浓的传统韵味。

正月十六，獭窟村呈现出一片热闹非凡的景象。村道入口处拱门迭立，沿途彩旗招展，仿佛在迎接着各方宾客的到来。还未到中午，来自台港、厦门以及外县市组团而来的獭窟乡亲，还有邻近村镇那些慕名前来的人们，就已经早

张坂獭窟妈祖巡境盛况（二）（陈霹摄）

早地涌入了岛内。西宫妈祖庙前，早已是人头攒动。虔诚的善男信女们纷纷涌入妈祖庙内，捻香祈愿，香烟缭绕在庙宇之间，鼓磬之声悦耳动听。而庙外，则是擂鼓敲锣之声、挥刀耍拳之姿、舞龙弄狮之景，还有民间乐队演戏唱曲，热闹非凡，让人沉浸在欢乐的氛围之中。

到了当天下午，几十名身强力壮的男子身着统一服饰，虔诚而恭敬地抬着妈祖神像走出宫庙开始巡境。一时间，锣鼓之声震天动地，彩旗在前引领道路，那独具特色的“獭窟车鼓队”的乐声持续不断，精彩异常，跟随其后的队伍竟然多达二三千人。妈祖的神驾在众人的簇拥之下沿着村道、海滩进行环岛巡游，时而穿梭在巷道之间，时而行进在海滩之上，时而又行走在乡间大路。村民们家家户户都在门口摆好案几焚香，燃放起鞭炮来迎接妈祖，祈求平安，整个岛屿上爆竹之声接连不断。当巡境结束，妈祖神像进入殿内后，人们依旧兴致盎然，到了夜里还继续燃放烟花，并通过演戏来进行庆祝，全岛上下一片欢腾热闹的景象。

（台商区档案馆供稿、供图）

张坂獭窟妈祖巡境盛况（三）（陈霹摄）